河北省社科基金项目：河北省跨境电商与县域特色制造业产业集群协同发展研究（HB23GL020）资助

河北省跨境电商与县域特色制造业产业集群协同发展研究

初汉芳　著

燕山大学出版社

·秦皇岛·

图书在版编目（CIP）数据

河北省跨境电商与县域特色制造业产业集群协同发展研究 / 初汉芳著. -- 秦皇岛 : 燕山大学出版社, 2024.5

　ISBN 978-7-5761-0639-8

Ⅰ. ①河… Ⅱ. ①初… Ⅲ. ①电子商务－关系－制造工业－产业集群－产业发展－研究－河北 Ⅳ. ①F426.4

中国国家版本馆 CIP 数据核字(2024)第 028590 号

河北省跨境电商与县域特色制造业产业集群协同发展研究
HEBEISHENG KUAJING DIANSHANG YU XIANYU TESE ZHIZAOYE CHANYE JIQUN XIETONG FAZHAN YANJIU

初汉芳　著

出 版 人：陈　玉	
责任编辑：张文婷	
责任印制：吴　波	封面设计：刘馨泽
出版发行：燕山大学出版社	电　　话：0335-8387555
地　　址：河北省秦皇岛市河北大街西段 438 号	邮政编码：066004
印　　刷：涿州市般润文化传播有限公司	经　　销：全国新华书店
开　　本：710 mm×1000 mm　　1/16	印　　张：13
版　　次：2024 年 5 月第 1 版	印　　次：2024 年 5 月第 1 次印刷
书　　号：ISBN 978-7-5761-0639-8	字　　数：230 千字
定　　价：65.00 元	

版权所有　侵权必究

如发生印刷、装订质量问题，读者可与出版社联系调换

联系电话：0335-8387718

前　言

跨境电商作为河北省对外贸易发展的主要方式，发展动力与潜力巨大。而河北省制造业产业集群主要集中在全省 107 个县域，由于产业同构、创新不足，处于价值链底端等弊端的凸显，对外贸易优势逐渐下降，突破困境实现转型升级势在必行。随着经济全球化的不断深入，制造业产业集群仅凭借自身的产业优势、运营创新手段，不仅很难占据市场优势，而且无法实现产业附加值的提升。结合经济发展背景，跨境电商是实现制造业产业集群转型升级的有效途径，而制造业产业集群也为跨境电商发展提供了必要的产业支撑，两者相互作用、相互影响。因此，为促进制造业产业集群和对外贸易的转型升级，对跨境电商与县域特色制造业产业集群协同发展进行研究具有必要性。

河北省跨境电商起步较晚，但是发展空间极大。河北省深入推动"产业集群＋数字平台"融合发展，积极引导产业集群，结合产业链、供应链、价值链、创新链，为链上的中小企业提供服务，建设了一批省级产业集群跨境电商园区，如大营皮毛产业跨境电商园区、辛集皮革城跨境电商园区、清河跨境电商园区等，省级跨境电商综合服务平台 21 家，省级跨境电商示范企业 112 家，跨境电商公共海外仓 37 家，积极引导制造企业向跨境电商转型，呈现出制造业产业集群和跨境电商相互融合、协同生长的态势。河北省县域电商发展主要集中在冀中南地区，呈现出团块状的农村电子商务产业集聚区域，且集聚程度在不断提升。以邢台清河（羊绒制品）、衡水安平（丝网）、衡水武强（乐器）、保定高阳（纺织品产业）、保定白沟（箱包）等为代表的一批产业集群，为乡村振兴探索出新的途径。跨境电商与产业集群协同发展所呈现的正向促进效应，对推动对外贸易和经济转型升级、融入全球经济发展格局具有重要意义。

笔者从协同创新的角度分析河北省跨境电商与制造业产业集群，视角新颖。在实践上全面探索制造业产业集群的数字化转型，并提出制造业产业集群与跨境电商的协同发展路径，具有一定的学术价值和实践意义。

初汉芳

2024 年 2 月

目 录

第1章 我国跨境电商发展概况 ……………………………………… 1
1.1 全国跨境电商行业的发展背景 …………………………………… 1
1.2 全国跨境电商行业的发展现状 …………………………………… 3
1.3 出口跨境电商发展态势 …………………………………………… 6
1.4 进口跨境电商发展态势 …………………………………………… 8

第2章 河北省跨境电商概况 ………………………………………… 10
2.1 跨境电商政策支持 ………………………………………………… 10
2.2 河北省跨境电商发展现状 ………………………………………… 15
2.3 河北省出口电子商务发展现状分析 ……………………………… 27
2.4 河北省跨境出口物流支撑能力分析 ……………………………… 35
2.5 跨境直播带来新的增长点 ………………………………………… 44
2.6 河北省进口跨境电商发展现状分析 ……………………………… 48
2.7 河北省跨境电商发展优劣势分析 ………………………………… 53
2.8 河北省跨境电商的发展策略 ……………………………………… 64

第3章 河北省产业集群跨境电商发展现状 ………………………… 82
3.1 河北省产业集群形成机制 ………………………………………… 82
3.2 河北省产业集群发展现状 ………………………………………… 87
3.3 河北县域产业集群跨境电商发展现状 …………………………… 100
3.4 县域产业集群跨境电商发展制约因素 …………………………… 102

3.5 河北省特色产业发展规划 …………………………………… 104

第 4 章　河北省白沟新城箱包产业集群跨境电商发展现状 ……… 121
4.1 白沟新城跨境电商发展现状 …………………………………… 121
4.2 白沟新城跨境电商环境分析 …………………………………… 125
4.3 白沟新城跨境电商未来规划 …………………………………… 139
4.4 保定市跨境电商产业园运行方案 ……………………………… 143

第 5 章　河北省清河羊绒产业集群跨境电商发展现状 …………… 149
5.1 清河羊绒产业发展现状 ………………………………………… 149
5.2 清河羊绒产业发展环境分析 …………………………………… 151
5.3 清河羊绒产业跨境电商发展对策 ……………………………… 159

第 6 章　跨境电商与县域特色产业协同创新机理研究 …………… 165
6.1 跨境电商与产业集群协同发展 ………………………………… 165
6.2 跨境电商与产业集群协同发展的路径 ………………………… 175

第 7 章　河北省跨境电商与县域特色制造业产业集群协同实证 …… 180
7.1 复合系统协同度模型的构建 …………………………………… 180
7.2 复合系统模型协同度的测算 …………………………………… 185
7.3 复合系统协同度实证分析 ……………………………………… 191

第 8 章　河北省跨境电商与县域特色制造业产业集群协同发展对策及建议 …………………………………………………… 195
8.1 跨境电商与县域特色制造业产业集群的发展方向 …………… 195
8.2 跨境电商与制造业产业集群协同发展策略 …………………… 198

参考文献 …………………………………………………………………… 201

第 1 章　我国跨境电商发展概况

中国跨境电商在经历了一段时间的快速发展之后，近几年开始进入成熟期，行业规模不断扩大，供应链各环节趋向融合，企业逐渐向精细化运营、本土化运营转变，新零售、直播营销等创新模式持续渗透。2020 年的新冠疫情对全球经济发展带来冲击，但同时却凸显了跨境电商的优势，消费者大规模转向线上消费，刺激了全球电商零售行业的快速发展，全球电子商务渗透率和销售额不断提升。2022 年，我国跨境电商进出口 2.11 万亿元，同比增长 9.8%。其中，出口 1.55 万亿元，同比增长 11.7%；进口 0.56 万亿元，同比增长 4.9%。2023 年上半年，我国跨境电商进出口 1.1 万亿元，同比增长 16%。其中，出口 8210 亿元，同比增长 19.9%；进口 2760 亿元，同比增长 5.7%，保持向好发展势头。与此同时，中国跨境电商凭借高性价比、高效率等优势表现强劲，成为中国新的经济增长点，亦成为资本市场的投融资热点。另一方面，随着中国消费者购买力的攀升、进口消费政策的优化以及营销工具、仓配技术等基础设施的发展，大量海外品牌正涌入中国市场。后疫情时代，中国市场在宏观经济、收入水平、供应链效率等方面的强劲复苏更是坚定了不少海外品牌试水中国市场的决心。

1.1 全国跨境电商行业的发展背景

跨境电商是指分属不同关境的交易主体，通过电子商务平台达成交易、进行支付结算，并通过跨境物流送达商品、完成交易的一种国际商业活动。跨境电商的特点是趋终端化、个性定制化、去中心化、去中间化，不仅具备电子商务压缩中间环节、化解产能过剩、为中小企业提供发展之道、增加就业等传统优势，还对跨境贸易的参与主体、商业模式、物流报关、金融支付和生产组织等进行了重塑，成为跨境贸易领域中最具竞争力的新业态、新模式、新引擎。

跨境电商平台让全球同类产品同台亮相，让性价比成为消费者购买决策的重要因素，即以消费者为导向，强调个性化的交易方式，消费者拥有更大选择自由，不受地域限制。世界海关组织（WCO）发布的《跨境电商标准框架》对跨境电商归纳出四个特征：（1）在线下单、在线销售、在线沟通以及网上支付（如果可行）；（2）跨境交易和交付；（3）有实物物品；（4）实物物品被交付运往消费者或购买者手中（商业目的或非商业目的均可）。

近年来，在国家利好政策支持下，我国跨境电商行业发展迅猛，逐步成熟规范。2018年，国家跨境电商政策整体以扶持为大方向，放宽了享受税收优惠政策的交易限制。随着跨境电商交易额占进出口总额比重的提升，跨境电商在我国外贸中的分量也越来越重。在此情况下，研究"一带一路"和中美贸易摩擦这两个主要背景对全国跨境电商行业的影响至关重要，主要表现在以下几个方面。

1.1.1 "一带一路"推动我国跨境电商行业迅猛发展

随着我国对外开放的不断深化和经济全球化进程的加速，跨境电商作为新的经济增长方式在我国国际贸易中占据越来越重要的地位。"一带一路"是"丝绸之路经济带"和"21世纪海上丝绸之路"的简称，覆盖范围广，经济总量大，包括65个国家，涵盖了亚太、中亚、中东、非洲等地区，总人口超过44亿，占全世界人口的63%，经济总量超过21亿美元，占全球经济总量的30%。借助互联网等信息高速公路，加上政策支持，我国与共建"一带一路"国家的联系更加直接，双方的消费者可以更加全面、及时、便利地了解产品、服务和加工生产能力，激发更大的境外市场需求，扩大双边的贸易种类、额度。通过跨境电商平台，中国商品销往俄罗斯、乌克兰、波兰、泰国、埃及、沙特阿拉伯等54个共建"一带一路"国家；同时，超过50个共建"一带一路"国家的商品通过电商平台走进了中国。

1.1.2 贸易摩擦给我国跨境电商行业带来挑战

中美贸易争端一直不断,2003年至2005年末,由美国单方面挑起的一系列贸易摩擦给中美贸易关系蒙上了浓重的阴影,中美两国进入了前所未有的贸易摩擦期。中美贸易摩擦作为中美经贸关系的一部分,随中美政治关系的发展和国际局势的变幻而发生变化。2018年,特朗普政府不顾中方劝阻,执意发动贸易战,掀起了又一轮的中美贸易争端。在中美贸易战背景下,物流成本高、文化制度差异大以及关税壁垒的不确定性让我国跨境电商行业面临着更为艰难的处境,如何应对中美贸易战给跨境电商行业带来的短期困境,提升我国进出口电商企业长期竞争力是我国跨境电商行业目前面临的最大挑战。

1.2 全国跨境电商行业的发展现状

跨境电商逐步成为拉动国内经济增长的重要领域。近年来,由于受到国际"外需萎缩"和国内经济"新常态"等因素的影响,传统国际贸易快速大幅下滑,而跨境电商发展态势迅猛,逐步替代传统贸易模式成为支撑经济增长的新引擎。此外,跨境电商近年来频频出现在政府工作报告中,跨境电商综试区继续扩容以及改革完善跨境电商等利好政策为外贸打开了新的上升通道。

1.2.1 中国跨境电商市场规模不断增加

由于我国国内具有一定的劳动力成本优势,我国跨境电商一直快速增长。据网经社数据显示,中国跨境电商交易规模自2012年的2.1万亿元增加到2018年的9万亿元,增长率超过300%。2022年中国跨境电商市场规模达15.7万亿元,较2021年的14.2万亿元同比增长10.56%。此外,2019—2021年跨境电商市场规模(增速)分别为10.5万亿元(16.66%)、12.5万亿元(19.04%)、14.2万亿元(13.6%)。

对外出口历来是中国经济增长的三驾马车之一。进入21世纪以来,我们看到中国出口的增长可以明显分为两个阶段。根据海关总署的数据,从2000

年到 2011 年，中国货物贸易出口额从约 2 万亿元增加到 12.3 万亿元，增长超 5 倍，年复合增长率近 18%。2012 年之后，增速则明显放缓，2020 年的货物贸易出口额为 17.9 万亿元，以 2011 年为基础的复合增长率为 4.3%，各年的实际增长率也基本在此上下。在出口增长总体放缓的情况下，我们注意到中国跨境电商进出口总额与交易规模持续攀升。据海关数据统计，2020 年我国跨境电商进出口总额为 1.69 万亿元，同比增长 31.1%。2021 年跨境电商进出口总额 1.98 万亿元，增长 15%。而 2022 年我国跨境电商进出口总额 2.11 万亿元，增长 9.8%，其中，出口 1.55 万亿元，增长 11.7%；进口 0.56 万亿元，增长 4.9%。2023 上半年，我国跨境电商进出口总额 1.1 万亿元，同比增长 16%，其中，出口 8210 亿元，增长 19.9%；进口 2760 亿元，增长 5.7%。跨境电商市场规模的持续增长，给中国企业提供了品牌出海的巨大机会，如图 1.1。

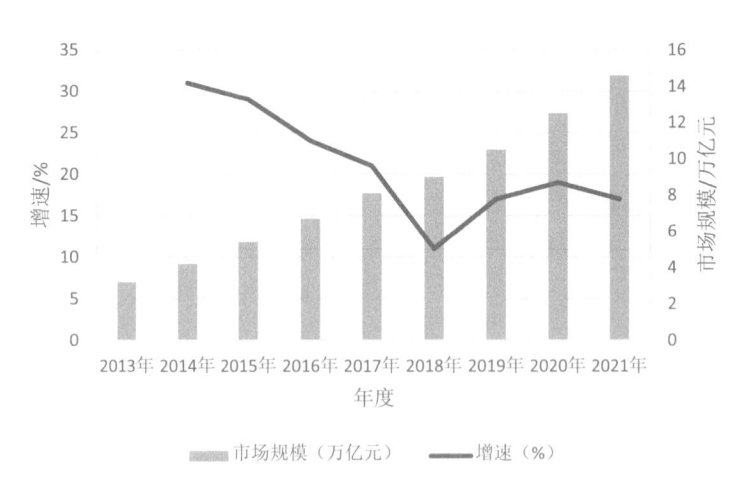

图 1.1　2013—2021 年中国跨境电商市场规模

1.2.2 中国的供应链优势和基础设施建设助力跨境电商的发展

供应链生态：作为世界工厂的中国制造业有着强大的供应链体系。以服装业为例，中国是世界服装供应链核心基地之一，不仅产能巨大而且柔性供应链体系多年来蓬勃发展，可以达到较高的效率和性价比。

流量体系：中国电商和社交媒体的发展程度已经领先全球，积累了丰富的经验，也培养了大量人才，极大地支持中国品牌和产品的输出。

物流体系：中国的物流业高度发达，运输能力比欧美发达国家有过之而无不及。国际物流业已十分成熟，清关流程日趋简单，并且通过海外仓储和当地物流体系的建设来提高末端时效。另外，由于海外电商在物流时效方面的水平普遍较低，当地消费者对此已经习以为常，收到包裹的快慢未必是影响购物选择的决定性因素，尤其对于那些对价格敏感的消费者而言，从中国发货的运输周期是完全可以接受的。

随着跨境电商行业规模的不断扩大，一级市场相关的投融资事件发生的频率也在增加。据网经社统计，2021年一级市场每个月都会在跨境电商赛道投入过亿的资金，全年累计投资额超人民币71.5亿元，多数集中在B轮及以前，其中的头部品牌如Anker、SHEIN等已达到人民币百亿市值/估值。

我国跨境电商用户群体日趋庞大。中国互联网络信息中心（CNNIC）在京发布第52次《中国互联网络发展状况统计报告》（以下简称《报告》），截至2023年6月底，我国经常进行跨境网购的用户达8.84亿人，较2022年12月增加3880万人，占网民整体的82%。

从业态发展来看，一是跨境电商保持快速增长。2023年上半年，我国跨境电商进出口额达1.1万亿元，同比增长16%；跨境电商货物进出口规模占外贸比重由5年前的不足1%上升到5%左右，跨境电商成为外贸重要新生力量。二是农村电商取得积极进展。2023年上半年，全国农村网络零售额达1.12万亿元，同比增长12.5%。农村物流体系不断完善，为畅通城乡商贸循环，带动工业品下乡和农产品上行提供了有力支撑。同时，直播带货、产地直采、"电商+旅游+采摘"等各类新模式也为农村电商发展提供了动能。

从市场竞争来看，网络购物市场竞争逐步从粗放发展转向深耕细作，电商平台积极通过多种方式寻求新增长。一是推进组织改革以适应市场变化。2023年上半年，多家电商平台陆续在组织和人事等方面进行深度改革，力图加快组织更新速度、提升敏捷程度。二是采用低价策略吸引用户。电商平台重新聚焦低价策略以提升用户活跃度和下单转化，同时进一步触达广大下沉市场潜在用户。三是积极拓展海外电商业务。拼多多跨境电商平台Temu和快时尚服装跨境电商平台SHEIN保持较快增长，在一季度分别位列美国各类应用下载量第一和第五。电商平台积极探索业务出海，有助于进一步形成中国制造和中国电商的发展势能。

1.2.3 跨境电商行业的商业模式：B2B 占主导

按商业模式分类，跨境电商主要有 B2B、B2C 和 C2C 三种模式。

据网经社数据显示，2018 年中国跨境电商的交易模式中 B2B 交易占比达 83.2%，此后多年来一直是主导的商业模式。B2B（Business-to-Business）跨境电商，又称在线批发，是外贸企业间通过互联网进行产品、服务及信息交换的一种商业模式。B2B 跨境电商企业面对的最终客户为企业或企业集团，代表企业主要有敦煌网、中国制造、阿里巴巴国际站和环球资源网等。

B2C 跨境电商和 C2C 跨境电商统称在线零售。B2C（Business-to-Customer）是跨境电商企业面对个人消费者开展的网上零售活动，在中国整体跨境电商市场交易规模中的占比不断升高，代表企业主要有速卖通、兰亭集势、米兰网、大龙网等。C2C（Customer-to-Customer）是从事外贸活动的个人对国外个人消费者进行的网络零售商业活动。

此外，一种全新的现代商业模式成为近几年跨境电商行业的热点，即 F2C（Factory-to-Consumer）指的是工厂到消费者的模式。在 F2C 模式下，交易双方只有生产者和消费者，依靠强有力的线下产业支撑、有效的全程品控和快速的市场反应，使消费者在线向工厂下订单成为可能。

1.3 出口跨境电商发展态势

出口跨境电商是新时期我国对外贸易的重要形式，是促进我国经济发展的新引擎。我国出口跨境电商借助互联网革新传统贸易方式，基于不同国家之间的比较优势有效实现商品跨区域流通，在打开国际市场的同时将产品推向海外，积极抢占国际市场。近年来，跨境电商在中国迅速发展，与传统对外贸易的低迷形成鲜明对比，成为中国对外贸易的新生力量。

在出口电商中，庞大的海外市场需求及外贸企业转型升级的发展等因素都助推行业快速发展，吸引更多的企业纷纷"触网"。接下来，本书从三个方面对我国出口跨境电商发展现状进行具体介绍。

第1章　我国跨境电子商务发展概况

1.3.1 地域分布不均

从出口跨境电商买家和卖家来看，买家主要分布在美国、俄罗斯、法国、英国、巴西、加拿大、德国、日本、韩国等国家，新兴市场有待发展，如东南亚、南美洲、非洲等市场处于初级阶段，拉美、中东欧、中亚、中东为快速增长新兴市场，跨境电商发展市场仍较广阔；而当前中国出口跨境电商卖家主要聚集在长三角和珠三角地区，尤其以广东、浙江、江苏最为集中。这些地区同时也是外贸最为发达的地区，有着良好的传统外贸基础。

1.3.2 出口跨境电商平台成熟

从出口跨境电商平台类型看，主要平台包括B2B、B2C和第三方服务企业三类。如阿里巴巴国际站等平台是B2B的代表企业，亚马逊、全球速卖通等平台是B2C的代表企业，中国银行、一达通等平台是第三方服务的代表企业。出口跨境电商的主要模式包括B2B和B2C两种，B2B模式是我国出口跨境电商的主流，其主要服务包括信息服务和交易服务，B2B卖家主要是我国境内的贸易商、生产商，而买方则主要是境外的贸易商、生产商、批发商和网店等。B2C模式占我国出口跨境电商的比重不断增加，该模式主要是通过第三方服务平台或自建网站，直接将商品销售到境外。

1.3.3 出口跨境电商采购模式发生变化

从出口跨境电商的发展特点来看，传统大额采购转变为中小额采购、长期采购变为短期采购，单笔订单的金额明显减小，大部分没有超过三万美金，传统"集装箱"式的大额交易正逐渐被小批量、多批次的"碎片化"进出口贸易取代。

虽然我国出口跨境电商取得了较快发展，但与发达国家相比仍存在一些问题，主要体现在以下几个方面：第一，出口跨境电商的信息化水平较低，数据共享不足与信息的不对称性导致出口跨境电商出现"柠檬市场"现象；第二，出口跨境电商专业型人才缺乏，制约了我国出口跨境电商高质量发展；第三，出口物流发展较跨境电商滞后，国际物流成本一直居高不下；第四，我国跨境电商体系尚不完善，营商环境存在诸多漏洞。

在新的历史时期，我国出口跨境电商的发展主要有以下五大趋势：第一，出口跨境电商规模持续快速增长；第二，新兴市场成为出口跨境电商的重要阵地；第三，出口跨境电商的资本化和品牌化进程不断加速；第四，本地化成为出口跨境电商的重要趋势；第五，数字化成为出口跨境电商的重要依托点。

1.4 进口跨境电商发展态势

1.4.1 进口跨境电商持续发展

我国政府大力支持进口跨境电商的发展，跨境电商零售增势强劲，国家政策对进口跨境电商的进一步支持有力地刺激了市场发展。在2018年首届"进博会"和多轮降关税影响下，进口跨境电商政策红利不断释放，接下来从四个方面对我国进口跨境电商发展现状进行具体介绍。

（1）从进口跨境电商卖家来看，在中国海淘消费者心目中，最为心仪的购物目的地当属美国，其次是英国、日本、澳大利亚和韩国。

（2）从进口跨境电商市场格局来看，市场份额占比基本落定。目前，国内进口跨境电商第一阵营为网易考拉、天猫国际、京东全球购、唯品国际等，其次是小红书、达令、西集等平台。

（3）从进口消费主力军来看，进口跨境电商平台商品选品或因用户人群年轻化而发生重大改变。

（4）从进口跨境电商线下布局来看，"黑科技"引领创新。跨境电商巨头布局线下，天猫国际、网易考拉等均已开设跨境保税线下自提店，以提升用户消费体验，运用大数据、人工智能等新技术来提升电商平台运营效率，利用区块链技术实现商品全程溯源。

1.4.2 进口跨境电商出现新趋势

基于目前的进口跨境电商现状研究发现，进口跨境电商的发展趋势主要体现在以下三个方面。

第1章　我国跨境电子商务发展概况

一是在经历了几个季度资本市场的冷遇以后，跨境电商领域得到了较多的融资，有多个跨境电商平台成功获投。

二是2018年以来，进口跨境电商纷纷在线下开实体店，网易考拉首家线下实体店"海淘爆品店"在杭州开业，并接连在上海、郑州等地"落地开花"，抢占新零售、新消费风口下的"头口水"，旨在突破时间和空间的束缚，为消费者实现即买即用的购物体验。

三是进口跨境电商的用户目前大部分在一、二线城市，在农村消费升级和新零售的大背景下，电商平台将逐步下沉到四、五线城市。

我国跨境电商正处于快速发展的阶段，市场规模持续扩大，2018年我国跨境电商的交易额突破了12万亿元，2019年其出口额已达到17.1万亿元之多，其增长速度远远高于外汇市场的贸易增速。2019年是跨境电商行业发展的阶段，线下线上相结合的方式使跨境电商走向了新零售行业的新阶段，2019年进口跨境电商总额占进出口总额的49.3%，出口总额占进出口总额的50.7%。2020年我国外贸进出口总额32.16万亿元，是全球唯一实现贸易正增长的经济主体，2020年通过海关跨境电商管理平台验放进出口清单24.5亿票，同比增长63.3%。受新冠疫情的影响，2020年5月，我国跨境电商进出口总额比2019年5月偏低，但是从6月开始跨境电商进出口额有了显著增加，且都比2019年的进出口总额高，说明前一季度是慢慢开始恢复生产，然后进入正常运营。疫情对跨境电商行业的影响确实有，但是是短暂的。根据国家统计局的数据，2020年12月，跨境电商进出口总值同比增长12.9%，2019年12月，跨境电商进出口总值同比增长11.5%，从这些数据来看，我国跨境电商行业不仅恢复正常运营，而且发展更好。

疫情大考之年，我国进出口多项指标逆势破纪录，呈现外贸发展的新高度。全球经济一体化的发展给我国的跨境电商带来了较多发展机遇。为保障跨境电商良性发展、快速发展，电商行业应当立足于全球经济一体化这一大背景完善电商的营销模式、不断进行产品的更新换代、完善售后服务、探究发展跨境电商的新方法，从而推动我国跨境电商的发展。

第 2 章　河北省跨境电商概况

2.1 跨境电商政策支持

2.1.1 国家政策方面

从宏观层面来讲，2013 年 8 月，国务院办公厅下发了《国务院办公厅转发商务部等部门关于实施支持跨境电商零售出口有关政策意见的通知》（国办发〔2013〕89 号），意见中主要的政策支持包括确定电子商务出口经营主体备案登记手续，建立电子商务出口新型海关监管模式并进行专项统计，建立电子商务出口检验监管模式，支持电子商务出口企业正常收结汇，鼓励银行机构和支付机构为跨境电商提供支付服务，实施适应电子商务出口的税收政策，建立电子商务出口信用和市场监管体系。

2015 年，国务院办公厅出台《国务院办公厅关于促进跨境电商健康快速发展的指导意见》（国办发〔2015〕46 号），意见中指出，支持国内企业更好地利用电子商务开展对外贸易，鼓励有实力的企业做大做强，同时在优化海关监管、检验检疫政策、税收优惠政策、结算政策、金融扶持等方面给予了指导意见。

2021 年 10 月，商务部、中央网信办和发展改革委印发《"十四五"电子商务发展规划》，规划指出，把促进强大国内市场、推动更高水平对外开放、抢占国际竞争制高点、服务构建新发展格局的关键动力作为发展目标。一是要鼓励电商企业全球化经营，带动品牌出海，探索新的跨境电商交易流程创新，加强行业组织的建设。二是继续深化共建"一带一路"国家一系列合作

第 2 章 河北省跨境电子商务概况

方式，构建全球电子商务发展格局。三是通过推进数字领域国际规则构建以数字基础设施互通和安全为保障的国际规则体系。

从指导性政策来讲，主要有以下四个方面。

1. 税收政策

2018 年，财政部、税务总局、商务部和海关总署联合发布《关于跨境电商综合试验区零售出口货物税收政策的通知》，为促进跨境电商健康快速发展，提出了税收优惠政策，对跨境电商零售出口企业实行了退免税政策。《财政部 税务总局关于出口货物保险增值税政策的公告》（2021 年第 37 号）明确了对境内单位和个人发生的部分跨境应税行为免征增值税。

2. 海关监管政策

2018 年，商务部、发展改革委、财政部、海关总署、税务总局、市场监管总局等六部门联合印发了《关于完善跨境电商零售进口监管有关工作的通知》（商财发〔2018〕486 号），通知主要内容为促进跨境电商零售进口健康发展。2021 年海关总署发布《关于在全国海关复制推广跨境电商企业对企业出口监管试点的公告》，决定复制推广跨境电商企业对企业出口监管试点。

3. 国家试点政策

2013 年，国务院首次出台《国务院办公厅转发商务部等部门关于实施支持跨境电商零售出口有关政策意见的通知》并相继于 2015 年、2016 年、2018 年、2019 年和 2020 年设立了五批次国家级跨境电商综合试验区，通过试点政策营造发展环境，产生产业聚集和自选择效应。这些综合试验区先行先试，逐步总结发展规律和经验，并将成熟的经验复制到全国其他地方的政策中。

4. 电子商务法律法规

《中华人民共和国电子商务法》经过人大四次审议，于 2019 年 1 月 1 日起施行，该法明确了电子商务经营者、合同的订立与履行、争议解决及法律责任。该法虽没有对跨境电商单独列章，但该法的正式出台从根本上解决了跨境电商的历史地位问题，起到了指导性作用。其中第七十一条到七十三条中对跨境电商作了描述。如表 2.1 所示。

表 2.1 《中华人民共和国电子商务法》中关于跨境电商的描述

条目	内容
第七十一条	国家促进跨境电商发展，建立健全适应跨境电商特点的海关、税收、进出境检验检疫、支付结算等管理制度，提高跨境电商各环节便利化水平，支持跨境电商平台经营者等为跨境电商提供仓储物流、报关、报检等服务。国家支持小型微型企业从事跨境电商
第七十二条	国家进出口管理部门应当推进跨境电商海关申报、纳税、检验检疫等环节的综合服务和监管体系建设，优化监管流程，推动实现信息共享、监管互认、执法互助，提高跨境电商服务和监管效率。跨境电商经营者可以凭电子单证向国家进出口管理部门办理有关手续
第七十三条	国家推动建立与不同国家、地区之间跨境电商的交流合作，参与电子商务国际规则的制定，促进电子签名、电子身份等国际互认。国家推动建立与不同国家、地区之间的跨境电商争议解决机制

2.1.2 河北省跨境电商支持政策

2015 年，河北省出台了《河北省人民政府办公厅关于促进跨境电商健康快速发展的实施意见》，提出培育跨境电商市场主体、建设跨境电商平台、打造跨境电商园区、建设跨境电商公共海外仓、建设跨境电商公共服务平台、优化通关作业流程、完善检验检疫监管政策措施、开展电子商务跨境支付结算及在线供应链金融业务、落实跨境电商税收政策、发展跨境电商物流体系、加强诚信体系建设、发展跨境电商进口等主要任务。

2018 年，河北省办公厅出台了《中国（唐山）跨境电商综合试验区建设实施方案》。2019 年，河北省首个跨境电商综合试验区在唐山落地实施。同年，河北省政府发布《中国（河北）自由贸易试验区管理办法》，涵盖管理体制、投资改革、贸易便利、金融创新、产业开放、协同发展、风险防范、营商环境等多方面，大大促进了河北省跨境电商的发展。海关监管部门持续推动口岸通关提效降费，进口货物增值税税率与跨境电商零售进口增值税税率同步下调，进一步优化跨境电商业务流程，支持河北口岸加快发展，服务河北对外开放。

从指导性扶持政策来讲，主要有以下四个方面。

第2章 河北省跨境电子商务概况

1. 支持经营主体发展及数字化转型

省政府、商务厅及各市出台相应的政策，鼓励龙头企业引进、培育小微跨境电商企业，鼓励跨境电商人才培养；推进跨境电商在线交易；鼓励传统外贸企业转型；鼓励数字经济和传统企业的转型融合，鼓励数字型企业发展，鼓励跨境电商企业及平台的技术创新。

2. 资金及金融支持政策

为更多跨境电商企业获取资金支持，政府加大资金支持力度，解决跨境电商资金困难。2020年，政府为多家省级跨境电商示范企业争取河北省外贸发展专项资金支持近30万元。跨境电商及跨境物流试点所在地也出台多项举措，包括资本运营与税收支持政策，如《中国（唐山）跨境电商综合试验区发展专项资金管理办法》。2020年出台的《中国（石家庄）跨境电商综合试验区建设实施方案》提出探索设立跨境电商发展信保资金池、探索"外贸企业＋金融机构＋平台"合作模式，支持专业供应链金融机构落地、强化信保支持、推动信用风险管理防控等措施，构建高效便捷的金融服务。

3. 试点及平台建设扶持政策

《中国（唐山）跨境电商综合试验区建设实施方案》《中国（河北）自由贸易试验区管理办法》《中国（石家庄）跨境电商综合试验区建设实施方案》等政策先后发布，对省内自贸区建设及跨境电商试点城市与企业业务开展提供了方向性指导。试验区建设以探索跨境电商监管模式、技术标准、业务流程和信息化建设为目标，为发展跨境电商积累新经验、聚集新优势、创造新动能，努力构建"面向全省、辐射全球"的跨境电商发展新格局。

发展跨境电商园区，支持跨境电商公共服务平台建设，《中国（唐山）跨境电商综合试验区建设实施方案（2019—2021）》明确"三平台七体系"的跨境电商发展思路和"3+3+N"的总体布局，并确定构建线上综合服务平台；《中国（河北）自由贸易试验区管理办法》《关于开展认定跨境电商示范主体及类型申报工作通知》等政策文件中均将跨境电商园区、跨境电商公共服务平台的建设与完善列为主要任务。

4. 跨境物流建设及海关监管服务体系

《河北省人民政府关于加快推进"互联网＋"电子口岸建设的实施意见》

《加快海关特殊监管区域整合优化的实施方案》《河北省人民政府办公厅关于推进电子商务与快递物流协同发展的实施意见》等政策，强调跨境物流基础设施、跨境物流网络建设、跨境物流业务发展，鼓励公共海外仓建设及使用、鼓励建立境内出口监管仓、鼓励开设国际物流专线，开发了适合多情境需求的"1210"海关监管方式、"1239"监管方式和"9610"监管方式等。

2023年，河北省人民政府出台了《河北省支持跨境电商十条政策》具体内容如下：

（1）支持跨境电商平台入驻我省跨境电商综合试验区。对全球访问量前30位的跨境电商平台，凡总部或区域性功能中心设立或迁移至我省跨境电商综合试验区、年度线上交易额不低于等值50亿元（人民币，下同）的，依企业申请并经认定后，由省财政给予500万元的一次性落户奖励。

（2）支持第三方跨境支付平台入驻我省跨境电商综合试验区。对取得中国人民银行支付业务许可证并符合跨境支付标准，在我省跨境电商综合试验区设立全国性、区域性总部或功能性总部，开展跨境电商结算的，年线上结算交易额超过2亿美元的第三方支付平台，依企业申请并经认定后，由省财政给予50万元的一次性资金支持。

（3）积极引进、培育跨境电商龙头企业。对在河北省内注册的跨境电商企业，年进出口额（以海关进出口统计数据为准，下同）首次达到1亿元、10亿元的，依企业申请并经认定后，由省财政分别给予20万元、100万元奖励。

（4）支持跨境电商产业园区发展。支持外贸转型升级基地、县域特色产业聚集区引进报关清关、支付结算、税务保险、软件开发、大数据分析等服务型企业，建设跨境电商产业园区。对跨境电商产业园区运营面积达到4000平方米（含本数）以上，具备跨境电商企业运营所需配套服务设施和一站式跨境电商综合服务功能，入驻跨境电商企业数量达到20家以上、跨境电商年进出口额达到10亿元的，依企业申请并经认定后，由省财政给予200万元的一次性奖励；对跨境电商产业园入驻跨境电商企业数量达到10家以上、年进出口额达到5亿元以上的，依企业申请并经认定后，由省财政给予100万元的一次性奖励。

（5）搭建全省跨境电商线上综合服务平台。整合河北国际贸易"单一窗

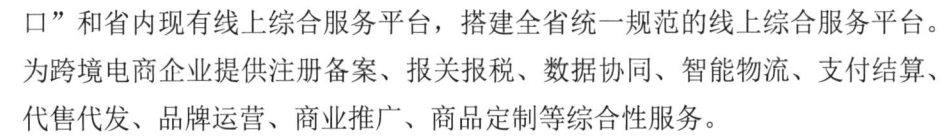

口"和省内现有线上综合服务平台,搭建全省统一规范的线上综合服务平台。为跨境电商企业提供注册备案、报关报税、数据协同、智能物流、支付结算、代售代发、品牌运营、商业推广、商品定制等综合性服务。

(6)支持跨境电商零售进口试点城市建设 O2O 商品体验店。鼓励有条件的跨境电商零售进口试点城市制定发展跨境电商 O2O 商品体验店的政策,按照营业面积和年度交易额给予支持。

(7)支持企业建设公共海外仓。对河北省内注册企业投资建设或运营的自用海外仓,面积达到 3000 平方米以上、该企业对所在国家或地区的进出口额达到 1 亿元以上的,省财政给予 50 万元的一次性奖励;对服务我省企业 10 家以上、年交易额达到 1 亿元的公共海外仓,依企业申请并经认定后,由省财政给予 50 万元的一次性奖励。

(8)加强跨境电商仓储物流配套服务。鼓励有条件的地方对域内跨境电商企业租赁海关特殊监管区仓储设施的租金,给予一定补贴。

(9)支持监管作业场所建设。支持我省跨境电商综合试验区、跨境电商零售进口试点城市,建设跨境电商零售进出口商品监管作业场所。对投资方为企业、建设完毕且开展跨境电商业务的,鼓励有条件的地方给予投资方一定资金支持。

(10)强化相关要素服务。鼓励金融机构开展跨境电商投融资服务,运用电子商务供应链物流、资金流等信息开展应收账款融资、保兑仓融资、融通仓融资等金融产品创新。支持省内高校、职业院校开设国际贸易、跨境电商等相关专业,强化校企合作,支持校企共建校外实训基地。鼓励有条件的地方对开展跨境电商校企合作项目的院校给予资金扶持。

2.2 河北省跨境电商发展现状

2.2.1 对外贸易稳步增长

河北省对外贸易总体呈较快增长趋势。2020 年,河北省外贸进出口总值 4410.4 亿元人民币(下同),同比(下同)增长 10.2%,远超预期 5%。其中，出口 2521.9 亿元，增长 6.4%；进口 1888.5 亿元，增长 15.8%。12 月当月，进出口 458 亿元，增长 28%。其中，出口 276.2 亿元，增长 24.3%；进口 181.8 亿元，增长 33.9%。据海关统计，2021 年上半年，河北省外贸进出口总值 2513.8 亿元，增长 29.9%，增速高于全国 2.8 个百分点。其中，出口 1430.7 亿元，增长 29.8%，增速高于全国 1.7 个百分点；进口 1083.1 亿元，增长 30.1%，增速高于全国 4.2 个百分点。与 2019 年同期相比，进出口、出口、进口分别增长 41.1%、31.9%、55.5%。对澳大利亚进出口 459.1 亿元，增长 27.9%，占进出口总值的 18.3%。对美国进出口 288.8 亿元，增长 54.8%。对东盟进出口 270.5 亿元，增长 8.9%。对欧盟（27 国，不含英国）进出口 251.3 亿元，增长 17.9%。此外，对共建"一带一路"国家进出口 739.9 亿元，增长 28.9%。曹妃甸综合保税区注册企业进出口 119.2 亿元，增长 4.19 倍。唐山港京唐港区保税物流中心（B 型）注册企业进出口 16.7 亿元，增长 63.8 倍。廊坊综合保税区注册企业进出口 2.3 亿元，增长 6.28 倍。机电产品出口 497.8 亿元，增长 26.6%。劳动密集型产品出口 338.3 亿元，增长 53.7%。钢材出口 212.8 亿元，增长 39.1%。基本有机化学品出口 49 亿元，增长 17.5%。石家庄市进出口 736 亿元，增长 21.6%。唐山市进出口 648.1 亿元，增长 53.2%。廊坊市进出口 213.9 亿元，增长 24.5%。保定市进出口 205.1 亿元，增长 57.8%。为推进"一带一路"倡议，石家庄海关积极发挥职能作用，全面落实海关总署支持中欧班列发展措施等工作部署，把推动中欧班列运行作为促进河北省对共建"一带一路"国家外贸发展的重要抓手，共监管中欧班列 80 列、货运量 7635 标箱，分别增长 1.42 倍和 1.51 倍，业务发展保持快速增长势头。

河北省 2023 年外贸进出口总值 5818.4 亿元，增长 7.4%，其中，出口 3505.5 亿元，增长 9.3%；进口 2312.9 亿元，增长 4.6%。跨境电商已成为促进外贸发展的新动力，紧抓跨境电商发展机遇是实现河北省对外贸易跨越式发展的重要途径。

2.2.2 机遇与挑战并存

在国家对外政策的大力推动下，河北省跨境电商发展正面临前所未有的机遇，已成为推动对外贸易发展的"新引擎"。同时，河北省跨境电商发展也

第 2 章　河北省跨境电子商务概况

正面临国际物流成本增加、未形成产业集聚效应、跨境电商人才严重匮乏以及缺乏有效的金融支持政策等诸多瓶颈问题。

受大众消费习惯改变和国际物流环境变化影响，传统贸易方式受到巨大冲击，跨境电商进入机遇与挑战并存的新发展阶段：一方面，中国政府坚持全方位对外开放的态度，通过"国内国际双循环"等政策的实施以及《区域全面经济伙伴关系协定》（Regional Comprehensive Economic Partnership，简称RCEP）的签署，为跨境电商提供了优越的政策环境和发展机遇。2020 年，国家跨境电商进出口总值达 1.69 万亿元，同比增长 31.1%，成为稳定外贸发展的重要力量。另一方面，复杂多变的国际政治经济形势使跨境电商业务面临更多的风险和不确定性。

1. 国际物流成本增加，跨境电商业务受阻

2021 年的物流成本大约是 2020 年的 3 倍，这导致很多跨境电商企业无法接单和发货。例如，以日常消费品为主的 B2C 模式的国际物流成本占商品总成本的 40% 左右，低价值商品的物流成本甚至超过货值，高物流成本使不少企业选择在其他省份发货，但同时也会导致国内物流成本以及运输风险增加，货物在途时间也会延长。

2. 跨境电商势单力薄，尚未形成产业集聚效应

河北省跨境电商企业以中小规模企业为主且较为分散、各自为战，成熟的跨境电商园区极少，尚未形成规模性产业集群，跨境电商企业之间也难以做到协同互助。不仅如此，由于缺乏产业集群，同一地区以及相同类型的跨境电商企业会在国际市场上展开以低价战略为主的恶性竞争，导致该地区大多数企业陷入困境。由此可见，跨境电商企业需要互相协同，集聚人力、物力和财力，从而增强整体实力。

3. 县域特色产业发展跨境电商困难重重

河北省县域特色产业及相关电子商务产业发展状况较好，在石家庄、衡水、邢台以及保定等周边县市形成连片发展的产业聚集区，特别是在太行山沿线形成了农业特色产业带。县域特色产业发展是实现乡村振兴的重要渠道。然而，随着县域特色产业不断发展壮大，单纯发展国内贸易已不能满足产业发展需求，不少中小型生产企业都萌生了做跨境电商的意愿，但其极度缺乏做跨境电商的能力、资源和渠道。各县生产企业难以招聘到从事跨境电商的专业人才，若在市内设立办事处则面临成本较高等问题，人员管理成本以及场地费用将大幅增加，这些情况导致不少生产企业不得不放弃踏足跨境电商领域的念头。

4.跨境电商人才缺乏，尤其是选品人才缺乏

从事跨境电商的选品人才缺乏，无法充分发挥海外仓作用。为了降低物流成本并提高配送效率，跨境电商企业往往通过阿里平台海外仓或者自建海外仓的方式，先向海外仓集中大宗发货，再由海外仓向客户发货，导致跨境电商企业承担资金回流压力，若选品失误则会使海外仓产品长期滞留，资金无法回笼。因此，选品人才是跨境电商领域的高端人才，也是开拓海外市场以及降低投资风险和成本的关键人才。而人才缺乏，尤其是中小型企业选品人才的极度缺乏，严重制约了跨境电商企业的海外市场拓展。

2.2.3 河北省跨境电商综合服务平台

河北省现有省级跨境电商综合服务平台21家，见表2.2。

表2.2 河北省级跨境电商综合服务平台一览表

序号	所在城市	平台名称	所在企业名称
1	石家庄	成功易	石家庄正日商务网络有限公司
2	石家庄	冀商达	河北辰邦国际贸易集团有限公司
3	石家庄	冀台联网	河北省冀台联网络科技发展有限公司
4	石家庄	全球贸易通	河北国瑞信息技术有限公司
5	石家庄	外贸云平台管理系统	石家庄瑞诺网络科技有限公司
6	石家庄	阳光海淘	河北田陌网络科技有限公司
7	秦皇岛	坚石贸易网	秦皇岛坚石贸易有限公司
8	秦皇岛	健康科技网	秦皇岛坚石贸易有限公司
9	秦皇岛	买家登录网	秦皇岛坚石贸易有限公司

(续表)

序号	所在城市	平台名称	所在企业名称
10	秦皇岛	非常中国网	秦皇岛坚石贸易有限公司
11	唐山	品质宝全球购	唐山曹妃甸品质宝电子商务综合服务有限公司
12	唐山	全世界海淘网	唐山全世界电子商务有限公司
13	唐山	耐火材料行业跨境电商平台	唐山成联电子商务有限公司
14	廊坊	冀贸通	佳佳供应链管理（廊坊）有限公司
15	沧州	中国减速机信息网	河北志远减速机械有限责任公司
16	衡水	大卖网	故城县创客电子商务有限公司
17	衡水	春风E购	冀州区春风进出口有限责任公司
18	衡水	中国国际裘皮网	枣强县创营裘皮产业促进中心有限公司
19	邢台	玻璃交易平台	沙玻玻璃城沙河有限公司
20	邢台	易玻商城	河北瑞迪网络技术服务有限责任公司
21	邯郸	寻宝频道跨境电商平台	河北云品科技有限公司

2.2.4 河北省省级跨境电商示范企业

截至2023年，河北省现有省级跨境电商示范企业112家，见表2.3。第一批"省级跨境电商示范企业、平台、园区、公共海外仓"名单公示中，河北省省级跨境电商示范企业有河北辰邦国际贸易集团有限公司、河北诚信有限责任公司、石家庄华明蜡业有限公司、河北驰恒进出口有限公司、河北名世锦簇纺织有限公司等48家。第二批"省级跨境电商示范企业、平台、园区、公共海外仓"名单公示中，有河北润特橡胶制品有限公司、河北厚德汉方医疗器械股份有限公司、河北尚莱特纺织有限公司、石家庄泰鸿布业有限公司等43家。第三批"省级跨境电商示范企业、平台、园区、公共海外仓"名单公示中，有石家庄金萱商贸有限公司、保定白沟新城比酷尼箱包销售有限公司等 10 家。2019 年 6 月份，河北省新增跨境电商示范企业 11 家，包括河北美乐尔发制品有限公司、石家庄朗秀尚家家纺有限公司、唐山成联电子商务有限公司等。

表 2.3　河北省省级跨境电商示范企业名单

序号	地区	企业名称
1	石家庄	河北辰邦国际贸易集团有限公司
2	石家庄	河北诚信有限责任公司
3	石家庄	石家庄华明蜡业有限公司
4	石家庄	河北驰恒进出口有限公司
5	石家庄	河北名世锦簇纺织有限公司
6	石家庄	河北特美特国际贸易有限公司
7	石家庄	石家庄奥非特进出口有限公司
8	石家庄	河北省冀台联网络科技发展有限公司
9	石家庄	石家庄双剑工具有限公司
10	石家庄	奥垠行唐蜡业有限公司
11	石家庄	河北润特橡胶制品有限公司
12	石家庄	河北厚德汉方医疗器械股份有限公司
13	石家庄	石家庄达美金迈泵业有限公司
14	石家庄	河北尚莱特纺织有限公司
15	石家庄	石家庄泰鸿布业有限公司
16	石家庄	河北德福来商贸有限公司
17	石家庄	河北田陌网络科技有限公司
18	石家庄	石家庄金萱商贸有限公司
19	石家庄	河北美乐尔发制品有限公司
20	石家庄	石家庄朗秀尚家家纺有限公司
21	承德	承德梵纳瑞进出口商贸有限公司
22	承德	河北鹏涛供应链管理有限公司
23	承德	承德神栗食品股份有限公司
24	张家口	河北龙王帽食品有限公司

第2章 河北省跨境电子商务概况

（续表）

序号	地区	企业名称
25	张家口	河北金田地广农业发展有限公司
26	张家口	涿鹿高压容器有限公司
27	秦皇岛	康泰医学系统（秦皇岛）股份有限公司
28	秦皇岛	秦皇岛坚石贸易有限公司
29	秦皇岛	秦皇岛火柴盒科技开发股份有限公司
30	秦皇岛	秦皇岛泰道贸易有限公司
31	唐山	唐山洋仓贸易有限公司
32	唐山	唐山市威朗贸易有限公司
33	唐山	惠达卫浴股份有限公司
34	唐山	唐山成联电子商务有限公司
35	唐山	河北聚民惠贸易有限公司
36	唐山	唐山曹妃甸达四方跨境电商有限公司
37	唐山	河北盛祥贸易有限公司
38	廊坊	霸州市艾维特进出口贸易有限公司
39	廊坊	廊坊市锐隆商贸有限公司
40	廊坊	文安县新大奥星金属建材有限公司
41	廊坊	文安县江鸿五金制品有限公司
42	廊坊	文安县金凯建材有限公司
43	廊坊	霸州市众诚玻璃制品有限公司
44	廊坊	河北冠能石油机械制造有限公司
45	廊坊	霸州市宏江家具有限公司
46	廊坊	廊坊鑫罗曼斯商贸有限公司
47	廊坊	霸州市胜雅鑫钢木家具有限公司
48	廊坊	霸州市马氏家具有限公司
49	廊坊	廊坊市智狼商贸有限公司
50	廊坊	廊坊市煜琪商贸有限公司
51	廊坊	廊坊友顺家具有限公司

（续表）

序号	地区	企业名称
52	廊坊	霸州市赛瑞斯商贸有限公司
53	廊坊	河北优耐德节能科技有限公司
54	廊坊	霸州市航盛家具有限公司
55	廊坊	霸州市亿丰家具有限公司
56	廊坊	廊坊圣奥国际贸易有限公司
57	廊坊	霸州市世轩家具有限公司
58	廊坊	霸州市诺华家具有限公司
59	廊坊	霸州市伊曼双新家具有限公司
60	廊坊	廊坊盛森磨具有限公司
61	廊坊	河北乐江家具有限公司
62	廊坊	河北多华家具有限公司
63	廊坊	香河华北致冷设备有限公司
64	廊坊	廊坊菊龙五金磨具有限公司
65	保定	保定天尚行箱包皮具有限公司
66	保定	高阳县索菲特纺织品贸易有限公司
67	保定	高碑店市广顺箱包工业有限责任公司
68	保定	高碑店市空中鸟皮具有限公司
69	保定	保定申辰泵业有限公司
70	保定	河北瑞春纺织有限公司
71	保定	高碑店市三只鸟皮具有限公司
72	保定	保定盛世之星箱包制造有限公司
73	保定	保定中森皮具制造有限公司
74	保定	高碑店市亨兴帽业服务有限责任公司
75	保定	保定玛柯斯曼箱包工业有限责任公司
76	保定	保定酷奇贝薇箱包制造股份有限公司
77	保定	保定市铧正电气制造有限公司
78	保定	河北英照照明科技有限公司

第2章 河北省跨境电子商务概况

（续表）

序号	地区	企业名称
79	保定	高阳县恒康纺织有限公司
80	保定	保定市北方制花有限公司
81	保定	保定名亨皮具制造有限公司
82	保定	保定白沟新城比酷尼箱包销售有限公司
83	保定	保定白沟盛泰罗箱包制品有限公司
84	保定	雄县凯新制帽有限公司
85	沧州	沧州市光速电子商务有限公司
86	沧州	肃宁县鹏宇裘革制品有限公司
87	沧州	河北明亮玻璃制品有限公司
88	沧州	沧州那瑞化学科技有限公司
89	沧州	京东橡胶有限公司
90	衡水	冀州区春风进出口有限责任公司
91	衡水	河北兆鑫裘革制品股份有限公司
92	衡水	枣强县凡雅皮草制品有限公司
93	衡水	冀州区东鼎化工设备贸易有限公司
94	衡水	冀州中意复合材料股份有限公司
95	衡水	浅休服饰衡水有限公司
96	邢台	邢台内陆港进出口贸易服务有限公司
97	邢台	河北众诺再生资源利用有限公司
98	邢台	沙河市九月厨具有限公司
99	邢台	河北博正玻璃制品有限公司
100	邢台	沙河市志河镜业科技有限公司
101	邢台	邢台市雅美贸易有限公司
102	邢台	巨鹿县宏伟密封电器配件有限公司
103	邯郸	河北邯武棉机有限公司
104	邯郸	武安市科力型钢有限公司
105	邯郸	邯郸市布尔奇贸易有限公司

(续表)

序号	地区	企业名称
106	邯郸	河北华裕永诚食品有限公司
107	邯郸	定州市五星金属网厂
108	邯郸	河北永伟金属制品有限公司
109	邯郸	定州金龙金属制品有限公司
110	邯郸	定州市宝光刀具有限公司
111	邯郸	河北永伟金属制品有限公司
112	邯郸	定州华兴丝网厂

2.2.5 河北省省级跨境电商园区

截至2023年，河北省级跨境电商园区有14家，见表2.4。第一批"省级跨境电商示范企业、平台、园区、公共海外仓"名单公示中，有承德梵纳瑞保税物流园区、和道国际跨境电商产业园、大营皮毛产业跨境电商园区、辛集皮革城跨境电商园区4家。第二批有乐城跨贸小镇、高阳县邦辰跨境电商产业园、清河跨境电商园区等6家。第三批1家，为张家口市跨境电商园区。第四批有3家，包括唐山高新技术创业中心、鸦鸿桥跨境电商产业园、宝升昌跨境电商园区。

表2.4 河北省跨境电商园区名单

序号	所属地区	园区名称	申报主体
1	石家庄	乐城跨贸小镇	河北乐城国际贸易城商业管理股份有限公司
2	承德	承德梵纳瑞保税物流园区	承德梵纳瑞进出口商贸有限公司
3	张家口	张家口市跨境电商园区	张家口外综服电子商务有限公司
4	保定	和道国际跨境电商产业园	河北和道电子商务有限公司
5	保定	高阳县邦辰跨境电商产业园	高阳县邦辰科技型创业辅导有限公司
6	衡水	大营皮毛产业跨境电商园区	枣强县创营裘皮产业促进中心有限公司
7	邢台	清河跨境电商园区	清河县阳融网络科技有限公司
8	邢台	好望角国际物流园	河北好望角物流发展有限公司

（续表）

序号	所属地区	园区名称	申报主体
9	邯郸	平原跨境电商示范园区	河北禾易福农科技有限公司
10	邯郸	魏州国际电子商务物流园	河北网创电子商务有限公司
11	辛集	辛集皮革城跨境电商园区	辛集皮革城电子商务有限公司
12	唐山	唐山高新技术创业中心	唐山高新技术创业中心
13	唐山	鸦鸿桥跨境电商产业园	唐山科巢科技有限公司
14	唐山	宝升昌跨境电商园区	唐山宝升昌全球创客孵化器有限公司

2.2.6 河北省省级跨境电商公共海外仓

截至2023年，河北省现有省级跨境电商公共海外仓共37家，见表2.5。

表2.5 河北省省级跨境电商公共海外仓名单

序号	海外仓运营企业	海外仓所在地
1	河北省冀台联网络科技发展有限公司	中国台湾（高雄）
2	石家庄双剑工具有限公司	美国（圣安东尼奥）
3	河北辰邦国际贸易集团有限公司	匈牙利（布达佩斯）
4	石家庄傲瑟进出口贸易有限公司	美国（安大略）
5	河北德福来商贸有限公司	美国（默特尔比奇）
6	河北斯兰进出口贸易有限公司	斯里兰卡（科伦坡）
7	河北凤凰商贸有限公司	澳大利亚（墨尔本）
8	秦皇岛坚石贸易有限公司	美国（胡桃市）
9	康泰医学系统（秦皇岛）股份公司	美国（伊利诺伊州）
10	唐山万商源国际贸易有限公司	马来西亚（吉隆坡）
11	唐山坤达科技有限公司	加纳（阿克拉）
12	廊坊盛森磨具有限公司	南非（约翰内斯堡）
13	河北茂通纺织品有限公司	泰国（曼谷）
14	河北安泰塑料包装制品股份有限公司	澳大利亚（墨尔本）
15	霸州市诺伊尔展架有限公司	菲律宾（马尼拉）

(续表)

序号	海外仓运营企业	海外仓所在地
16	佳佳供应链管理（廊坊）有限公司	塞尔维亚（贝尔格莱德）
17	郎世坤城房屋科技有限公司	智利（拉塞雷纳）
18	佳佳供应链管理有限公司	德国（科隆）
19	佳佳供应链管理有限公司	英国（伯明翰）
20	保定白沟天尚行箱包皮具有限公司	德国（勃兰登堡州）
21	沧州申源金属材料有限公司	泰国（曼谷）
22	河北双羊砂轮制造有限公司	阿联酋（迪拜）
23	沧州市新丝路进出口服务有限公司	印度（孟买）
24	河间市翔宇棉纺织有限公司	阿联酋（迪拜）
25	沧州普莱森进出口服务有限公司	南非（约翰内斯堡）
26	枣强县凡雅皮草制品有限公司	俄罗斯（彼得拉扎夫斯克）
27	河北好望角物流发展有限公司	乌兹别克斯坦（塔什干）
28	河北好望角物流发展有限公司	柬埔寨（金边）
29	河北雅雅妈妈电子商务有限公司	英国（伦敦）
30	中建材国际贸易有限公司（巴西）	巴西（圣保罗）
31	中建材国际贸易有限公司（阿联酋）	阿联酋（迪拜）
32	中建材国际贸易有限公司（越南）	越南（河内）
33	中建材国际贸易有限公司（乌克兰）	乌克兰（基辅）
34	中建材国际贸易有限公司（南非）	南非（开普敦）
35	中建材国际贸易有限公司（坦桑尼亚）	坦桑尼亚（达累斯萨拉姆）
36	中建材国际贸易有限公司（德国）	德国（法兰克福）
37	MG集团有限公司	俄罗斯（莫斯科）

2.2.7 国际邮政出口情况

选取2021年7月至2022年3月河北省国际邮政出口数据（含速递、国际包裹、国际小包）进行分析，得出如下结论。

1. 国际邮政出口业务量分析

（1）出口业务量前三名的地市是石家庄、保定、沧州。销量前三名的国家是日本、韩国和哈萨克斯坦。

（2）互寄量较大的地区邮件量分析。寄往日本的邮件前三名的是石家庄、廊坊、保定，其中石家庄—日本占总邮件量的41.73%，廊坊—日本占总邮件量的5.59%，保定—日本占总邮件量的5.08%。石家庄总邮件的67.51%寄往日本。寄往韩国邮件前三名的是石家庄、保定和沧州，其中石家庄—韩国邮件占总邮件量的13.55%，保定—韩国占总邮件量的2.63%，沧州—韩国占总邮件量的1.69%。

2. 国际邮政出口平均单件重量分析

（1）出口邮件单件重量较大的地区是秦皇岛、承德和沧州。其中，秦皇岛市平均单件重量为6.67kg，承德平均单件重量4.4kg，沧州为2.67kg。

（2）单件邮件重量较大的互寄地区分析。通过对相关数据进行汇总分析发现，秦皇岛—蒙古、秦皇岛—朝鲜、沧州—朝鲜、承德—日本、张家口—日本、承德—韩国的邮件单件重量较大。

2.3 河北省出口电子商务发展现状分析

2.3.1 业务模式

1.B2C 模式

B2C 模式主要分为平台型和独立站型。平台型主要是借助亚马逊、Wish、eBay、速卖通等平台开店，进行 B2C 业务。C 端消费客户主要是境外买家独立站型，为自己的电商平台网站，主要的服务对象是境外某一个国家或领域的 B2C 业务运营服务商。

这种模式是全球网络零售业务的主要形式。发展初期，其网络零售商品主要是对购买者视、听、触、嗅等感觉体验要求较低的商品。随着互联网技术的发展以及电子支付的普及，产品的安全性与可追溯性得到了保障，B2C 模式在国内发展已经比较成熟，产品几乎遍及全部种类。

对于跨境出口电商来说，B2C 模式目前还处于发展阶段。因为在这个过程中除了需要了解各个平台的政策、规则以外，还需要了解参与交易的对方国家的人文、语言、关务、税务、公司登记、境外劳务、法律、物流服务等诸多因素，处理上如无事前的实地了解，会处于长期疲于应付的境地，还有非常大的法律风险。

2.B2B 模式

B2C 模式的买卖双方都是企业，企业与企业之间通过专用网络或互联网，进行数据信息的交换、传递，开展交易活动。

B2B 网站或移动平台为消费者提供质优价廉的商品，吸引消费者购买的同时促使更多商家入驻；与物流公司建立合作关系，为消费者的购买行为提供最终保障，从而实现再一次的交易。

B2B 模式分为面向行业产业链的垂直模式以及面向中间市场的水平模式。在垂直模式下处于某行业供应链上的企业或商家直接在网上开设虚拟商店，通过网站可以大力宣传自己的产品，用更快捷、更全面的手段让更多的客户了解自己的产品，促成交易。

面向中间交易市场的水平模式是将各个行业中相近的交易过程集中到一个场所，为企业的采购方和供应方提供了一个交易的机会，这一类网站自己既不是拥有产品的企业，也不是经营商品的商家，它只提供一个平台，在网上将销售商和采购商汇集在一起，采购商可以在其网上查到销售商及其商品的有关信息。

2.3.2 客户结构

河北省出口跨境电商发展较为缓慢，据中国电子商务研究中心监测数据显示，2015 年至 2018 年中国出口跨境电商交易额分别为 4.5 万亿元、5.5 万亿元、6.3 万亿元、7.1 万亿元，年平均增长 10%。2020 年我国的出口跨境电商交易额为 9.7 万亿元，2021 年为 11 万亿元，2022 年出口跨境电商市场规模达 12.3 万亿元，跨境网购用户集中在 26—35 周岁的青年群体，占比达 69%。

在《2018 年度中国跨境电商市场数据监测报告》中，河北省首次在出口跨境电商卖家主要地域分布中出现，仅占 2.2%。2018 年中国出口跨境电商卖家主要集中在广东省（20.5%）、浙江省（17.2%）、江苏省（12.8%）、上海市（8.3%）、福建省（6.5%）、北京市（5.2%）、山东省（3.4%）、其他（23.9%）。

2.3.3 交易平台

第三方跨境电商平台的选择过程中可以设计几个备选方案,并对备选平台逐一分析。亚马逊,作为全球电商服务的鼻祖,吸引了足够多的卖家,对跨境电商业务产生了十分重要的影响。亚马逊的招商门槛相对较高,利润也较大。阿里巴巴旗下的速卖通,其面对的客户十分广泛,且更多面向新兴市场,在俄罗斯以及巴西拥有大量客户源。速卖通中导入了相当数量的淘宝卖家,经营策略比较相近,产品价格低廉,多采取平邮小包形式,产品利润相对较低,客户体验相对不足。在经过数年野蛮生长之后,速卖通正在进一步优化,服务质量从 2015 年之后也在提高,逐渐实现了卖家从个人向企业的转变。Wish 发展的时间短,但是具有强大的分销能力,属于 App 类型的平台,可以智能推送用户喜欢的产品,且能够实现较高水平的转换率。

1. 平台选择的影响因素

消费平台需要掌握消费人群的共同点,其中包括价格、风格以及喜好等;平台流量作为网站实力的重要标志,流量大意味着极有可能会有大量的顾客;平台不同,项目收费结构不同,主要包括产品上架费、店铺管理费、佣金以及广告费,不同平台也会出台其他政策;公平性平台需要具有优秀的平衡卖家的能力,确保公平性;平台服务内容包括支付、物流、海外仓、营销等,服务的目的就是让商家能够利用最小成本,获得较大收益。

2. 平台分布情况

权威咨询机构易观发布的《2018 中国跨境出口电商发展白皮书》显示,2018 年中国跨境出口电商行业交易规模达 7.9 万亿元。根据面向的客户不同,出口跨境电商主要分为 B2B 平台和 B2C 平台。

(1) B2B 平台

B2B 跨境电商平台所面对的最终客户为企业或集团客户,提供企业、产品、服务等相关信息。从交易规模来看,B2B 是目前跨境出口电商的主流模式,交易规模占比 80% 以上。

目前,B2B 领域的市场格局已经相对稳定,阿里巴巴国际站占据了 43% 的市场份额,其余竞争者,除了慧聪网,份额均不到 5%。在出口增速放缓的背景下，信息服务型电商成长瓶颈出现，纯信息服务模式迫切升级为一站式综合服务模式。

（2）B2C 平台

B2C 类跨境电商平台所面对的最终客户为个人消费者，针对最终客户以网上零售的方式，将产品售卖给个人消费者。这类平台主要有：

①亚马逊

亚马逊（Amazon）在国际市场拥有海量的用户流量及品类丰富的产品，是美国最大的网络电子商务公司，是全球交易额最大的跨境电商平台。亚马逊是网络上最早开始经营电子商务的公司之一。亚马逊成立于 1995 年，一开始只经营书籍的网络销售业务，现在则扩及了范围相当广的其他产品，已成为全球商品品种最多的网上零售商和全球第二大互联网企业。

亚马逊对入驻卖家的要求相对较高，卖家必须保证产品品质，其开店流程也相对比较复杂。卖家注册亚马逊账号后，还需要注册美国、英国等国的银行账号以便于接收货款。卖家可以先注册一家美国公司或者寻找一家美国代理公司，接着再申请一个用于报税的美国联邦税号。

具体来说，国内的新手卖家在亚马逊开店需要注意以下几个方面。①拥有稳定的供货渠道，而且产品品质较高，因为"产品为王"是亚马逊平台上卖家的一大生存法则。②学习专业的亚马逊开店规则及运营技巧。亚马逊对入驻卖家有着较为严格的考核制度，那些违反平台规则的卖家，不但有可能会遭受平台的严重处罚，甚至有可能承担刑事责任。③准备一台专门用于登录亚马逊卖家账号的电脑。卖家需要明白，一台电脑只能登录一个亚马逊账号，如果登录其他亚马逊账号，不仅会对店铺运营产生负面影响，而且还会因为违反亚马逊规定而被处罚。④拥有一张美国银行卡。亚马逊平台店铺产生的交易货款全部存放在卖家账户系统中，如果想要将这些钱提现，就必须持有一张美国当地的银行卡。当然，这个问题并不难解决，大部分做跨境电商的卖家都有些海外客户、朋友等，可以让他们帮忙申请。当然，也可以通过国内的代理机构来解决。⑤获取用户流量。和速卖通平台一样，亚马逊平台中的用户流量主要包括两种：内部流量与外部流量。为了吸引更多的用户，卖家需要在社交网络平台中进行营销推广，推广时尽量使用软文广告。

第 2 章 河北省跨境电子商务概况

总之，在亚马逊开店，卖家最好拥有一定的外贸基础及海外客户资源，并与供应商建立稳定的合作关系。短期内，亚马逊平台中的新手卖家很难实现盈利，所以除了要拥有足够的资金提供支持外，卖家要有长期坚持的心理准备。

② 全球速卖通

全球速卖通（Jumia）正式上线于 2010 年 4 月，是阿里巴巴旗下唯一面向全球市场打造的在线交易平台，被广大卖家称为"国际版淘宝"。全球速卖通面向海外买家，通过支付宝国际账户进行担保交易，并使用国际快递发货。它是全球第三大英文在线购物网站。速卖通不但依托淘宝、天猫等平台提供的强大资源，成为全球品类最为齐全的跨境电商平台之一，更凭借着极高的用户流量在国际市场取得了较高的话语权。速卖通平台最大的特点便是用户对价格较为敏感，采取低价营销策略是速卖通平台卖家提升销量的重要方式之一。这和阿里将淘宝平台的用户导入速卖通平台有着直接的关系。

速卖通平台卖家的目标用户主要集中在巴西、俄罗斯等新兴市场。俄罗斯的国土面积虽然很大，但人口总数却很少，这就决定了俄罗斯的消费总量不会很大，但这个市场也是做跨境电商的人不可忽视的一个市场。俄罗斯的经济是以能源、矿产与军贸为支柱的，本国企业能够供给的产品严重不足，许多产品需依靠进口解决，这就意味着中国对俄罗斯的出口有一定的空间。速卖通平台在巴西、俄罗斯等新兴市场中销量较高的产品，往往是那些在价格上具有明显优势的商品。据统计，速卖通在俄罗斯市场销量较高的产品品类主要为服装、鞋子、配饰及电子产品。国内卖家在速卖通平台上可以选择中文或英文，操作相对简单。经过简单的培训后，即使没有相关电商运营经验的卖家也可熟练掌握。阿里巴巴在客户培训方面在业内一直处于领先地位，那些想要在其他平台开店的国内跨境电商卖家，也可以先在速卖通平台学习相关知识。

③ eBay

eBay 是一个可让全球民众上网买卖物品的线上拍卖及购物网站。eBay 于 1995 年 9 月 4 日由 Pierre Omidyar 以 Auctionweb 的名称创立于加利福尼亚州圣荷西。

eBay 平台的市场主要位于跨境电商产业相对成熟的欧美地区，所以国内的跨境电商卖家更容易在该平台取得成功。虽然在 eBay 平台开店相对比较简单，但卖家还需要详细了解其规则及制度。

首先卖家需要准备开户银行账单等相关资料及文件。与淘宝、天猫等国内电商平台不同，在 eBay 上架产品需要付费。eBay 对卖家制订的考核期相对较长，而且一开始卖家只能上架 10 个品类以内的产品，交易形式被限制为拍卖，只有当卖家的交易量及店铺信誉达到一定的标准后，才能成为正式入驻卖家。当店铺被买家投诉时，很容易出现店铺被封停的情况，因此卖家要格外注意自己的产品质量并为消费者提供优质服务。

由于 eBay 平台中店铺运营及管理相对比较简单，而且投入成本较低，尤其适合那些有一定外贸资源的跨境电商从业者。

④ Wish

Wish 是北美和欧洲最大的移动电商平台，有 90% 的卖家来自中国，是一家位于硅谷的高科技独角兽公司。它使用一种优化算法大规模获取数据，并快速了解如何为每个客户提供最相关的商品，让消费者在移动端便捷购物的同时享受购物的乐趣，被评为"硅谷最佳创新平台"和"欧美最受欢迎的购物类 App"。Wish 旗下共有 6 个垂直的 App：Wish，提供多种产品；Geek，主要提供高科技设备；Mama，主要提供孕妇和婴幼儿用品；Cute，专注于美容产品、化妆品、配饰和衣服；Home，提供各种家居配件；Wish for Merchants，专门为卖方设计的移动 App。Wish 平台中的产品性价比较高，而且会根据用户个性化需求进行定制化营销。Wish 在美国市场中拥有大量的忠实用户，该平台中销量较高的产品主要为服装、配饰、珠宝等。平台中的绝大部分用户流量来自移动终端，拥有超过 4700 万名用户。从消费需求日趋移动化、碎片化的发展趋势来看，Wish 平台在未来将拥有巨大的发展前景。

Wish 平台结合大数据、云计算等新一代信息技术向 App 用户推送满足其需求的个性化产品，从而实现定制化营销，这不但有效提升了营销转化率，更为用户带来了良好的购物体验。此外，Wish 在同一个页面中向消费者仅展示少量的商品，避免用户将大量的时间浪费在自己不需要的产品上，并由此赢得了广大用户的一致认可。Wish 最初仅是一个以图片形式展示商品的导购类网站，凭借着优质的内容沉淀了大量的用户流量，最终转型成为电商交易平台，而且近年来一直处于高速增长状态。国内卖家可以借助 Wish 提供的发展平台，分享移动电商创造的海量价值。

2.3.4 支付方式的选择

1. 跨境支付的定义与发展

跨境支付是指两个或两个以上国家或者地区之间因国际贸易、国际投资及其他方面所发生的国际债权债务借助一定的结算工具和支付系统，实现资金跨国和跨地区转移的行为。跨境支付过程中，牵扯到海关系统校对核查、用户信息审查以及电商综合税的缴纳等，是跨境电商经营中非常重要的一个环节。

传统的跨境支付方式包括银行电汇、专业汇款公司和国际卡组织。银行电汇主要通过 SWIFT（环球同业银行金融电讯协会）系统进行报文传输，指示代理行将款项支付给指定收款人。专业汇款公司以西联汇款和速汇金为代表，汇款业务在大部分国家需要牌照，汇款公司通过与银行、邮局等机构的深入合作，迅速扩大覆盖面，收款人只需持身份证明和汇款密码即可收款。国际卡组织一般由其会员发卡，卡片持有人在该组织的特约商户内都可以签账。国际信用卡通常以美元作为结算货币，比较常见的信用卡品牌主要是 Visa、MasterCard 等。伴随着跨境电商的快速发展，传统的跨境支付方式因费用较高、受地域网点限制、到账时限较长等缺点广为诟病，凭借较低费率和较快的到账时间的第三方支付逐步成为高频、小额跨境支付的主流模式，与卡组织、银行电汇等形成错位竞争。从 2013 年外管局开启跨境支付试点，跨境支付行业不断发展，目前，我国持有跨境外汇支付牌照的第三方支付机构增至 30 家，牌照数量趋于稳定。第三方跨境支付是指第三方支付机构通过银行为电子商务（货物贸易或服务贸易）交易双方提供跨境互联网支付所涉及的外汇资金集中收付及相关结算服务。

2. 跨境支付模式分析

根据跨境支付主体性质划分，跨境支付分为国际支付公司、互联网巨头、第三方支付公司和非持牌公司，包括 PayPal、Worldfirst、Payoneer 等外资支付机构，依托互联网巨头流量、渠道优势的支付宝和微信支付，以 PingPong、空中云汇等为代表的非持牌跨境支付方案提供商以及具有 B 端行业支付经验的易宝支付、汇付天下、宝付等持牌中小型第三方支付机构。近年来，随着中国经济与贸易的持续发展，国内的巨头在积极布局海外市场，支付主体的格局也在不断变化，如 2019 年 2 月阿里蚂蚁金服收购英国跨境支付公司 Worldfirst 除美国业务的其他业务，成为支付宝进入跨境支付 B 端市场的一个重要节点。跨境支付行业参与者的优、劣势与主要电商平台常见支付方式如表 2.6、2.7 所示。

表 2.6 跨境支付参与者优、劣势

类别	优势	劣势	主要布局	代表主体
国际支付公司	技术能力强，境外网络，品牌背书	无国内支付牌照，缺乏本地化收单能力，费率较高	国际收单、汇款	西联汇款、PayPal、Worldpay、Payoneer、WorldFirst 等
互联网巨头	C 端用户体量大，外延式扩展的能力强	业务布局分散，重点不明确	C 端钱包、外延式并购	支付宝、微信支付
第三方支付公司	拥有跨境支付牌照的结售汇业务资格，可开展国内消费者的境外网站支付、境外消费者的境内网站支付、境外消费者的境外网站支付等三个方面的业务	缺乏境外市场资源和经验	结售汇、人民币跨境支付	30 家跨境外汇支付牌照、5 家跨境人民币支付牌照
非持牌公司	本地化服务的响应能力强，商业模式灵活	缺乏品牌背书	协助互联网巨头海外落地、系统开发及技术输出、汇款、国际收单、人民币跨境支付	PingPong、空中云汇等

表 2.7 主要电商平台常见支付方式

平台	支付方式
Amazon	美国银行账户、香港银行账户、WorldFirst、Payoneer 和 PingPong 卡
Jumia	JumiaPay
eBay	Adyen、PayPal、银行转账、信用卡

第 2 章 河北省跨境电子商务概况

(续表)

平台	支付方式
Wish	联动支付（UMPAY）－直达中国账户、PayEco（易联支付）、AllPay、Payoneer、PayPal、PingPong－直达中国账户

典型第三方支付机构"连连支付"成立于 2003 年 8 月，位于杭州市，经多年发展已经成为中国领先的行业定制化支付解决方案提供商和跨境支付服务提供商，同时具有中国人民银行和国家外汇管理局许可，可以提供闭环收款服务。当前，连连跨境收款作为连连支付针对中国跨境出口卖家打造的一款产品，其合作伙伴覆盖到 Amazon、eBay、Wish、Shopee 等全球十大主流电商平台的 60 个站点，支持含美元、欧元、英镑、加元、澳元、日元等六大主流币种，印尼盾、泰铢、巴西雷亚尔、新加坡元小币种诸多收款币种，具备收款安全、收款成本低、收款效率高等突出优点。连连支付从跨境支付出发，不断延伸构建跨境电商全链路服务生态圈，经过多年发展，逐步成为中国跨境支付的领头羊之一。

2.4 河北省跨境出口物流支撑能力分析

2.4.1 跨境出口口岸

河北省跨境电商出口口岸只有"9610"口岸（唐山）、"1239"口岸，目前会选择"9610"出口报关模式的企业，分为两种，一是财务合规的上市企业，如环球易购等大卖家；二是规模比较大的转型跨境电商的工厂企业，其采购可以拿到增值税发票，可以通过此方式出口退税。但是，对于大部分跨境出口电商企业来说，合规化经营毕竟会难很多。目前，很多跨境电商卖家从上游的供应端购买产品出口的时候，通常是向小型企业和个体经营户采购货物，很难取得增值税专用发票或合法有效的进货凭证，导致企业的进项成本无法得到合法确认。对于无法有效确认的成本，是不纳入企业所得税法定扣除项的，意味着企业要多缴纳所得税。在"9610"模式下，企业有进项票，在规定的期限内按照一定的规则汇总申报成相应的报关单，即可享受如一般贸易的退税政策；企业没有进项票，则可选择"9610"中简化申报方式向海关申报，使企业具备快速通关、结汇退税、融资授信等优势。

从前面的需求分析中可以发现，河北省跨境电商综合服务平台、跨境电商园区、跨境电商示范企业多位于石家庄、邢台、邯郸、保定、衡水，而河北省内没有与这些城市邻近的跨境电商出口口岸，导致这些企业的出口业务会选择郑州、天津等邻近的口岸进出，这从根本上限制了河北省跨境电商业务发展、税收收入、物流干线邮路的运转等。河北省跨境电商出口口岸匮乏，难以满足省内商贸企业出口需要。

2.4.2 干线运输

1. 货运航线较少

目前，河北省只有石家庄正定机场开通了国际航线。2017年2月16日，中国邮政航空开通了石家庄—韩国仁川货运航线；2018年9月，杭州圆通货运航空开通石家庄—比什凯克往返全货运航线。2018年，石家庄机场全年累计运营航线达到155条，其中国内客运航线139条、国际客运航线12条、货运航线4条，通航城市84个，其中国内通航点75个、国际通航点9个。

2. 国际班列已开通6条

河北省有6条国际集装箱班列开通，其中中欧班列3条，分别是保定—白俄罗斯、黄骅港—德国、石家庄—明斯克；中亚班列3条，分别是邢台—乌兹别克斯坦、秦皇岛—蒙古国、曹妃甸—蒙古国。河北省开通的国际班列如表2.8所示。

表2.8 河北省开通的国际班列一览表

序号	班列名称	开通时间	途径	里程	运行时间	货品类别
1	保定—白俄罗斯	2016年4月26日	满洲里—俄罗斯—白俄罗斯明斯克市科里亚季奇	9500公里	12—14天	服装鞋帽、粮油食品、奶粉糖果、日用百货、机械配件、电子设备、化学制品、汽车配件等
2	黄骅港—德国	2016年6月30日	黄骅港—乌鲁木齐—德国杜伊斯堡	1.12万公里	18天左右	

(续表)

序号	班列名称	开通时间	途径	里程	运行时间	货品类别
3	石家庄—明斯克	2018年6月2日	石家庄—满洲里—莫斯科—明斯克	9600公里	15—16天	
4	邢台—乌兹别克斯坦塔什干	2016年7月8日	邢台—石家庄—太原—乌鲁木齐—哈萨克斯坦—乌兹别克斯坦	4989公里	8—10天	玻璃、童车、农机装配及加工、冶金制品、五金制品等
5	秦皇岛—蒙古国	2016年11月9日	秦皇岛—天津—北京—张家口—内蒙古二连浩特—蒙古国	766.64公里	40小时	日用（102个过境转关集装箱）
6	曹妃甸—蒙古国乌兰巴托	2018年3月26日	曹妃甸—内蒙古二连浩特—蒙古国乌兰巴托	1670公里	7天左右	易拉罐、电器、衬板、家具、PVC原材料、光缆、瓷砖等货物（55个集装箱，货值近300万美元）

3.海运干线方面有临港优势

依托秦皇岛、唐山、沧州市临海临港优势，已开通"京唐—釜山""京唐—关东""秦皇岛—仁川""秦皇岛—达沃"国际集装箱航线，正在积极开辟日韩、东南亚、澳大利亚、南美洲等国际集装箱航线。

2.4.3 海外仓

1.发展现状

截至2019年5月，河北省在21个国家28个城市中共培育了33个省级公共海外仓，总面积达到56.9万平方米，总投资额达1.12亿美元，服务企业数量达到1220家。2018年，河北省对海外仓所在国家出口1214.9亿元，占河北省出口总额的54.2%。其中，通过海外仓实现出口31.7亿元，占河北省对海外仓所在国家出口总值的2.6%，同比增长2.24倍，发展势头强劲。

建仓模式和海外地域分布。自建公共海外仓5个，租赁17个，合作11个。其中，与央企合作4个。从地域分布看，亚洲14个，欧洲6个，北美洲5个，非洲4个，南美洲2个，大洋洲2个（如图2.1所示）。其中，共建"一带一路"国家13个，金砖国家5个，东南亚地区5个，中东地区3个，非洲国家4个。

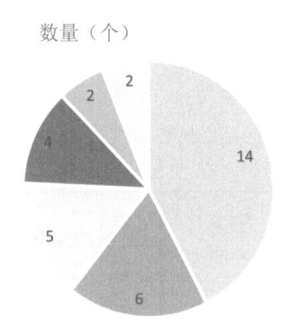

图 2.1　海外仓地域分布

海外仓企业所属地区分布。从图 2.2 可以看出，石家庄、廊坊、沧州所在地的企业建设海外仓的较多。经营产品主要涵盖钢材、轻工产品（包括家具、箱包等）、纺织服装、医药化工产品（包括医疗器械等）、机电产品（包括五金、机械设备、阀门、汽车配件等）、建筑材料（包括瓷砖、丝网、护栏等）、农产品（包括茶、酒、清真食品等）等。

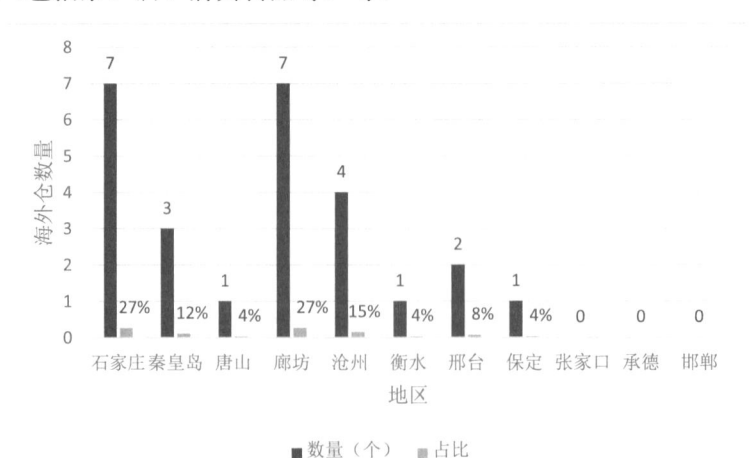

图 2.2　各地市建设海外仓数量及占比

2. 部分非省级海外仓企业介绍

廊坊凯博建筑机械科技有限公司主要从事建设机械、工程机械的研发、生产和贸易，通过与中建材海外仓的物流仓储平台合作，出口了 300 多台施工升降机械，销售总额超 5000 万美元。

第2章 河北省跨境电子商务概况

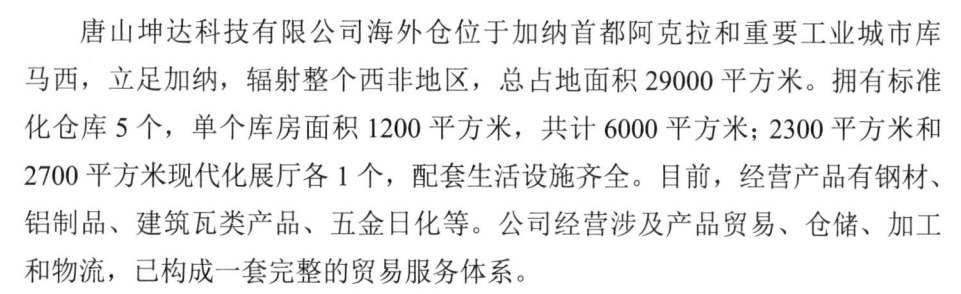

唐山坤达科技有限公司海外仓位于加纳首都阿克拉和重要工业城市库马西，立足加纳，辐射整个西非地区，总占地面积29000平方米。拥有标准化仓库5个，单个库房面积1200平方米，共计6000平方米；2300平方米和2700平方米现代化展厅各1个，配套生活设施齐全。目前，经营产品有钢材、铝制品、建筑瓦类产品、五金日化等。公司经营涉及产品贸易、仓储、加工和物流，已构成一套完整的贸易服务体系。

3. 典型企业的经营模式

（1）合作设立海外仓，针对特定用户提供服务

保定白沟天尚行箱包皮具有限公司与德国德易贸公司合作运营德国勃兰登堡州海外仓。该仓的客户主要是做亚马逊、eBay等网站的河北企业。入驻企业主要有两类：一是在欧盟已经有了亚马逊或eBay账户的企业，他们有自己的电商团队，海外仓主要帮他们代发货。在河北集货之后，通过海运、铁路发到德国，公司帮他们清税报关，然后把货物拉到海外仓。二是想做欧洲亚马逊电商的河北企业，这些企业往往有产品，但是没有电商团队，海外仓可以为这类企业提供服务。

（2）自建海外仓，并为有需要的客户提供服务

部分制造企业拥有自主知识产权的产品和独立的品牌，其产品在国际市场具有良好的竞争力，公司实力较强，拥有跨境电商贸易运营团队和相应的技术研发团队，通过设立海外仓能够为企业带来更大的利益。此类企业采用自建海外仓，并且为产业链上下游的企业或者有需要的企业提供跨境电商贸易与物流服务，共同发展跨境电商业务。

（3）发展公共海外仓，提供全方位服务

公共海外仓主要有六个服务功能：一是清关仓储，二是产品展示、展售及物流配送，三是线上线下的本土化营销，四是品牌知识产权本土化，五是把品牌和服务带到国外，六是业务出口信保风险防控及资金支持。公共海外仓致力于为企业提供外贸综合服务，企业只需做好产品，其跨境电商业务涉及的宣传、运营、物流、税务、法务、客服、产品退货与维修服务等均由公共海外仓企业负责。沧州市新丝路进出口服务有限公司、佳佳供应链管理（廊坊）有限公司就是典型的公共海外仓经营服务模式。

普莱森南非海外仓是由河北省沧州市普莱森进出口服务有限公司于 2018 年设立的。海外仓占地 20 亩，使用面积 5000 多平方米，距离约堡机场仅 11 公里，交通便利。仓库目前有 2 层办公楼，海外仓集样品展示、储存、配送等功能于一体，以销售彩涂卷、镀锌卷、彩钢瓦、镀锌瓦、压瓦机、瓷砖、地板、丝网、护栏等建筑材料，及农机设备、办公设备、包装机械、激光设备等产品为主。

河北雅雅妈妈电子商务有限公司海外仓位于英国伦敦东 4 区，毗邻泰晤士河，仓库总面积 5000 平方米。服务对象为：河北盛伟基业、邢台广峰车业有限公司、邢台玫欧科技有限公司、邢台尚宏机械设备等 50 余家企业，产品涉及母婴用品、美妆、复合材料、石材、机械设备、玩具、电子产品等。海外仓为企业提供一站式的线上线下英国本地化服务，包括清关、商检、仓储、理货、分拣、装箱打包、打签（贴示）、派送、收款、相关费用结算、在途服务跟踪、到站、客服与退货处理、货物代理销售等事宜。

4. 先进经验借鉴

（1）威海市引导大中企业建立海外仓

威海市出台《威海市跨境电商发展行动计划》，提出引导有实力的企业到日韩美等重点市场建立公共海外仓，服务本地跨境电商企业，搭建以公共海外仓为支点的目的国配送辐射网店，提供一站式仓储配送服务。截至 2015 年 11 月，威海企业在韩国、日本、美国、加拿大、英国共设立海外仓 12 个。

（2）义乌市出资共建或引导企业共同建立海外仓

义乌市作为资方，与中国海运集团等企业共同打造了"壹仓通"，建立公共海外仓，为中小企业提供集海外仓海运一体化的服务。在义乌政府的引导下，"义网商城"与马来西亚最大物流商合作打造了马来西亚专线、共建了海外仓，网络覆盖马来西亚 14 个省州，基本实现全马来西亚当日达或次日达。

（3）河南省国有控股集团快速布局海外仓

河南省进口物资公共保税中心集团有限公司（简称河南保税集团）成立于 1994 年，为国有相对控股的中外合资企业。河南保税集团已成为一家以客户为中心，以物流为基础业务，以跨境电商为核心业务，涵盖仓储、供应链、商贸、金融、大数据等多元化业务的综合服务平台运营商。

2017年3月22日，河南保税集团与新西兰邮政（New Zealand Post）、新西兰贸易怪兽（Trademonster）公司签署三方合作协议，通过加速在新西兰布局海外仓，进一步促进中国与新西兰间的货物贸易和跨境电商合作。此次合作将开辟中国至澳、新甚至南美地区的小包出口业务，同时增加新西兰与澳大利亚的海外仓储服务；河南保税集团的"电子商务+保税中心+行邮监管"通关监管模式也将正式登陆新西兰，通过河南保税物流中心的进出口加工、国际贸易和保税仓储功能，海外商品可以以更低成本、更高质量和更透明方式从商家流向消费者。

2016年以来，该集团加快海外仓布局、助力出口，已先后在纽约、芝加哥、洛杉矶、法兰克福、布达佩斯、卢森堡、符拉迪沃斯托克和阿拉木图等地建立海外仓，设立全球网购商品集疏分拨中心，为跨境综试区、河南自由贸易试验区建设提供了重要支撑，加快了河南融入世界的步伐。

2.4.4 保税区

综合保税区是目前我国境内开放层次最高、优惠政策最多、功能最齐全、手续最简化的海关特殊监管区域，是国家对外开放贸易、金融、投资、服务、运输等领域的试验区和先行区。

1. 曹妃甸综合保税区

曹妃甸综合保税区位于唐山市曹妃甸区的中心位置、曹妃甸工业区东北部，距唐山市80公里，距北京200公里，距天津100公里，交通便利，工业基础雄厚，腹地优势明显，规划面积4.59平方公里，具有配套岸线3.3公里，可建设11个5万—7万吨级泊位。

曹妃甸综合保税区以保税仓储、国际中转、国际配送、国际采购、转口贸易、研发设计、出口加工、商品展示、检测维修、港航服务十大功能为依托，凭借国家的支持性优惠政策，重点发展保税物流业、国际贸易和出口加工业。曹妃甸综合保税区建设了以进口洋酒及食品、裘皮、陶瓷、橡胶、奢侈品、贵重金属为主的六大国际专业化展示交易中心。

2. 石家庄综合保税区

石家庄综合保税区于2016年4月28日通过国家验收，是河北省第二个综合保税区。石家庄综合保税区选址在石家庄空港工业园起步区东北片区，西邻石家庄正定国际机场，规划面积约 5 平方公里，分两期建设，一期规划面积为 2.86 平方公里，其中项目用地 1.78 平方公里；二期建设将在一期建设的基础上，向南、向北各拓展一个产业单元。

石家庄综合保税区划分为海关检查区、保税服务区、口岸物流区、保税物流区、出口加工区共五大功能片区。服务功能主要包括口岸作业功能、保税物流功能、保税加工功能、保税服务功能。

3. 廊坊综合保税区

2018 年 1 月，国务院正式批准位于廊坊开发区的廊坊出口加工区整合优化为综合保税区，实行封闭管理。廊坊综合保税区批准规划面积 500 平方米，区内设备先进，设施齐全。区内设有一个永久性卡口，卡口设置了 6 条通道，包括集装箱通道 2 条、客车通道 2 条、人行通道 2 条，实现了货车、客车、人员分流，并设有隔离设施和明显标志；重新建设了隔离设施，采用金属网状式和实体墙式永久性围墙，总长度为 4231 米，围网高度为 3 米；完善安防监控设施，全区共设置视频监控摄像机 61 台，全面覆盖综合保税区周界，视频录像保存 90 天以上，沿围网配备了数字式红外线警戒系统，具备报警联动功能，能够实现越界侵入报警，摄像机联动追踪监控；检疫处理区位于卡口南侧，建筑总面积 1577 平方米，其中检疫处理用房 223.2 平方米，包括药品库、器材库、高温灭菌室及现场办公场所。总投资 7.8 亿元的京东跨境电商项目落户综合保税区，目前主体建设已经完工，即将开展跨境电商业务。

4. 中国（唐山）跨境电商综合试验区

唐山跨境电商综合试验区按照《中国（唐山）跨境电商综合试验区建设实施方案（2019—2021)》明确"三平台七体系"的跨境电商发展思路和"3+3+N"的总体布局，制定 20 条具体工作举措，逐项对标对表，实行目标管理责任制，确保各项重点工作落实到位。试验区学习借鉴宁波、前海等先进地区经验，组织撰写了《中国（唐山）跨境电商综合试验区线上综合服务平台项目可行性分析报告》，确定由唐山市文旅集团与中兴跨境电商公司合作搭建线上综合服务平台。综合试验区积极推进与网易、京东、中兴、敦煌网、菜鸟、印度尼西亚金光集团、俄罗斯 X5 集团等国内国际知名电商和贸易企业的深度合作。

唐山跨境电子商务综合试验区依托线上服务平台，构建信息共享、金融服务、智能物流、电商信用、质量安全、统计监测和风险防控七大综合服务体系信息化解决方案，实现唐山市跨境电商总部基地、曹妃甸综合保税区、京唐港保税物流中心与综合服务平台联通；线下重点建设唐山市跨境电商总部基地、京唐港跨境电商集采中心、曹妃甸综合保税区跨境电商产业园区。

唐山跨境电子商务电商综合试验区重点抓好网易友品电商平台、网易考拉物流和线下体验店、跨贸小镇物流配套项目、俄罗斯X5集团京津冀集采中心、澳大利亚昆士兰海外仓等5个重点项目。

5. 保税区先进经验借鉴

（1）广东省明确定位，规范建设

2015年7月，广东省商务厅发布《广东省跨境电商园区规划建设的意见》，明确园区功能定位、规范规划建设。提出3年内培训20—30个跨境电商示范园区。其中，华南城电子商务产业园区已成为业界认可的电商聚集地，吸引了天猫、聚美优品、华润万家等巨头进驻；前海（全球）跨境电商产业园区规划18.6万平方米，分两期开发，已获得小米、申通等企业青睐。

（2）杭州市错位发展，协同并进

杭州综试区快速制订了综试区跨境电商产业发展和空间布局规划，下辖下城、下沙、空港、临安、江干、萧山、余杭、富阳、邮政速递等园区错位发展、各显优势、协同并进。其中，临安园区建设快、招商快、见效快，仅用3个月时间，1.8万平方米的临安园区硬件建设全部到位；开园3个月，入驻企业55家，入驻率90%，出口产品覆盖全市70%以上的出口行业；拥有霍夫瑞汽车维修设备、贝贝家纺织品等本土跨境电商企业，聚集阿里巴巴、中国制造网、321电商学院等一批第三方企业。

（3）金华市建立平台，整合资源

金华市通过构建存量资源平台，盘活闲置厂房、存量土地用于发展信息网络经济，其中30%—40%用于发展跨境电商园区，并对入驻企业实行三年零房租政策。金华市已建设5个省级跨境电商园区。金义跨境电商园区跨境通累计出境邮件135万件。

6. 中国（河北）自由贸易试验区

2019年8月30日，中国（河北）自由贸易试验区（以下简称"自贸试验区"）新闻发布会在雄安市民服务中心举行。自贸试验区的面积为119.97平方公里，涵盖四个片区：雄安片区33.23平方公里，正定片区33.29平方公里（含石家庄综合保税区2.86平方公里），曹妃甸片区33.48平方公里（含曹妃甸综合保税区4.59平方公里），大兴机场片区19.97平方公里。

自贸试验区功能划分：雄安片区重点发展新一代信息技术、现代生命科学和生物技术、高端现代服务业等产业，建设高端高新产业开放发展引领区、数字商务发展示范区、金融创新先行区。正定片区重点发展临空产业、生物医药、国际物流、高端装备制造等产业，建设航空产业开放发展集聚区、生物医药产业开放创新引领区、综合物流枢纽。曹妃甸片区重点发展国际大宗商品贸易、港航服务、能源储配、高端装备制造等产业，建设东北亚经济合作引领区、临港经济创新示范区。大兴机场片区重点发展航空物流、航空科技、融资租赁等产业，建设国际交往中心功能承载区、国家航空科技创新引领区、京津冀协同发展示范区。

2019年10月28日，为推进自贸试验区建设，将自贸试验区建设成为新时代对外开放的新高地，河北省以省政府令的形式发布《中国（河北）自由贸易试验区管理办法》（以下简称《办法》），自印发之日起施行。《办法》共计56条，包括总则、管理体制、投资改革、贸易便利、金融创新、产业开放、协同发展、风险防范、营商环境、附则等10个方面。《办法》的出台，使得有利于促进自贸试验区发展的政策措施均可直接适用，大大促进了河北省跨境电商的发展。

2.5 跨境直播带来新的增长点

2.5.1 跨境直播发展现状

2017年3月，来自俄罗斯、西班牙、法国等8国的主播在速卖通直播；2018年5月，美国电商平台Gravy.Live采用互动直播电商模式；2018年11月，

第 2 章　河北省跨境电子商务概况

千家商家在 Lazada 直播，覆盖泰国、越南、菲律宾、马来西亚、印度尼西亚等地；2018 年 12 月，印度直播电商 BulBul 诞生；2019 年 2 月，亚马逊推出 Amazon Live Creator；2019 年 6 月，Shopee 开通直播带货带动商家和品牌销售，覆盖马来西亚、菲律宾和泰国。

2020 年，在新冠疫情的影响下，直播电商模式全面爆发，"直播＋电商"的新零售业态加速兴起，不仅影响了人们的消费方式，也助推了企业拓展境内外市场。无论是中国还是海外，直播已成备受欢迎的流量新风口。国内外知名社交、电商、短视频平台纷纷加入跨境直播电商行业，将跨境直播电商推到了一个历史高度。扎克伯格在推出 Facebook Live 时表示，直播是目前最让他感到激动的事。Facebook 已经面向所有用户开放了视频直播功能，并把 Facebook Live 放在了产品中心按钮的位置。Twitter 旗下直播应用 Periscope 上线一年即获得快速发展。谷歌也发布了 YouTube Connect，与 Twitter 的 Periscope 和 Facebook Live 竞争。越来越多的人正使用 Facebook Live 和 Instagram Live 进行健身课程、烹饪课程的直播学习。跨境直播处于蓝海，广阔前景吸引着各行各业精英加入主播队伍。

数据显示，中国在线直播用户规模在 2019 年达到 5 亿人，2021 年突破 6 亿人，艾媒咨询分析师认为，随着互联网和科技的发展，网民步入视频高清化、信息视频化时代。视频成为信息表达的重要载体，在线直播将继续渗透大众的日常生活。

2022 年是中国跨境直播电商的元年，2022 年市场规模超过 1000 亿元，同比增长率高达 210%。随着 TikTok 电商平台的迅速发展，各大平台也将发力跨境直播电商，中国跨境直播电商潮流势不可当。

速卖通大流量的直播活动，给卖家带来了实实在在的好处。河南某卖家在速卖通上向美国黑人推销中国假发，1 小时最多能挣 3000 美金。日本某年轻主播也在速卖通创造了佳绩：线上直播 90 分钟，卖出了超过 4 万美元（约人民币 25.56 万元），平均每分钟卖出约 2839.78 元。他卖的商品，是中国深圳出品的优米手机（非小米旗下品牌）。

2.5.2 跨境直播主要平台

最著名的跨境新媒体平台包含 Facebook、Twitter、Instagram（ins）、TikTok、YouTube、Reddit、Pinterest、Twitch 8 个平台。Facebook 相当于我国的脸盆网，Twitter 相当于我国的新浪微博，ins 相当于我国的绿洲，TikTok 相当于我国的抖音。Facebook 是美国的一个社交网络服务网站，于 2004 年 2 月 4 日上线，是全球最大的社交网站。Facebook 日活跃用户达到 16.6 亿人，月活跃用户达到 25 亿人；大约有上千万家小公司在使用 Facebook，其中上百万企业在 Facebook 上发布付费广告。Twitter 是全球最大的微博网站，各大企业可以利用 Twitter 进行产品促销和品牌营销，还可以利用 Twitter 上的名人进行产品推广；Twitter 的购物功能键，也有利于跨境电商的营销。YouTube 是全球最大的视频网站，每天都有成千上万的视频被用户上传、浏览和分享，YouTube 的视频更容易带来病毒式的推广效果。Pinterest 是全球最大的图片分享网站，卖家可以建立自己的品牌主页，上传自家产品图片，并与他人互动分享；Pinterest 可以通过建立个人偏好数据库，进行精准营销，商家可以购买 Pinterest 的广告进行营销推广。这几个新媒体平台是海外主流社交媒体，所以它们的流量是非常大的，拥有非常庞大的用户基数，潜在用户群体非常多，推广内容接受度很高，并且这些新媒体平台的活跃受众年龄集中在 18 岁到 29 岁，这些用户已经拥有了独立社交与消费能力，他们熟悉互联网，接受互联网信息能力强，在接受新媒体平台的营销推广时，具有更强烈的购买欲望。

这 8 个平台当中，只有 TikTok 是我国推向境外的一款新媒体短视频社交平台，所以主要介绍一下 TikTok。TikTok 是字节跳动在 2017 年 5 月于海外上线的一款短视频社交平台。字节跳动自 2012 年创立之初就为了迎合年轻人的喜好，创立了内涵段子、今日头条等吸引眼球的 App，在 2016 年 9 月，全国月活跃人数最多的抖音 App 终于上线，以风景为始，以变装抓住机遇迅速发展，以直播带货到达高潮，迅速抓住了年轻人的眼球，直逼淘宝和京东的商业地位，但是国内的电商发展已经趋于饱和状态。现在 TikTok 已经风靡全球，在境外的新媒体平台上也大有与 Facebook、ins 和 Twitter 争夺市场份额的趋势，但是从跨境新媒体平台来看，TikTok 目前的发展现状与国内抖音是无法相提并论的，TikTok 更像是几年前的抖音，更注重为网红账号推流量，还停留在个人拍拍视频就能赚钱的阶段，这对于个人账号来说是非常好的机遇。从流量来说，TikTok 远超抖音，它覆盖了 200 多个国家和地区，全球下载量高达 30 亿次，月活跃人数超过 10 亿，比 Facebook 和微信的发展都要快，表明了短视频赛道成为未来用户消费的趋势，也代表着 TikTok 去中心化的算法，大受用户欢迎。

TikTok 是内容平台，而非粉丝平台。TikTok 以 39 种语言在全球 150 多个市场上提供服务，在 2020 年第一季度，该应用程序的下载量为 3.15 亿，其中下载量较多的国家分别是印度、中国、美国。TikTok 的电商销售覆盖地区广泛，主要集中在亚洲、欧洲、北美洲、南美洲等。TikTok 采用去中心化兴趣推荐机制，根据兴趣特征、用户特征和环境特征进行内容推荐。与国内抖音一样，从新用户注册开始，它会优先根据用户的年龄、性别进行内容推送，再根据用户对于内容的喜好程度，进行筛选和纠正，预测用户可能喜欢的内容。TikTok 在推送用户感兴趣的内容的同时也会推送实时热点，让全网共同关注热点话题。TikTok 采用去中心化的推送机制，让平台回归到内容为主的赛马机制，只要作品优秀，不管你的粉丝多少，都有机会获得热门推荐。当然，TikTok 也推出了销售流量的方式，让博主的作品迅速传播，获得热度。

TikTok 采取兴趣电商的方式，通过用户的兴趣引导用户进行消费，机器通过用户对系统推送内容的种种反馈，给每一位用户打上兴趣标签。当系统知道用户的特征时，就可以做到精准匹配。给系统认为可能感兴趣的人推荐他感兴趣的商品。不仅发掘了用户对商品的潜在需求，而且提高了信息利用率，将用户转化为消费者。

要运营 TikTok 账号，首先要明白的一点是：TikTok 是纯粹为国外用户而生的，即本质上中国用户是无法使用 TikTok 的。要想查看 TikTok 视频，则用户必须在国外，或者说用户的手机必须定位在国外。同时，因 TikTok 可以识别出 SIM 卡的运营商，你的手机不能插移动、电信等手机卡，也就是说需要一台独立的手机，用于运营 TikTok。

在疫情防控期间，中国的直播行业已成为经济复苏的重要平台。随着直播带货消费模式的兴起，中国市场已显示出强大的潜力和活力，并加快了实体商业向数字化转型的步伐。中国网红经济的发展以及 MCN 机构数量的增加使中国在电商直播行业处于全球领先的地位。

2.6 河北省进口跨境电商发展现状分析

近年来，随着中国消费升级步伐的加快，中国着眼于推进新一轮高水平对外开放，主动扩大进口，建设合作共享平台，促进区域经济进一步开放、交流和融合。中国消费者对进口消费品需求不断增强，海外高质量的商品被中国消费者接受并认可。2019 年，中国国际进口博览会就有来自 172 个国家的品牌参展，产品涵盖装备、消费、食品、健康、服务等多个行业。越来越多的国外品牌进入中国市场并获得持续发展。

在国家政策以及地方政策的支持推动下，中国各地进口跨境电商运营得越来越好，平台的建设、物流的运速、资本的涌入及进口税收的政策等，使进口跨境网购的成本大大降低。特别是随着移动互联网的普及与全球消费观念的兴起，用户对高品质跨境电商的需求进一步增加。

河北省作为发展跨境电商的后来者，近几年也有着不俗的表现。2018 年中国跨境网购用户中河北省占全国 5.05%，排名在全国第八位。2019 年，河北省跨境电商发展的利好政策接踵而至：河北省首个跨境电商综合试验区在唐山落地实施；4 月 1 日起，海关再度下调进口货物增值税税率，跨境电商零售进口增值税税率也同步下调。河北省跨境电商迎来发展的良机。

2.6.1 进口跨境电商平台分类

我国主要进口跨境电商平台主要分为六大类。第一类为 B2C 服务平台类，例如：天猫国际、邮乐网、苏宁国际等。第二类为 C2C 服务平台类，例如：洋码头。第三类为 B2B 服务平台，比较知名的有海带、海米派。第四类为服务类平台，例如：菜鸟、海外通。第五类为导购分销型平台，例如：55海淘、海淘贝等。最后一种类型为 B2C 自营型平台，代表有小红书、网易考拉等。在这些已形成的平台中，根据相关数据，可以划分为三个梯队。第一梯队为网易考拉、海囤全球、天猫国际等头部平台，规模大、流量大、品牌多。第二梯队为洋码头、唯品国际、小红书、聚美极速免税店等。第三梯队为蜜芽、贝贝、宝宝树、宝贝格子等母婴类产品平台。

2.6.2 进口跨境电商平台现状

1. 积极搭建河北省内进口跨境电商服务平台

借助"一带一路"与京津冀协同发展，在引进先进科学技术设备的同时，积极调整跨境电商的结构，大力发展跨境电商服务平台的建设。2018年，河北省商务厅通过《关于开展认定第三批跨境电商示范主体及类型申报工作的通知》，近三年共通过省级跨境电商示范平台近20个，发布的平台建设政策以出口跨境电商为主，逐渐调整加大进口跨境电商平台建设，为河北省跨境电商贸易结构的合理化提供了发展及创新的机会。

2. 进口跨境电商平台建设地区较集中

河北省的跨境电商建设平台主要集中在石家庄、唐山、邯郸等地，其中包括《关于开展认定第三批跨境电商示范主体及类型申报工作的通知》中的石家庄（阳光海淘）、唐山（品质宝全球购），第二批中的邯郸（寻宝频道跨境电商平台）等。

3. 借助B2B、B2C模式，培育本地进口自营平台

现阶段大部分进口跨境电商是依托国内及国际知名的第三方电商平台开展，相对集中。从细分市场来看，网易考拉、小红书和丰趣海淘等跨境进口平台占据了国内绝大部分市场。因此，可以依托成熟的进口跨境电商平台，发展河北特色的进口跨境电商个人或企业定制化平台，鼓励探索、分享经济的发展模式。

与跨境出口相比，跨境进口的支付并非影响贸易的主要痛点，国内用户一般通过支付宝、微信支付，或者通过平台的合作银行直接使用人民币支付。

2.6.3 河北省进口跨境电商口岸现状

进出口跨境电商口岸是城市对外开放的门户和窗口，拥有发达的综合口岸体系，是促进进口跨境贸易便利发展的重要举措。目前，河北省不断优化口岸营商环境，完善口岸功能和开放平台，提升国际竞争力。

（1）"1210"海关监管方式，全称"保税跨境贸易电子商务"。该监管方式适用于境内个人或电子商务企业在经海关认可的电子商务平台实现跨境交易，并通过海关特殊监管区域或保税监管场所进出的电子商务零售进出口商品。

2019年，石家庄海关在唐山跨境电商网购保税进口（1210）业务正式开通。跨境电商网购保税进口模式下进口的商品主要以奶粉、化妆品等食品和日用品为主。在该模式下，电商平台可根据市场预测和消费者需求，先从国外集中采购大量商品，进境并存储在国内海关特殊监管区域，再进行网上零售，根据订单出区配送到订购人手上。

（2）"9610"监管方式，全称"跨境贸易电子商务"，适用于境内个人或电子商务企业通过电子商务交易平台实现交易，并采用"清单核放、汇总申报"模式办理通关手续的电子商务零售进出口商品。

（3）"1239"监管方式，全称"保税跨境贸易电子商务"，与"1210"监管方式相比，"1239"监管方式适用于境内电子商务企业通过海关特殊监管区域或保税物流中心（B型）一线进境的跨境电商零售进口商品。

（4）进口肉类指定口岸：2018年11月，河北省第一个曹妃甸港区进口肉类指定口岸正式运营，冷链查验及存储一体化设施年综合查验能力约8.8万吨。

（5）整车进口口岸：2017年，曹妃甸港汽车整车进口口岸正式启用，截至2020年，已进口整车166辆。

（6）水果指定口岸：2019年5月7日，曹妃甸港区进口水果指定监管场地顺利通过验收，标志着曹妃甸综合保税区成功获批进境水果指定口岸。

（7）木材口岸：曹妃甸港是河北唯一的原木进境口岸。

2.6.4 河北省进口跨境电商干线情况

目前，河北省的干线运输按运输方式可以分为航空、海运和铁路，按组织方式分为直达和中转两种。

河北省正定国际机场是4E级民用国际机场，是重要的航空干线运输枢纽，有8个从国外进港的航程，涉及10条航运路线，分别是正定—新加坡、

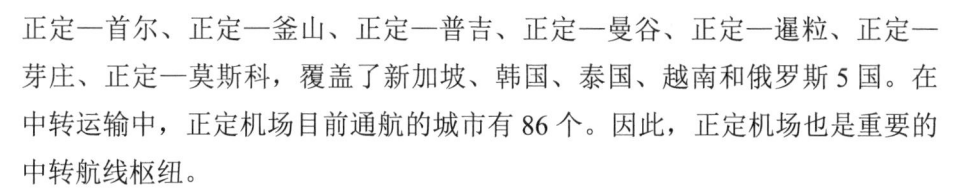

正定—首尔、正定—釜山、正定—普吉、正定—曼谷、正定—暹粒、正定—芽庄、正定—莫斯科，覆盖了新加坡、韩国、泰国、越南和俄罗斯 5 国。在中转运输中，正定机场目前通航的城市有 86 个。因此，正定机场也是重要的中转航线枢纽。

海运干线运输中进口货物可以从河北省内的黄骅港、唐山港京唐港区、秦皇岛港，以及唐山港曹妃甸港区等港区进口，也可以从相邻的天津港、大连港、青岛港、营口港、烟台港、日照港等港口进口，而且大部分进口货物是从河北省临近港口入境的。

铁路干线运输中，河北省有 6 条国际集装箱班列开通。其中，中欧班列 3 条，分别是保定—白俄罗斯、黄骅港—德国、石家庄—明斯克；中亚班列 3 条，分别是曹妃甸—蒙古国、邢台—乌兹别克斯坦、秦皇岛—蒙古国。汽车干线运输正在积极筹备中。

2.6.5 河北省进口跨境电商消费者特征分析

1. 消费者购买动机分析

（1）追求同质低价的消费心理

消费者选择跨境电商平台进行海外购的最重要因素就是价格。在跨境电商平台上，同样的产品，价格远比专柜低，从而使得大批消费者选择电商平台网购。

（2）追求高质量的消费心理

随着河北省内消费者收入水平的提高，更多的消费者开始关注商品的品质。以最受河北省消费者欢迎的进口奶粉为例，一项调查显示，89.54% 的消费者选择购买进口品牌奶粉，其最重要的原因就是国外奶粉的产品质量好。

（3）追求个性化的消费心理

乐于创新，乐于接受新鲜事物，消费者选择的不单单是商品的使用价值，更重要的是与众不同，能够体现自身的价值，个性化已经成为消费者选择商品的一大考虑因素。

（4）满足炫耀的消费心理

国际知名品牌，可以满足消费者对于身份和地位的追求。跨境电商平台的发展恰好满足了这部分人的心理需求。

（5）从众消费心理的影响

由于缺乏自主选择的能力和习惯，这部分消费者更喜欢跟风消费，曾经震惊全球的中国消费者大量购买日本马桶盖的行为正是这种心理的表现。

2. 消费者购买品类的偏好分析

根据市场调查分析，我国进口商品主要有五大品类：

（1）鞋服箱包：鞋服箱包是最受用户关注和购买量最高的品类，尤其是男鞋女包类，男性和女性消费群体对这一大类产品都有旺盛需求。

（2）母婴产品：母婴产品最受消费者关注的就是安全问题。中高端消费人群对某些品牌的认识和忠诚度逐渐提高，母婴产品兴起时间短，在总量上还有待进一步增长。

（3）美妆产品：日韩等国在护肤品、化妆品上拥有较高的生产技术，质量把控也比较严格，因此，美妆成了一个热门的跨境电商品类。

（4）进口食品/保健品：目前，冷链保鲜技术十分发达，全球的生鲜产品都可以做到速达，这是进口食品突破以往瓶颈的重要原因。以榴梿为例，最多可保存2个月的时间。

（5）生活数码/电子产品：国外的电子产品具有价格低和迭代更新快的双重优势，对于国内男性消费者而言具有较大吸引力。

3. 消费者网购主要的国家

根据发放的问卷调查显示，89%的消费者在美国购买过商品，46%的消费者在英国购买过商品，42%的消费者在澳大利亚购买过商品。美国、英国、澳大利亚成为河北消费者海外购的三大主要目的地国家。

4. 消费者获取产品信息的渠道

根据发放的调查问卷显示，河北省81.48%的消费者是通过淘宝及小红书等垂直平台获取国外产品信息，69.14%的消费者通过抖音、快手等视频软件获取国外产品信息。剩下的获取渠道还包括微博、B站、知乎等国内外网站平台。

2.7 河北省跨境电商发展优劣势分析

2.7.1 优势分析

1. 经济环境

（1）河北省经济发展现状

2021年，河北省全省生产总值实现40391.3亿元，比上年增长6.5%。其中，第一产业增加值4030.3亿元，增长6.3%；第二产业增加值16364.2亿元，增长4.8%；第三产业增加值19996.7亿元，增长7.7%。三种产业比例为10.0：40.5：49.5。全省人均生产总值为54172元，比上年增长6.5%。

（2）河北省经济发展趋势

①经济增速将进入低位运行区间

分析世界经济增速的发展变化，可以看出当经济体量达到一定规模后，体量越大，增速越不可能太快。经过40多年的改革开放，我国已经成为世界第二大经济体，经济体量迅速增长，相应的维持高速增长所需的经济增量越来越大，也越来越难达成。2010年以后，我国经济增速开始逐渐下降，目前已经从高速发展阶段转入高质量发展阶段，高速不再是追求的目标，高质、稳定增长才是发展的主基调。同样，近几年河北省GDP增速保持在7%以下，经济发展速度已经趋缓，未来将进入低位运行。

②经济增长主要贡献将由投资转为消费

2000年以后，河北省着力扩大投资，投资占全省生产总值比重高过消费占比，2014年资本贡献率达到59.3%，成为主导经济增长的重要力量。在增速换挡、结构转型、新旧动能转换时期，产业投资结构也面临着调整。近年来，全省大力实施各项扩内需、促消费政策措施，消费规模逐步扩大，对经济增长支撑作用明显增强。随着工业化进程的持续推进，消费将成为河北省拉动经济增长的主动力。

③创新将成为高质量发展的第一动力

高质量发展重点在于经济的活力、创新力和竞争力。传统产业转型升级需要科技创新。新动能、新模式、新业态需要科技创新，随着移动互联、云计算、物联网等新一代信息技术的发展，催生出更多智能产业，而战略性新兴产业和高新技术产业的快速发展，是创新能力提升的体现。高新、高端产品需要科技创新、技术革新为企业开发新产品创造条件，绿色、循环、低碳等特性融入产品，大幅提升产品竞争力。创新将成为引领发展的第一动力。

（3）经济环境对跨境电商行业发展的影响

近年来，随着居民收入水平的提高、消费观念的转变以及电商平台的快速发展，跨境购物开始在中国民众中风靡起来，这也使得多个跨境电商平台迅速发展起来。

全球一体化与中国电商行业迅猛发展给河北跨境电商带来了机遇，同时，跨境电商的发展又与河北省经济发展趋势极度吻合。

河北省作为京津冀协同发展的重要一部分，承担着疏解北京非首都功能的任务；同时，作为传统重工业省份，又要兼顾环境保护的重任。纵观河北省经济的发展，县域经济的发展是非常重要的一部分，它不仅仅是区域经济的重要组成部分，还是助推京津冀协同发展的重要力量。河北省大多数县域都拥有各自的产业集群，即"一县一产"。但是，河北县域的产业几乎全是资源密集型、劳动密集型产业，在当前全球产业变革的背景之下，县域经济的转型升级势在必行。

此外，随着环保形势越发严峻，资源消耗产业发展不断受到限制，河北省第三产业占 GDP 比重逐年上升，目前，服务业已成为河北省经济增长的第一拉动力。将河北省县域经济的特点与第三产业的发展综合考虑，跨境电商无疑为河北经济的转型提供了重要的思路。

2. 社会环境

（1）人力资源环境分析

2022 年，河北省常住总人口 7448 万人，比上年年末减少 16 万人。其中，城镇常住人口 4554 万人，比上年年末增加 70 万人；占总人口比重（常住人口城镇化率）为 61.14%，比上年年末提高 1.07 个百分点。出生人口 53.3 万人，人口出生率为 7.15‰；死亡人口 56.5 万人，人口死亡率为 7.58‰；人口自然增长率为－0.43‰，比上年回落 1.37 个千分点。0—15 岁人口为 1527 万人，占总人口的 20.5%，比上年下降 1 个百分点；16—59 岁的劳动力年龄人

第2章 河北省跨境电子商务概况

口 4414 万人,占总人口的比重为 59.26%,比上年上升 0.62 个百分点;60 岁及以上老年人口 1507 万人,占总人口的比重为 20.23%,比上年上升 0.38 个百分点,其中,65 岁及以上人口 1111 万人,占总人口的比重为 14.92%,比上一年上升 1 个百分点。

从人才培养方面来看,跨境电商目前所需要的人才和传统国际贸易、英语、电子商务人才差异较大,跨境电商人才不仅需要熟悉进出口业务知识、通晓电子商务专业知识,还要能够通过互联网联系、开发客户,并在电商平台发布商品、上传产品信息,及时处理客户的询盘,完成合同的草拟和签订,与各部门协调履行合同。目前,河北省跨境电商发展存在人才匮乏问题,跨境电商首先需要的人才是跨境电商运营与推广人员,即掌握跨境电商运营规则、了解目标国家文化、掌握外贸专业知识的跨境电商人才。其次需要的人才是跨境电商平台管理与操作人员、跨境电商物流人员等。

(2)文化环境分析

河北省经济不以外向型经济为主,这对拉动河北省经济增长来说本就是一个短板,而文化产业中出口导向型的领域更是微乎其微,文化对外贸易的增长一直较慢,其中很重要的原因就是与很多国家文化交流不足,没有形成文化的对外输出和影响力。"一带一路"倡议的实施,为河北省这个有着沿海区位和典型内陆省份特征的文化资源大省提供了一个广阔的文化交流和文化产品输出的大舞台。未来,河北省可依托"一带一路"建设,不断加快文化产业"走出去"的步伐,不断扩大文化产品和服务出口贸易,为本省文化企业参与国际合作与竞争提供新的更大的空间。

(3)生态环境分析

商务部等印发的《电子商务"十三五"发展规划》以"适应经济发展新常态壮大电子商务新动能、围绕全面建成小康社会目标创新电子商务民生事业"为主线,"创新发展"体现在全方位提升市场主体、客体竞争层次,加快商业模式、科技水平及市场组织方式创新。"协调发展"体现在促进电子商务融入传统经济领域,全面带动传统产业转型升级,促进区域经济协调发展。"绿色发展"体现在应对电子商务自身面临的环境保护挑战,发挥电子商务的再生资源盘活能力。"开放发展"体现在进一步完善支撑体系,推动要素资源市场化，实现支撑体系与要素市场双发展的全新态势。"共享发展"体现在推动电子商务广泛应用于社会发展领域，使全体人民在电子商务快速发展中有更多获得感。

3. 政策监管环境

目前，海关、工商局、检验检疫、商品质量监管等部门均有对跨境电商的监管权力，但部门之间的信息交流机制尚未健全，多部门共同管理使工作量重复叠加，行政执法资源没有得到有效整合。

（1）整体市场政策

2015年，河北省出台了《河北省人民政府办公厅关于促进跨境电商健康快速发展的实施意见》（简称《实施意见》）。《实施意见》明确加快实施跨境电商"2212工程"，即到2017年，在全省培育200家跨境电商示范企业，搭建20个跨境电商平台，建设10个跨境电商园区，建成20个跨境电商公共海外仓，跨境电商年交易额在全省外贸进出口总值中的占比有较大提升。

2023年，河北省人民政府发布了《河北省支持跨境电商发展十条政策》。支持跨境电商平台入驻河北省跨境电商综合试验区，支持第三方跨境支付平台入驻河北省跨境电商综合试验区，积极引进、培育跨境电商龙头企业，支持跨境电商产业园区发展，搭建全省跨境电商线上综合服务平台，支持跨境电商零售进口试点城市建设O2O商品体验店，支持企业建设公共海外仓，加强跨境电商仓储物流配套服务，支持监管作业场所建设，强化相关要素服务。

（2）海关监管

①石家庄海关持续推动口岸通关提效降费。认真贯彻落实国务院关于《优化口岸营商环境促进跨境贸易便利化的工作方案》的要求，切实提升企业实际参与度和获得感。

②石家庄海关支持和规范唐山跨境电商综合试验区发展，进一步优化跨境电商业务流程；做好维修再制造、市场采购商品安全风险分析，支持市场采购贸易发展，助力河北省打造北方国际贸易物流集散中心；支持河北省国际邮件互换局建设，填补河北省国际邮件进出口业务的空白；对接奶业振兴等战略，做好河北省出口食品生产企业国外卫生注册推荐、境外官方卫生控制管理体系检查及对企业管理体系的检查等工作，支持河北省产业产品走出

去；积极配合河北省参与第二届国际进口博览会、举办廊坊经洽会等对外经贸活动。

③支持河北省口岸加快发展。按照《国家口岸发展"十四五"规划》中河北省对外开放口岸规划，加强与口岸有关部门的联系配合，为保障口岸安全、规范口岸执法、便利口岸通行、优化口岸服务做好各项工作。研究、支持曹妃甸港依托中蒙俄经济走廊建设，将腹地拓展至中北亚、欧洲地区，建成河北省陆海内外联动、东西双向互济的重要支点。为河北建设进口肉类和冰鲜水产品等指定口岸提供技术支持，丰富口岸功能。支持环渤海各港口开辟集装箱航线，增开外贸内支线，发展多式联运业务。支持冀欧班列增加班次、扩大营运规模，促进河北内陆地区融入"一带一路"建设，推动全面开放新格局的形成。

4. 技术环境

（1）技术现状及特点

中国同世界上许多科学技术发展较快的国家一样，进入20世纪90年代以来，计算机信息技术得到了飞速发展。从目前情况来看，上海、湖南、江苏、广东、北京等地，中国电信、对外经贸部、公安部、海关总署等单位均已经建成或正在建设作为解决电子商务信任问题的安全认证中心，科技部、信息产业部、国家内贸局等部门正在组织对电子商务的调研工作，招商银行、中国银行、建设银行已经推出网上银行业务，中国工商银行等其他银行也在筹划涉足网上业务。其中，具有代表性的首都电子商务工程作为"首都经济"的重要模式之一和首都城市信息化的重要组成部分，依托首都公用信息平台，从建设电子商务应用所需的基础环境出发，以系统工程的做法，围绕解决建立信任机制、保障网上信息传输安全、提供支付中介服务、构建物流配送体系、建设相关法律环境、组织运行管理机制和协同工作体系等方面问题，进行实际突破，积极稳健地建设电子商务基础设施。在此基础上，西单图书大厦、8848、新浪等一大批企业和网站，纷纷展开网上商务和服务。目前，已经有数百个企业或网站，使用首都电子商务工程提供的各种基础设施服务方案，开展电子商务，说明以电子商务为经营手段的消费市场正在建立，同时从网上支付订单的结构可以看出，电子商务为商家开辟了一条直接走向世界的新路径。

（2）跨境电商技术发展趋势

①数字经济和数字型企业成为发展主流。通过 2020 年的市值比较，我们可以看到十大电商平台经济体的市值，已经超过了传统前十大跨国企业的市值。阿里巴巴自称为"阿里经济体"，这个经济体是一个丰富的生态系统，既有电子商务基础平台，也有物流、仓储、支付、数字营销、外贸综服等电子商务支撑服务型企业，还有进入这个生态的农业、制造业、服务业等等。

我们可以用全球最成功的零售企业之一沃尔玛和阿里巴巴国内零售平台作一些比较。2020 年开始，阿里平台上的电子商务零售交易额已经超过了沃尔玛全球交易额。这几年沃尔玛营收增长幅度很小，并且也在朝数字化电商转型。阿里平台上有着千千万万的中小微企业，并且还有很多企业和网商在不断参与进来，借助电商平台和支撑体系进行创业和贸易，所以平台交易额还将继续快速增长。

②技术创新。假如没有互联网、移动互联网和智能终端等，就不可能有电子商务和跨境电商的发展。大数据、云计算、物联网、人工智能等新技术的发展和应用，为电子商务的蓬勃发展提供了技术支持，这将是我国数字经济和跨境电商持续发展和领跑全球的基础条件。目前，跨境电商技术发展的趋势有以下五方面。

第一，语音搜索。拥有良好的网站排名一直是电商企业的首要任务。毕竟，较高的排名将为电商带来更多的流量，并将反过来增加卖家的销售机会。

而如今，语音搜索日渐深入人们的生活，从回答简单的问题到购物都可以用语音搜索，如果人们不再在网上进行搜索会发生什么呢？如果人们只需说出要买的产品，就可以订购，那人们还会在网上搜索吗？这是否意味着有机搜索将失去效用？或许，未来电商将不得不专注优化语音搜索，而不是搜索引擎优化。

第二，聊天机器人将改变商务会话。买家不仅希望快速拿到产品，还希望得到个性化的购物体验，而聊天机器人可以提供这种体验。现在越来越多的公司开始试验聊天机器人，例如 Facebook Messenger，用户可以在 Facebook Messenger 聊天机器人的帮助下订购鲜花。

第 2 章 河北省跨境电子商务概况

很多人可能会认为聊天机器人无法企及,但 Chatfuel 这类工具正在帮助中小企业创建无需编码也能聊天的机器人。

第三,使用机器人处理产品和订单。亚马逊一直在使用机器人,但机器人能力有限,主要负责将产品运送给亚马逊员工,由人工挑拣产品放进装运箱中。这些机器人目前为止还不擅长识别和抓取产品。一个名叫 Righthand 的公司正在研发能够识别并抓取产品的机器人。过去的机器人每小时只能处理 100 个产品,且错误率为 18%,而新研发的机器人每小时可以完成 500 个订单。

第四,虚拟 Dash 按钮。亚马逊最近发布了线上版本 Dash 按钮,类似于亚马逊之前发布的实体 Dash 按钮,这些虚拟按钮允许客户自动订购常用产品。这是亚马逊简化用户购物流程的另一努力。

作为一个小企业主,你可以按照亚马逊的做法来,为你的客户提供个性化的数字面板,方便他们找到自己平时购买或收藏的产品。任何能够帮助客户更快、更轻松购买的行为,都将优化你的客户体验。

第五,线上线下相结合,追踪客户购买行为。如果商家除了线上商店以外,还拥有实体店,那么会发现一些很有趣的数据。人工智能和数据追踪工具,将使商家更进一步地了解消费者是如何在线上线下转换的。有人点击广告时,商家不仅能够知道他们是否在线上购物,而且还能够跟踪他们的线下购买情况。

Placed 首席执行官、选址优化专家 David Shim 指出,92% 的零售交易是在线下完成的,企业只获得了约 8% 线上交易。了解消费者的购物行为将有助于商家作出更明智、更有针对性的广告决策。毕竟,电商销售受到客户的喜好和行为的高度影响,他们是产品需求的制造者。

2.7.2 河北省进出口跨境电商存在的问题

1. 政策和管理方面不足

(1)国内跨境电商监管政策未成体系,不利于跨境电商业务拓展

我国跨境电商监管政策随着跨境电商的快速发展不断探索、逐步完善。从 2013 年到 2019 年,我国陆续出台了近 30 个与跨境电商有关的政策,涉及税收政策、外汇政策、检验检疫政策、海关监管政策、综合试验区先行先试

政策等，但是总体上尚未形成完整的政策体系。2017年9月20日，国务院常务会议提出，将跨境电商进口监管过渡期政策延长到2018年年底。在新监管政策实施前，继续执行跨境电商零售进口监管过渡期政策。过渡期政策的一再延长，从政府层面看，国家对监管政策的出台十分谨慎，需要更多的调查和研究，从而更好地促进和规范跨境电商发展。从企业层面看，跨境电商企业面对不明确的政策，在业务拓展和创新方面则会有所顾虑。另外，政府引导作用也尚待增强。在宏观管理方面，河北省重视跨境电商的发展规划，但相比先进地区，在宏观政策的制定上相对滞后，在政策的实施效果上并不明显，对于跨境电商的政策、资金和资源的支持力度有待提高。与跨境电商相关的物流仓储体系、诚信体系、海关管理程序亟待建立完善，对于跨境电商的宣传引导工作尚不到位。在管理引导层面，河北省尚未探索出适合本地区的个性化发展模式，无论是管理还是实践，都处于探索阶段，需要向先进地区学习借鉴。

（2）产业结构与跨境电商存在不匹配现象

河北省产业结构以重工业为主。以钢铁、水泥、玻璃等重工业产品为例，其较适宜进行传统形式的国际贸易，不适宜进行以中小件为主的跨境电商出口贸易，限制了跨境电商的开展。虽然河北省境内形成了部分特色产业集群，但轻工业产值小、品种少，离开展规模化的跨境贸易还存在一定的差距。

（3）人力资源支撑能力不足

河北省在生活环境、居民收入等方面与邻近的北京、天津等存在一定的差距，在产业发展上也有所欠缺，这在一定程度上造成了人才外流，无法形成人才聚集优势。跨境电商产业较为发达的江浙、广深等地区，受市场需求影响，开设跨境电商相关专业的高校较多，促进了大量人才聚集。河北省跨境电商人才匮乏，无法满足企业对人才的需求，业界越来越多的企业在发出这样的声音：招不到合适的跨境电商人才。另外，河北省又与北京、天津毗邻，京津地区对跨境电商高端人才的吸引力更强，河北省吸引人才的环境有待改善。

2.操作层面不足

（1）跨境电商平台滞后

跨境电商交易平台是指网络上不同国家和地区卖家、买家之间交易的平

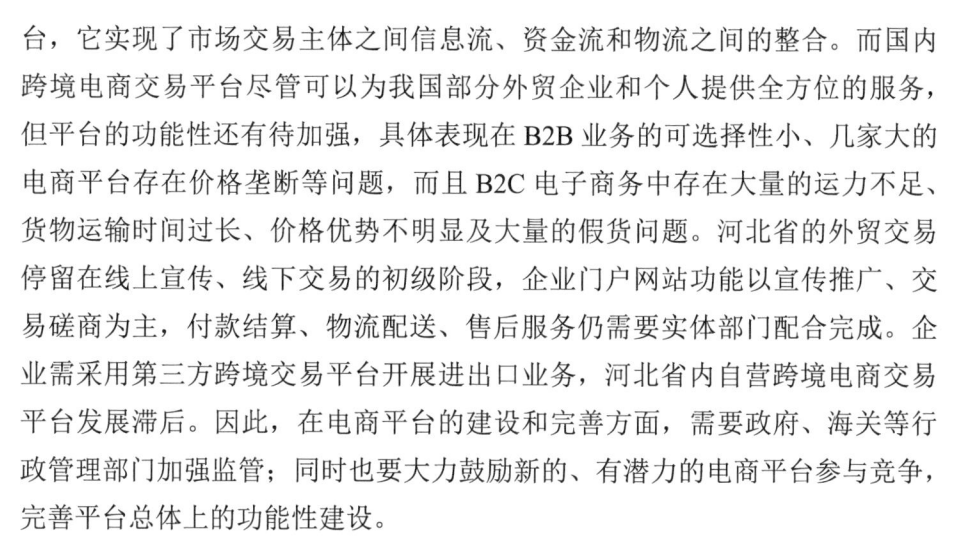

台,它实现了市场交易主体之间信息流、资金流和物流之间的整合。而国内跨境电商交易平台尽管可以为我国部分外贸企业和个人提供全方位的服务,但平台的功能性还有待加强,具体表现在 B2B 业务的可选择性小、几家大的电商平台存在价格垄断等问题,而且 B2C 电子商务中存在大量的运力不足、货物运输时间过长、价格优势不明显及大量的假货问题。河北省的外贸交易停留在线上宣传、线下交易的初级阶段,企业门户网站功能以宣传推广、交易磋商为主,付款结算、物流配送、售后服务仍需要实体部门配合完成。企业需采用第三方跨境交易平台开展进出口业务,河北省内自营跨境电商交易平台发展滞后。因此,在电商平台的建设和完善方面,需要政府、海关等行政管理部门加强监管;同时也要大力鼓励新的、有潜力的电商平台参与竞争,完善平台总体上的功能性建设。

(2)退税难度大

2014 年 1 月,财政部和国家税务总局联合下发的《关于跨境电商零售出口税收政策的通知》规定:"符合条件的跨境电商零售出口企业,可以和普通外贸企业一样,享受增值税、消费税退免税政策。"但实际上,绝大部分企业或个人并没有去办理此项业务,原因有三点。一是跨境电商的商品一次成交量小,往往以邮包的方式通关,缺乏退税相应的报关单据,导致出口电商无法享受出口退税政策。二是很多跨境电商通过流通市场采购,没有增值税发票,因此也无法正常退税。三是太麻烦、成本高。

(3)电子支付流程复杂

传统外贸支付方式如汇付、托收、信用证等流程复杂、收付时间长,无法满足跨境支付结算需要。在跨境电商的 B2B 和 B2C 模式中,支付方式分别以信用卡及第三方支付平台为主。据统计,在国际电子商务支付中,超过 90% 的卖家和超过 85% 的买家使用美国的 PayPal 支付平台。虽然我国的银联支付、支付宝、财付通等第三方支付平台的市场份额也呈现出上涨的趋势,但在跨境支付中所占的份额仍有限。在支付平台的安全性方面,我国的各大支付平台与 PayPal 还有较大的差距,这也是造成我国支付平台在国际上不被广泛认可的主要原因。中国本土的第三方支付平台如何进入国际市场,并与国外的支付平台竞争,直接关系到我国的跨境电商的发展进程,如何让更多的国外消费者选择使用我国的第三方支付工具并得到顾客的忠诚,依然是我国跨境支付发展的难题,如何用好第三方支付这一块"敲门砖",打开国际市场,已经成为近年来跨境电商发展面临的重要挑战。

(4) 信用体系不完备

跨境电商是基于网络虚拟性及开放性的商务模式,在很大程度上依赖于相对完善的信用体系。与诚信体系建设和管理相对完善的美国、欧盟等国相比,我国还未建立起健全的诚信管理体系,缺乏有效的针对失信违规行为的监督惩罚机制,跨境电商交易信用不佳问题凸显。这主要体现在:跨境电商行业市场秩序混乱,大量非法经营主体从事非法经营活动、销售假冒伪劣商品、发布虚假欺诈信息,进行虚假宣传、扰乱正常的出口贸易秩序,海外消费投诉众多,影响了外贸企业的整体形象和声誉。在跨境电商的发展过程中,不完备的市场信用体系甚至制约了我国跨境国际贸易的发展。因此,目前信用体系不完善的问题,已经成为制约电子商务平台建设及跨境电商发展的瓶颈因素之一。

(5) 特色产品开发不足

跨境电商企业的产品定位存在问题。一是很多企业在做产品时都是运用试销的方法,看跨境电商平台上哪种产品热销就跟风做哪种产品,这种做法实际上是不科学的。缺乏对产品销往国家的消费群体的兴趣和偏好、国外消费市场的需求的了解与分析。二是企业跨境出口产品较为单一,主要集中在日用品、服装等劳动密集型产品上。这类产品多数是贴牌生产,技术含量不高,产品之间差异化程度小,在全球生产价值链中处于低端,容易受到国际市场竞争的冲击。这主要是由于多数企业设备不够先进,缺乏核心技术和品牌意识,产品创新和产业升级的动力和能力均不足,不具有产品的定价能力和议价能力,无法应对各类成本要素的变动,在国际市场中无法获得竞争优势。

(6) 信息化程度低

不少企业都建立了自己的企业网站,但建成后的企业网站带来的收效却千差万别,有的能为企业带来源源不断的意向客户,有的却长期不见效果以致企业网站形同虚设。究其原因,主要是企业网站定位不准确,功能简单,信息贫乏,不能反映出企业的形象,很多网站仅仅是企业概况和产品展示,缺乏专业的网站维护，产品信息更新缓慢，客户的咨询得不到及时回复，信息使用程度较低，导致了企业网站上线后效果不理想。

(7) 国际化营销能力不足

目前，跨境电商刚刚起步，营销经验不足，因此在营销过程中出现了很多问题。一是缺乏对目标客户群体有关数据的掌控，由于受地域限制，跨境电商的客户积累较少，跨境电商自身很难获取目标客户群体的个人信息数据。如果跨境电商从外部信息渠道购买用户信息，其真实性又很难保证，很难对症下药。二是由于海外每个国家的风俗习惯、政治、文化环境不同，跨境电商对于各国之间环境差异缺乏必要的了解，盲目地营销，效果大打折扣。不同国家对于不同的营销方式的认可程度不尽相同，如何具体问题具体分析，从而制订行之有效的具有针对性的营销策略，一直是近年来跨境电商发展中的一个难点。三是营销中的语言障碍，熟悉当地消费者的语言环境是制订有针对性的营销战略的一个重要前提，跨境电商的发展，要求营销人员要熟练应用多种语言进行营销并回应客户的咨询，这不仅考验着跨境电商企业的营销能力，同时考验着商家的资金实力。

3. 物流支撑存在问题

(1) 口岸建设与干线交通运输不匹配

目前，河北省的进口口岸主要是"1210"口岸（唐山），唐山有发达的经济，良好的沿海地理区位优势，从事跨境电商进口业务得天独厚。但是河北省的航空、铁路和公路运输枢纽则位于中部的石家庄市，货物从唐山进口后有部分还需要转运至石家庄，无形中增加了时间、成本以及货损的概率。反观石家庄虽然处于交通枢纽的地位，但是口岸建设还有欠缺，从而制约了河北省跨境电商进口业务的进一步发展。

(2) 内陆口岸建设有待发展

随着我国货物进出口贸易的与日俱增，河北省临近港口的天津、青岛等海港口岸监管部门每天的工作量已处于饱和状态，直接降低了辖区货物的通关速度，影响了进出境货物贸易便利化程度。于是河北进口的大多数货物要在上述港口停留十多天，甚至更长时间，产生了大量的滞港费、仓储费，将天津港等港口向内陆延伸、承接港口部分功能的内陆开放口岸的建设还有待发展。

（3）干线运输基础较弱且受到各种条件制约

直达的干线运输少。对于航空干线运输来说，河北省虽然有两个机场有国际航线，但是只有正定机场能进行货物的进出口运输，海运直达航线中秦皇岛港、黄骅港等港口多为大宗货物的进出口，属于跨境电商进口货物范畴的货量较少。

无论是直达还是中转的干线，运输都会受到各种因素制约，例如目前空对空中转形式运输的最大问题在于进出河北省内的飞机的舱门小，与国际不匹配。

（4）物流成本高、时间长

传统的国际贸易物流方式主要以集装箱海运运输为主，虽然成本低廉，但是物流运输的时间过长，不适用于多品种、小批量的跨境电商。目前，B2C模式下跨境电商物流有四种方式：国际小包、快递、海外仓储和聚集后规模化运输。跨境电商业务主要以中小企业的小额订单为主，国外消费者对物流时效性要求较高，而大部分企业基于成本等综合考虑，大多采用国际小包寄出。国际小包的特点是资费便宜，但可能会面临运送时间长、损坏率高、退换货麻烦、海关查扣、快递拒收、境外客户体验较差等不确定因素，不能很好地适应跨境电商商品种类多、数量少、交货快的特点，满足不了急速增长的跨境电商交易需求。有企业列举了一组数字说明邮政小包的运送时间：亚洲邻国5—10天，欧美主要国家7—15天，其他地区和国家7—30天。国际快递的运送时间比邮政小包短，但是成本太高，对于很多跨境电商企业来说是承受不了的。随着国外客户的要求升级，跨境平台对物流的要求也逐渐升级，但物流升级速度跟不上成为制约跨境电商发展的一个重要瓶颈。

2.8 河北省跨境电商的发展策略

2.8.1 河北省进出口跨境电商主导产业的选择与确定

本部分研究以区域跨境电商为研究对象，基于已有产业、竞争力评价理

第 2 章 河北省跨境电子商务概况

论与实践研究成果,构建了区域跨境电商产业竞争力评价指标体系。通过对该体系的分析,可以把控各地跨境电商产业竞争力水平及区域间的差距,为精准制定发展对策提供可靠依据。具体模型如表 2.9 所示。

有效测评区域跨境电商产业竞争力水平,综合反映各要素之间的相关性,构建由 6 个一级指标、13 个二级指标和 34 个三级指标组成的区域跨境电商产业竞争力评价指标体系(如表 2.9 所示)。

表 2.9 跨境电商产业竞争力模型指标

一级指标	二级指标	三级指标
产业投入	B1 资本	C1 风险投资金额 C2 金融机构借贷 C3 政府资金投入 C4 上市融资
	B2 人才	C5 跨境电商人才数量 C6 跨境电商人才结构合理性 C7 跨境电商人才的吸引力度
产业产出	B3 效益	C8 跨境电商企业数量 C9 跨境电商订单数量 C10 跨境电商交易额
	B4 平台建设情况	C11 跨境电商第三方平台数量 C12 跨境电商自建平台数量 C13 跨境电商平台影响力
产业技术创新能力	B5 科研投入	C14 跨境电商科研经费投入 C15 跨境电商科研人员比重
	B6 科技资源	C16 跨境电商专利数量 C17 区域内高校数量 C18 区域内科研机构数量
产业环境	B7 政府投入	C19 政府专项资金 C20 初创阶段扶持
	B8 优惠政策	C21 信贷政策 C22 减税政策 C23 土地政策
	B9 政府	C24 市场准入机制 C25 网络监管水平

（续表）

一级指标	二级指标	三级指标
产业支撑体系	B10 物流	C26 物流企业规模 C27 物流企业水平
	B11 网络	C28 网络基础设施情况 C29 网络安全程度
产业孵化环境	B12 产业园规模	C30 跨境电商产业园数量 C31 跨境电商产业园内企业数量
	B13 产业园效益	C32 跨境电商产业园集聚水平 C33 跨境电商产业园成功孵化企业数量 C34 跨境电商产业园影响力

经过对河北省内主要产业集群的了解，现将具有跨境电商发展潜力的产业集群分析如下：以白沟箱包产业群为例，白沟是国家首批贸易采购方式试点基地，依托中国白沟国际贸易港，在通关政策、配套物流、产业园规模等方面享有巨大优势。在产业资本投入方面，总投资 2500 万元、占地 25 亩的海关监管场站和联网信息平台、国际贸易服务中心、外贸孵化基地、供货商集聚区等已投入使用。在人才和科技投入方面，白沟设立 1000 万元专项资金，支持信息基础设施、电商平台和电商园区等项目建设。同时，白沟积极搭建自有电商平台，建立了白沟购、进包网、网供网等本地箱包网，实现箱包加工、门店经销、电商网店和个人消费的精准对接。2022 年，白沟新城拥有电商企业 4 万多家，从业人数 8 万多人，年交易额超过 165 亿元。综上所述，白沟地区的箱包产业集群在产业投入、产业产出和相关配套设施等方面，都符合具有竞争力的跨境电商发展区域的特征。因而，白沟地区可以作为河北省重点支持的跨境电商产业集群之一。

2.8.2 中小企业发展跨境电商的方式及路径选择

中小企业由于资金上的不足，无法像大型企业那样自行搭建可以匹配自身的电子商务系统，而跨境电商平台简直就是为中小企业群体量身打造，只

第 2 章　河北省跨境电子商务概况

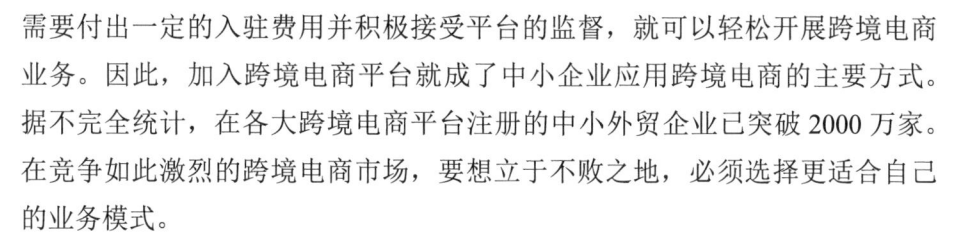

需要付出一定的入驻费用并积极接受平台的监督,就可以轻松开展跨境电商业务。因此,加入跨境电商平台就成了中小企业应用跨境电商的主要方式。据不完全统计,在各大跨境电商平台注册的中小外贸企业已突破 2000 万家。在竞争如此激烈的跨境电商市场,要想立于不败之地,必须选择更适合自己的业务模式。

1. 根据企业自身特点确定业务模式

中小企业需要界定自己的业务模式,在跨境电商的经营中,是准备开展 B2B 业务模式,还是 B2C 业务模式,抑或是兼顾 B2B 和 B2C 两种业务模式。在业务方面,B2B 更强调长期规划和运筹帷幄,注重对客户的耐心培育;B2C 强调的是企业领导对市场最新动态的把握和预测,灵活地对企业的经营策略进行调整。在人才方面,B2B 模式更注重能实现长期沟通和关系维护的营销人员;B2C 模式则注重熟悉营销规律且服务意识强的客服人员。对于 B2B 模式而言,由于直接面对的是企业客户,能否获取客户信息、能否拉近与客户的距离并获取订单是关键问题所在。对于 B2C 模式而言,由于高频小单的业务特点,能否克服跨境物流的时效性及提升客户体验是关键问题所在。中小企业需要根据自身的企业规模及优势,对自身解决以上问题的难易程度进行考量,来决定自己的经营业务模式。

2. 新手企业对合适跨境平台的选择

当中小企业确定了开展跨境电商的业务模式后,就面临着跨境电商平台的选择。一般而言,如果是毫无经验的新手企业,应该选择覆盖面广、品牌效应强的大型综合类跨境平台,比如主营业务是大宗 B2B,那么阿里巴巴国际则是最好的选择。作为全国最大的 B2B 类跨境电商平台,阿里巴巴国际汇聚了最多的卖家和境外买家,拥有强大的品牌效应和客户吸引力,能给予新手跨境 B2B 中小企业最全面的帮助。如果主营业务是小宗 B2B 或 C2C,那么就应该选择敦煌网或者阿里速卖通。敦煌网采用的免费注册制度,降低了中小企业入驻的门槛,并且中小企业无须担心额外收费。此外,敦煌网在物流方面强大的议价能力也能帮助入驻的中小企业降低 30% 的物流成本。另外,敦煌网提供的一站式平台服务也能帮助毫无经验的中小企业轻松上手跨境电商。如果是开展 B2C 业务的新手中小企业,则可以选择兰亭集势,兰亭集势自主掌控上游货源，下游无缝对接消费者终端，直接解决了新手跨境电商企业面临的两大难题，从而帮助卖家更好地开展跨境电商业务。

3.进阶中小企业对合适跨境电商平台的选择

当中小企业应用跨境电商一段时间后，基本掌握了跨境电商的交易流程和维护客户关系的渠道，也就摆脱了新手的身份。这时中小企业们可以根据自身企业的行业特点和主要市场来针对性选择跨境电商平台。

总之，为了更好地发展跨境电商，企业应制订符合企业发展的跨境电商战略、选择合适的跨境电商平台、加大对跨境电商平台的投入、完善自身网站性能、引进和培养跨境电商人才。与此同时，政府也应加强基础设施建设、对中小企业加强资金支持、完善信用体系和法律体系等，推动中小企业跨境电商迅速发展。

4.跨境电商企业自建平台的选择

跨境电商兴起之初，由于各种第三方海外跨境电商平台在中国开展了积极的推广活动，大部分跨境企业选择依托第三方平台进行跨境贸易。平台类跨境电商具有入门简单、平台内有大量现成流量等优势。但是，随着我国跨境贸易的壮大和跨境企业实力的增强，第三方平台与企业发展的不匹配因素开始显现。比如，平台上有大量相似卖家，商品同质化劣势明显；第三方平台注重商品推广而忽视品牌建设，导致企业即使销量可观也很难打造自己的品牌。因此，越来越多有实力的跨境企业选择脱离第三方平台，独立打造自主品牌，开拓自有销售渠道。

在第三方平台收益逐渐减少的情况下，不少跨境企业开始选择同步开启跨境电商独立站（自建网站）。另外，随着以 Shopify 为代表的快速建站工具的兴起，独立站的入门门槛大大降低。独立站指企业自建一个独立的网站，包括有独立服务器、独立网站程序及单独的网站域名。在独立站内可以完成询盘、支付、发货等所有跨境电商交易流程。

河北省在 2015 年 11 月份出台《河北省人民政府办公厅关于促进跨境电商健康快速发展的实施意见》，明确了加快实施跨境电商的"2212 工程"。其中明确指出加强自主平台建设，2016 年和 2017 年，分别认定 10 个跨境电商平台。截至 2021 年，河北省共认定三批次共 17 个跨境电商自有平台。依据建站模式的不同，目前，省内跨境电商独立站可以分为两种：第一种是发挥省级以上外贸转型升级示范基地的产业和贸易优势，依托区域产业集群，在原有电子商务平台的基础上，拓展跨境贸易的功能，如清河羊绒网、辛集国际皮革城网、中国搜丝网和万户通箱包网等。第二种是发挥龙头企业的带动作用，通过扶持优势企业，新建行业类跨境自建站，如枣强县凡雅皮草制品有限公司等企业建设中国（国际）裘皮网等一批专业跨境电商平台；唐山成联电子商务有限公司建设耐火材料行业跨境电商平台等。

河北省内跨境企业独立站的发展初具规模，但是与行业内领先水平的独立站相比还存在很大差距。首先，缺少品牌独立站。品牌独立站是品牌商建设的具有销售功能的官方网站。据 PayPal 的调查显示，有 70% 的美国消费者习惯在品牌独立站上购物。国内也不乏成功的品牌自建站，比如南京丝绸行业的 LILYSILK、美妆行业的 Docolor 和假发行业的 UNICE 都是其中的优秀代表。目前，省内的跨境独立站多是以行业站为主，抱团发展，还没有品牌有实力建设自己的品牌站。品牌站的核心门槛在于产品的设计开发和品牌的建设推广。缺少品牌站反映了河北省内企业品牌研发的能力还有待提升，同时，自主品牌意识和品牌建设能力还有待加强。其次，缺少移动电商自建站。目前，随着智能手机的发展，移动端电商逐渐取代 PC 端，成为市场发展新引擎。但是，纵观河北省内的跨境自建站，大部分都是只发展 PC 端，几乎未涉及移动端市场。

2.8.3 建立和完善跨境电商综合服务平台

河北省产业集群企业以中小微企业为主，在开展跨境电商的过程中，无疑会受到开发成本以及执行质量等诸多方面的考验。因此，积极搭建跨境电商综合服务平台，能够为河北省产业集群跨境电商提供全方位、全过程的一条龙跨境电商综合服务。基于此，以政府、集群企业、服务平台为主体，设计河北省产业集群跨境电商综合服务平台的功能。

1. 实现政府与集群企业的双向沟通

在平台上，政府可以公开政策、政务、展会等信息，对河北省产业集群进行数据采集、交换对比、监管控制等工作，助力解决企业发展的痛点。企业可以发布产品、进行企业展示等。该平台不仅能够帮助政府更好地了解产业集群发展状况，为集群企业排忧解难，而且能够帮助集群企业更好地获取来自政府的优惠政策与资金支持，降低跨境出口的风险。该平台将实现企业、服务机构、监管部门等信息互联互通、资源共享。

2. 为集群内部企业提供交流机会

产业集群内部企业本身就能组成一条完整的产业链，产业集群内部存在着紧密的上下游企业供需关系，平台的搭建为产业集群内部企业提供了获取资源的渠道，为产业集群协同作业提供了条件。同时，平台为产业集群内部企业提供可以共享的资源，如企业诚信情况等，为集群内部企业抱团合作、抱团发展提供了可能。

2.8.4 强化进出口物流支撑体系建设

1. 口岸方面

（1）增设特殊商品指定口岸

近年来，我国口岸建设由沿海逐渐向边境、内河和内地发展。河北省作为沿海省份，已经拥有秦皇岛港、唐山港、黄骅港三大沿海口岸，但三大沿海口岸主要以煤炭、钢铁、铁矿石等大宗原材料运输为主。虽然河北省已建设石家庄、邢台、邯郸等内陆港，但由于多方面原因，未能充分发挥内陆口岸的功能，尚未建设特殊商品的指定口岸。邮政互换局口岸和药品口岸正在建设，还缺少水果口岸、牛羊肉口岸、冰鲜口岸、粮食口岸等特殊商品的指定口岸，特殊商品指定口岸的缺乏严重限制了河北省跨境电商进出口的便利性。在河北省增设内陆口岸已经成为一种必然选择。河北省外向型经济发展的短板是缺少能够将天津港等港口向内陆延伸、承接港口部分功能的内陆开放口岸。

（2）健全口岸基础设施建设，完善口岸功能

加强石家庄正定国际机场口岸物流基础设施建设，增强进出口货物集散能力。完善进口口岸功能，依托京津冀巨大的高端消费市场，与知名第三方平台类电商企业（如京东全球购、顺丰海淘等）形成战略合作，利用其平台影响力汇聚国际知名品牌，拓展高端商品的跨境电商进口业务，经营产品以

第2章　河北省跨境电子商务概况

进口的航空指向型商品（如水果、肉类、冰鲜水产品等）和进口的高端消费品（如名牌服装、食品、药品、保健品、化妆品等）为主。

（3）加快石家庄国际邮件互换局的建设进度

国际邮件互换局是国际邮件的重要进出口通道，是服务跨境电商发展的重要平台。据不完全统计，中国出口跨境电商70%的包裹都是通过邮政系统投递，其中，中国邮政占据50%左右。中国卖家使用的其他邮政包括香港邮政、新加坡邮政等。以往，因河北省内无国际邮件互换局，河北往来海外的进出境邮件，需要转往北京、郑州等其他地区再行出口，河北各地邮政只相当于包裹揽收点，这样增加了运输环节，使物流效率大大降低。

石家庄国际邮件互换局建成之后，石家庄进出境邮包在本地接受监管后即可直接运输至北京、天津等航空口岸出口，不必绕行北京互换局，大大缩短了中间环节，节省了物流时间和成本；互换局建成之后，收来的货可以由石家庄邮政组织国际线路，通过万国邮联的体系交换出去，业务上有了完全自由的掌控权；进口的万国邮联包裹今后也可以直接分拨到石家庄，落地清关，这对于河北省跨境电商产业来说意义重大。此外，石家庄国际邮件互换局可扩大辐射面，在具备条件的市设立分支机构，为河北地区加速对外开放提供硬件基础，助推石家庄打造内陆对外开放高地。

（4）大力推广"9610"监管模式

"9610"模式是跨境电商阳光化的一个重要手段，有利于跨境电商从业者合规经营，更有利于政府部门统计跨境电商进出口数据。因此，有必要大力推广"9610"模式。推广方式有很多种，例如，面向企业举办跨境电商"9610"出口业务专题培训会、"9610"业务方式研讨会等，可以帮助企业更好地开展出口跨境电商业务，解决出口跨境电商实际业务中面临的难题，并可通过实际案例介绍出口跨境电商"9610"模式的关键点及业务流程，使跨境电商企业能够更充分地了解和享受到国家政策支持。

2. 干线方面

（1）依托正定的区位优势，开通国际货运航线

石家庄正定国际机场为4E级民用国际机场，是京津冀城市群的重要空中门户、北京首都机场的备降机场、区域航空枢纽、中国北方重要的国际航

空货运中转基地。跑道全长3400米、宽45米，可起降波音747全重、空客A340等四发远程宽体客机。拥有两座航站楼，分别为T1（国际及地区）、T2（国内），共20.9万平方米。停机坪总面积21万平方米。机场可满足年旅客吞吐量2000万人次、货邮吞吐量25万吨的需要。2019年10月27日，石家庄正定国际机场首条洲际正班客带货航线石家庄—莫斯科航线正式开通。这是石家庄至欧洲首条正班客带货航线，标志着石家庄正定国际机场的国际货运业务逐步走向正轨。

石家庄正定国际机场作为区域航空枢纽，首先，应拓展国内、国际货运航线，稳定邮政航空航线，引进国内外其他知名货运航空公司开辟新航线。其次，要统筹高速公路、国省干线公路、城市道路、轨道交通与石家庄机场衔接，增强机场与石家庄市区、雄安新区、周边市县、物流基地、产业园区之间的交通联系。

（2）根据河北省地域和产品特性，开通至俄语系国家的汽运干线

河北省跨境电商产品主要以生活用品为主，与俄语系国家需求一致，因此，河北省应大力发展至俄语系国家的干线运输。其中，陆运以灵活性、稳定性为特点，是一种非常重要的运输方式。因此，河北省应加速建设对俄语系国家的汽运线路。

一是强化既有通道。公路方面主要是提高口岸公路的等级、修复损毁公路、提高道路通行能力和通行速度。二是利用好国家已经建设的国际汽运通道。目前，我国已启动中国—俄罗斯西部大通道的建设，其中哈萨克斯坦部分路段已经建成。河北省可利用现有的国际通道，对接省内省际干线，完成对俄语系国家的汽运线路建设。

（3）国际班列

中欧班列是指按照固定车次、线路等条件开行，往来于中国与欧洲及共建"一带一路"国家的集装箱国际铁路联运班列。2019年7月18日，"冀西欧"中欧班列（石家庄高邑—西安新筑—德国汉堡）正式发车，"冀西欧"中欧班列实现每周一班的常态化开行，首次实现河北省连接欧洲腹地的中欧班列常态化运营。随着两地陆港合作的深化，班列的地区辐射力和集疏运能力逐步提升。随着此次中欧班列开行，冀中南智能港成功构建了"一带一路"东联

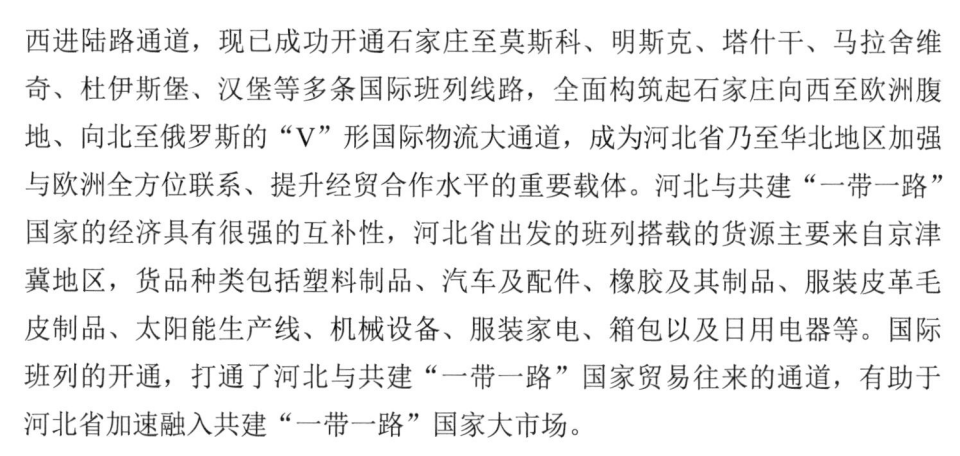

西进陆路通道，现已成功开通石家庄至莫斯科、明斯克、塔什干、马拉舍维奇、杜伊斯堡、汉堡等多条国际班列线路，全面构筑起石家庄向西至欧洲腹地、向北至俄罗斯的"V"形国际物流大通道，成为河北省乃至华北地区加强与欧洲全方位联系、提升经贸合作水平的重要载体。河北与共建"一带一路"国家的经济具有很强的互补性，河北省出发的班列搭载的货源主要来自京津冀地区，货品种类包括塑料制品、汽车及配件、橡胶及其制品、服装皮革毛皮制品、太阳能生产线、机械设备、服装家电、箱包以及日用电器等。国际班列的开通，打通了河北与共建"一带一路"国家贸易往来的通道，有助于河北省加速融入共建"一带一路"国家大市场。

开通中欧班列是一项复杂的系统工程，涉及政府审批、铁路查验、海关把关、交管检查、境外运输的组织对接、谈判等。另外，组织稳定的货源，尤其是返程货源，降低集装箱空箱率是中欧班列成功运行的关键所在。随着中欧班列常态化往返运行，沿途国家的货物源源不断地进口到石家庄，搭建一座集仓储、展示、展销为一体的国际化交易平台势在必行。

3. 海外仓方面

（1）鼓励企业建立海外仓

河北省政府应积极鼓励有实力的跨境电商企业和平台，在全球各重要贸易节点城市，特别是共建"一带一路"国家和地区建立海外仓和边境仓。

（2）大力支持海外仓的发展

河北省政府应采取多元化策略支持海外仓的发展，具体政策概括起来可分为以下几大类。

①开展海外仓业务推广和对接活动。组织外贸基地实地考察海外仓，重点考察海外仓营销方式，了解海外仓服务项目、功能及合作项目。举办外贸基地与海外仓业务推广和对接活动。邀请部分海外仓经营管理者到外贸基地举办海外仓业务培训暨对接活动，就海外仓运营模式、海外仓服务项目等相关内容进行培训。利用国外重点展会的机会，组织参展企业重点考察展会所在国家或周边地区重点布局的公共海外仓，了解海外仓服务项目、功能及成功合作模式，举办一对一的对接活动。

②健全促进海外仓发展的政策。认真贯彻落实河北省委、省政府《关于

进一步推进对外开放的若干意见》，加大培育和宣传力度，继续认定一批公共海外仓及境外品牌展示中心。2020年，在河北省贸易最活跃的国家和地区布局40个公共海外仓，创建15个河北境外品牌展示中心。举办全年外贸巡回大培训、跨境电商培训，邀请省内外知名专家或海外仓负责人通过案例分析、PPT讲解等形式，为企业答疑解惑，扩展企业家关于海外仓的知识面。

③增加对海外仓企业的奖励与补贴。一方面，对河北省认定的建设面积较大、服务企业数量较多、年度交易额较大的公共海外仓给予奖补。对公共海外仓产生的租赁费给予支持。另一方面，对依托河北省认定的与央企及有实力企业建设面积较大、服务企业数量较多、服务功能完善、年度交易额较大的公共海外仓创建的河北境外品牌产品展示中心给予奖补，对产品展示推广费等给予支持。

④全力保障海外仓企业的资金需求。为缓解企业"融资难、融资贵"的问题，中国信保河北分公司与金融机构积极拓宽融资渠道，推出很多融资业务。比如，中国进出口银行河北省分行向发展中国家提供的具有援助性质的中长期低息贷款业务；中国银行河北省分行与中国信保河北分公司合作的融信达业务；中国建设银行河北省分行对于海外仓建设的内保外贷业务；中国农业银行河北省分行的出口特险融资、出口信贷业务；交通银行河北省分行的信融通业务。

⑤利用先进技术推动海外仓的快速发展。大力推进海外仓信息系统的建设，海外仓中多分仓或平行仓利用系统进行连接，可充分利用全社会资源，提供迅速、快捷、经济的仓配服务。信息系统的智能分仓和智能调拨非常重要，以需求分布特征进行合理的库存决策、多库联动、就近备货和预测式调拨，必将促进海外仓的发展。鼓励海外仓企业开发适合海外本土员工使用的WMS系统。

4.保税区方面

（1）建立跨境电商仓配服务基地

建立以高效信息管理系统为支撑的跨境电商仓储配送基地。加快完善国际快件监管中心。吸引一批具有竞争力的跨境电商物流、国际快递和零担物流公司入驻，为区内跨境电商企业提供商品的仓储、分拨、转运、配送、货代、流通加工等保税物流服务。

（2）搭建第三方跨境电商交易平台

引进龙头跨境电商平台类企业，并与跨境支付机构（如中国银联、东方支付等）、国际快递企业（如 FedEx、UPS、DHL、TNT、顺丰等）合作，搭建集线上展示、线上交易、支付结算、外汇管理、报关、分拨配送等服务功能于一体的第三方跨境电商交易平台（包括移动互联网交易平台），并完善与之相适应的海关监管、检验检疫、退税、物流、金融等支撑系统，初步构建跨境电商服务体系。整合电商平台的客户资源，引进跨境电商经营企业入区开展业务。鼓励和引导区内加工企业和非电商贸易企业利用跨境电商平台进行交易。

（3）延伸线下服务，完善跨境电商生态链

引导、支持跨境电商平台类和经营类企业在区内开展商品线下保税展示、体验等业务，实现线上和线下服务有机融合，通过与消费者的接触互动提高石家庄综合保税区跨境电商平台的品牌知名度和影响力。引进或培育服务于跨境电商的供应链管理公司，为区内跨境电商企业提供通关、商检、退税、货代、物流、金融等一站式代理服务，以降低企业成本，扶持区内中小电商企业成长。在区外配套建设跨境电商孵化平台，提供企业孵化、职业培训、传统企业电商升级、软件服务、网络营销、代运营、网站建设及设计、财务管理等配套服务，以扶持小微跨境电商企业和希望进入跨境电商领域的传统企业，从而促进区内跨境电商产业发展。

5.加快进口物流基础能力建设

（1）加强口岸建设，不断提高和干线运输的匹配度

第一，作好整体规划。从特殊商品（如进口肉类、水果、水产品等）指定口岸入手，对接雄安新区的产业发展，分期建设内陆口岸，实现与河北省三大沿海口岸的功能对接，为三大沿海口岸集疏运货物，为内陆地区的货物进出口创造更便捷的通关环境。石家庄作为交通枢纽，可以进行"1210"口岸、"9610"口岸的建设。

第二，政府推动，多方配合。口岸的建设需要由政府推动，企业、检验检疫机构、海关等多方面的支持与协调。例如，郑州内陆口岸的建设可作为内陆地区口岸建设借鉴的典范。在打造内陆口岸进程中，河南局深入调研，

针对调研结果积极向省委、省政府建言献策，积极争取国家市场监督管理总局对河南省内陆指定口岸建设的全方位支持。省委省政府高度重视口岸建设与发展，把推进口岸建设作为打造对外开放平台的第一要务，积极推动传统口岸与新兴类口岸建设，打造具有现代意义的内陆大口岸，形成综合口岸体系。河南出入境检验检疫局在支持航空、铁路、公路、邮政口岸和跨境贸易电子商务虚拟口岸发展的同时，会同省政府有关部门、郑州市政府，扎实推动进口指定口岸建设。

第三，合理分工，协调与沿海口岸利益关系。内陆口岸建设，在疏解港口压力的同时，会挤占港口的业务份额，影响港口的收益。因此，需要协调内陆口岸与沿海港口的利益分配，划定内陆口岸与沿海口岸的查验分工和利益关系，使得港口愿意释放一部分业务量。

（2）不断发展完善河北进口干线运输网络

第一，以正定机场为枢纽，打造国际进口航运网络和配套的工程运输网络。国际进口航运网络分两个部分：直达进口网络和中转进口网络。在直达进口网络中，一是在现有的基础上不断拓展国内、国际货运航线，稳定邮政航空航线；二是不断引进国内外知名航空公司和航空货运公司，不断开辟新的航线；三是以正定机场为核心，构建面向全省的集高速公路、干线和城区道路、轨道交通于一体的集散网络；四是利用正定机场充沛的时刻资源优势，积极对接其他国际机场。在中转进口航空网络中，继续巩固现有的航空中转网络，不断提高服务效率和水平，同时利用正定机场在全国和全省的区位优势，积极拓展新的中转航空网络。

第二，不断完善水运、铁路干线运输和工程运输网络，探索国际公路运输网络的构建。一是不断完善现有的水运和铁路直达干线运输网络，如货物由水路或者中欧班列直接进入唐山港或者保定、石家庄等城市；二是积极构建和相邻的天津、大连、青岛等海港的"水路＋公路"多式联运体系，提高从这些港口入境的货物的物流速度；三是探索构建国际公路运输网络，如与俄罗斯及其他中亚国家的运输网络的构建等。

（3）加强政府对跨境电商企业的扶持力度

通过政府召开的各个招商会，支持跨境电商企业开展交流活动。支持国内外知名跨境电商企业、知名电子商务媒体、电子商务协会等举办高水平的跨境电商会议、峰会论坛、展会及宣传推介等活动，给予组织方资金支持。

加强相关人才队伍建设，支持开展跨境电商专业人才培训。对开展跨境电商人才培训的院校（设置电子商务专业学科的院校除外）、专业机构、电子商务协会等举办的跨境电商专业人才培训，给予资金支持。

6. 建立并完善跨境电商金融服务体系

（1）跨境支付行业趋势

跨境支付交易规模将保持高速增长。行业竞争加剧，交易服务的利润越来越低。未来跨境支付将通过营销和金融增值服务盈利。技术进步会推进跨境支付向更快更高效的方向发展。技术升级和支付标准的统一会使得跨境支付更加便捷、快速。跨境支付的很大风险源于不同国家的法律和监管体系，跨境支付的参与主体必然会在法律和法规上投入更多资金与技术，区块链等新技术有望改变传统的支付方式。

（2）跨境电商支付对策建议

跨境支付的趋势是跨国融合，人民币将成为跨境支付中的重要货币。中国正逐步提升在国际经济活动中的参与度，加深与其他经济体的合作交流，在细分行业和领域提升中国的话语权。对于河北跨境电商而言，共建"一带一路"国家中的俄罗斯、日本、韩国是主要出口国家，应当由政府出面带领河北省支付清算机构主动与相关国家签署合作协议，降低跨境支付的风险，提高跨境支付便捷程度。河北省当前并没有持牌的跨境外汇支付机构，要主动出击寻求与第三方跨境支付机构合作。

7. 健全跨境电商人才培养体系

（1）跨境电商人才需求现状分析

跨境电商面临的突出问题就是人才培养和储备的不足，跨境电商人才的需求与供给存在着严重的不平衡，人才的匮乏成为制约跨境电商快速发展的重要因素。

①跨境电商的发展需要更多数量和更高质量的人才

跨境电商行业快速发展，对人才需要的数量不断增加，商务部的统计数据显示，至2025年，我国电子商务领域相关从业人数将达到7000万；跨境电商交易额将增长至 2.5 万亿元。未来五年，预计我国电商人才缺口达 985 万人，严重制约跨境电商行业的发展。由于缺乏系统性和专业性的综合规划，企业培养计划滞后，未能适应跨境电商发展的需要，致使行业内的从业人员不能及时适应形势变化提高自身能力。现在的跨境电商企业非常注重从业人员的实践能力和综合素质。

②传统外贸企业转型发展需要跨境电商人才

为了适应国际贸易形势，传统外贸企业不得不顺势而为转型跨境电商企业，而其面临的发展瓶颈就是人才体系的建立。此外，跨境电商已经进入精细化运营时代，平台门槛提高，竞争加剧，过去海量铺货、躺着赚钱的时代已经终结。新时期竞争需要企业不断提高人才的自身技能以适应市场的发展，企业需要培养好人才才能不被市场所淘汰。

（2）跨境电商企业存在着一定程度的人才流失现象

跨境电商人才供需的不平衡必然导致一定程度的人才流失现象，人才流失使得企业出现管理成本增加、核心资源流失等问题。根据思睿智训《2020中国跨境电商企业人力资源研究报告》调查显示，有 43% 的企业认为人才流失情况不严重，但是仍有 13% 的企业认为存在严重的人才流失。这个调查反映出行业企业中存在一定的人才流失，人才流失现象需要重视起来。

在对流失原因的分析中，调查对象认为 60% 的人才流失是因为"个体发展的原因"，可见，随着行业的快速发展，人才不断向上去寻找更好的自我发展空间，这在一定程度上也反映了当前该行业迅速发展壮大的现状。除此之外人才流失的主要原因分别是：工资薪金、不能适应工作岗位的要求、企业所在城市、工作强度大、专业不对口。其中，"不能适应工作岗位的要求"这个因素占到了 48%，很多跨境电商企业是从传统外贸企业转型发展而来，企业转型了但是员工没有转型，企业在内部培训、员工发展引导上没有及时跟进，员工不适应新的岗位需求。

（3）国内本科院校毕业生是企业新员工的首选人才

据调查，跨境电商企业中经验丰富的员工更容易跳槽，而应届毕业生由于工作经验有限，在相当长的一段时间内较为稳定。也正是因为这个原因企业更愿意接收本科学历的国内高校毕业生，但是也并不排斥具有较好综合技

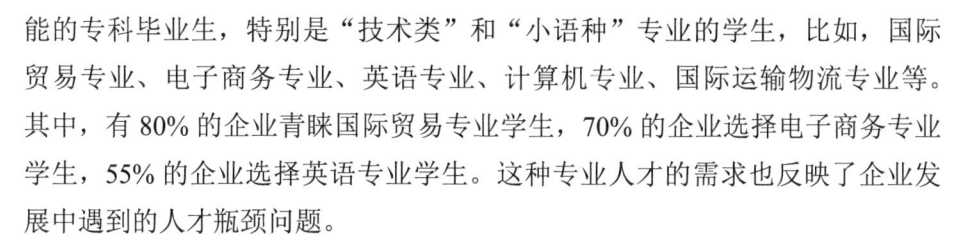

能的专科毕业生，特别是"技术类"和"小语种"专业的学生，比如，国际贸易专业、电子商务专业、英语专业、计算机专业、国际运输物流专业等。其中，有80%的企业青睐国际贸易专业学生，70%的企业选择电子商务专业学生，55%的企业选择英语专业学生。这种专业人才的需求也反映了企业发展中遇到的人才瓶颈问题。

（4）企业更需要复合型跨境电商人才

在跨境电商的高速发展下，跨境商品的种类越来越多、规模越来越大、进出口的贸易国家逐渐增加等等这些现实，使得企业特别是中小企业更倾向于选择具有支付、物流、通关、网络等综合素养的复合型跨境电商人才。跨境电商所需要的人才与其他行业所要的人才相比有一个明显的特点就是国际化，国际化复合型跨境电商人才要有多方面的知识，包括外语、外贸、市场营销、电子商务，甚至法律法规。

跨境电商要求外贸从业人员掌握经济、管理和信息技术等电子商务相关的理论知识以及现代商务与信息技术交叉知识；熟知进出口报关专业知识、国际物流管理等业务操作流程以及单据缮制、跟单操作与网络支付等规程；还需具有跨境电商网店装修、店铺推广、网站优化和推广技能；具有跨境电商运营、跨境网店客户服务、跨境电商风险管理以及互联网思维等。综合能力强的复合型人才受到企业的普遍青睐。

8. 跨境电商人才培养建议

（1）企业积极融入高校，这是跨境电商人才培养的主要途径

现有跨境电商人才培养方面存在不足。我国高校对跨境电商人才的培养，一部分是通过新增的电子商务专业来培养，另一部分是在现有的国际经济与贸易专业中，增加电子商务的相关课程。因此，在跨境电商人才培养方面，培养模式在课程体系、实践实训平台等方面取得的培养效果比较有限，特别是跨境电商课程实操性很强，如果任课老师自身没有在跨境电商企业工作的经验，教学很可能还是停留在理论层面。在一定程度上既懂外贸又懂电商，既具有跨境电商理论知识，又具有实操和实战经验的"双师型"教师缺乏，也给人才培养带来不利影响。"缺少企业与高校对接的途径"以及"校企合作投入产出比低"是当前制约校企合作开展的主要问题。企业希望在校企合作中

学校能提供良好的组织管理秩序，特别是有专门的老师负责与企业对接，此外可以提供一定数量的学生资源，这两个方面在一定程度上决定了校企合作能否顺利展开，校企的有效配合在一定程度上决定了人才培养的质量。

而当前跨境电商专业课程体系亟须开设的保税区、保税仓、跨境电商税法等方面的课程，更是需要具有实践经验的企业教师配合完成，否则这类实践性强的课程很难取得良好效果。

（2）企业参与培养过程，要提供真实跨境电商实训环境

跨境电商链路比较长，涉及物流、资金流和信息流等内容，同时，跨境电商行业所需人才必须具有全球视野。产学一体化跨境电商人才培养是人才培育的重要途径。河北省相关高校在跨境电商人才培养上必须适时和企业合作，由企业为跨境电商人才培养提供从行业辅导、教材支撑体系到行业实践和职场对接的全方位支持。比如，无锡与东南亚最大的跨境电商平台 Shopee 正式展开合作，其平台运营将直接植入无锡太湖学院相关课程，让学生通过在线创业的方式习得知识与积累经验。这种学习新模式下学生人手一个实操账号，平台真实交易的后台数据成为评判学生成绩的主要依据。河北省应设立相关协会和行业性组织，积极引进跨境电商企业，与院校合作建设跨境电商实训基地，提供真实环境的实习条件，跨境电商企业传授学生最新知识和实操技能。学生学完后通过双向选择，与企业签订就业协议，培养过程可以实现针对企业所属行业、区域等特点，有针对性地培训学生进行跨境平台实操，熟悉掌握该企业相关业务，将来可以实现顺利就业。

（3）跨境电商企业积极融入学生创新创业过程

创新创业教育作为学生重要的实践创新环节，每年各学校都有大量的立项和配套政策支持，学校应该积极联系跨境电商相关企业，让学生在某平台某店铺的某环节，也就是一个具体的相对独立的环节开展创新创业工作，使学生直接掌握网店经营的主要方式，在寻找货源、优化产品、运营推广、客户服务、数据分析等方面得到实际的训练，真正掌握跨境电商运营的各种技能。可以通过协会、学会等集中发布创新创业意向和计划，通畅企业对院校的了解渠道。

第 2 章　河北省跨境电子商务概况

（4）建立跨境电商校企联系会组织

由政府提供政策支持、发挥引导作用，相关部门牵头建立"河北跨境电商人才培养校企联系会"组织，在校企协同合作模式下，充分利用三方的有效资源，实现良好的沟通和协作，实现企业需求和院校人才培养的有效对接；建立规范化的跨境电商实训基地和平台，一方面可以实现相关经验的共享，另一方面可以实现聚集效应，让更多的跨境电商企业加入，实现资源的增长。

（5）针对地区产业特点开展有效的培训

针对河北省跨境电商产业特点，特别是产业集群特点，组织行业专家进行集中授课，让学生充分了解全省外贸产业转型升级的最新发展状况。此外，相关行业协会应积极收集、整理行业前沿资讯，包括行业发展研究、行业统计分析、行业政策规范以及目标市场变化等信息。充分发挥行业协会的资源优势，一方面积极融入高校人才培养过程中，另一方面应该建设从业人员学习交流平台，关注行业发展动态，整合行业培训资源，使跨境电商人才能够及时了解行业最新动态，掌握行业新技术。

（6）重视跨境电商产业园区综合管理人才培养

随着跨境电商产业的发展，产业园区也越来越多，对跨境电商产业园区综合管理人才的需求也越来越多，需要专业人才来运营管理跨境电商产业园、发展跨境电商产业园的业务、扩大业务范围以及培训相关业务。因此，跨境电商综合管理人才的培养应该纳入培养体系。

总之，跨境电商人才培养应该将政府、行业协会、高校、企业四方进行有效的融合，共同开展在校生培养，同时实施社会化培训，提升学生和从业人员的知识能力水平。

第 3 章　河北省产业集群跨境电商发展现状

3.1 河北省产业集群形成机制

3.1.1 产业集群概念及特征

产业集群（industry cluster）亦称"产业簇群""竞争性集群""波特集群"，是指某一行业内的竞争性企业以及与这些企业互动关联的合作企业、专业化供应商、服务供应商、相关产业厂商和相关机构（如大学、科研机构、制定标准的机构、产业公会等）聚集在某特定地域的现象。

产业集群一般是一组在地理上靠近的相互联系的公司和关联机构，它们同处在一个特定的产业领域内，因具有共性和互补性而联合在一起，其基本特征可以概括如下。

1. 地域上的集聚性

地理空间的接近，是产业群的外在表现形式，也是产业集群首要的根本的特点，企业间地理位置上的接近有利于知识的获取和社会资本的形成。在全球化不断加强的今天，全球化与本地化趋势是并存的，特别是在特定产业领域具有较强竞争力的产业集群往往都在有限的狭窄的地理空间内。

2. 专业化分工

专业化是产业集群中企业合作的前提。市场的不断完善和发展提高了资源的配置效率，这种多元化的市场需求迫使企业朝专业化生产方向发展；企业集聚所带来的竞争压力也要求生产分工细化和专业化。此外，生产同种产品的企业只有满足顾客的个性化需求，生产出具有自己特色的产品才能在市场中立于不败之地。

3. 内部组织结构的复杂性和行为主体的高度相关性

产业集群是一个具有空间集中性和产业关联性的网络，包括从事同一产业及相关产业的企业，也包括通过相关技能、技术和共同投入而相互联系的企业及政府、行会、科研院所与大专院校、培训机构、广告公司等。这些机构集聚在一起形成了上中下游结构完整、外围支持体系健全、具有灵活机动等特性的有机体系。

4. 网络化特征

这是指产业集群中组织间合作具有持续交互作用的特征，包括通过各种合作确定正式关系的正式合作网络和基于社会关系、信任、共享互补资源等交互作用形成的非正式合作网络。

5. 根植性特征

根植性指经济行为嵌入特定的制度文化环境中的特性，在全球化不断加强的今天，全球化与本地化并存。集群内企业不仅在地理上接近，在经济、社会、文化、政治等方面也存在着千丝万缕的联系。

产业集群不是众多企业的简单堆积，企业间的有机联系是产业集群产生和发展的关键。概括起来，产业集群一般具有以下特征：特定区域空间上的集聚、生产专门的产品、企业间分工、产业链相对完整、众多企业形成复杂的网络关系。

产业集群的形成是一个动态的过程，在不同的阶段产业集群有不同的形成模式，撇开具体的经济、社会和人文环境研究产业集群现象是没有实际意义的。当前，学术界对产业集群形成机制的关注程度远远不及产业集群的升级和创新。虽然产业集群在经济史中是一个古老的现象，但在我国的发端却是20多年前的事情。中山大学教授符正平在其《中小企业集群生成机制研究》中讨论企业集群理论与政策，重点研究小企业集群的生成机制，是我国第一个对产业集群形成机制进行系统分析和研究的学者。

3.1.2 河北省县域产业集群形成机制

县域特色产业集群，是指改革开放后，在乡镇企业基础上发展起来的一批从事传统制造业生产的以中小企业为主体的民营企业群。它们在某一县（市、区）地理区域内集聚，通过某种生产技术，进行基本无差别的专业化与低成本大量生产产品，吸纳了大量农村剩余劳动力，在市场竞争中具有一定的竞争优势。目前，河北省县域特色产业集群主要有清河羊绒、安平丝网、辛集皮革、安国中药材、容城服装、高阳纺织、河间电线电缆等。

河北县域产业集群以传统产业为主，多发于当地工商业的历史传承，2000年前一直处于萌芽状态，2000年后才从边缘走到了中心，形成了独特的县域产业集群的发展机制。河北省产业集群形成，分为三个阶段：第一个阶段，种子企业的产生；第二个阶段，种子企业的示范效应和孵化效应，示范效应引发其他企业的模仿，孵化效应会产生或裂变出许多新的企业；第三个阶段，吸引与产业相关的下游企业、大学、研究机构、中介机构和金融服务机构等的进入，进而集聚效应、联合行动效应和制度效应逐步体现出来，产业集群真正形成。

1. 种子企业——产业集群形成的基础

产业集群的形成离不开种子企业，种子企业的产生有两种途径：一是产生于历史的偶然，二是源于政府的吸引，而这种吸引实际上是一种相互选择的过程，当地政府选择企业，企业也选择经营环境，当双方都满意时，这个企业才能成为当地集群形成的种子企业。

2. 种子企业的示范效应和孵化效应

种子企业一旦形成，就会产生示范效应和孵化效应。种子企业的成功具有一种很强的示范作用，弗尔德曼（Feldman，2001）的集群形成深化模型中多次提到：外部刺激是潜在企业家建立公司的动力；企业家精神的启动需要有一个外界的激发作用。种子企业成功的示范效应表现在其不仅给了模仿企业一个信号，而且还使模仿企业降低了机会成本和进入风险，甚至连学习过程和适应过程都可以省去了。但这种模仿须以获得信息和具备及时捕捉信息条件为前提。社会心理学家总结了模仿的三条定律：一是下降律，即下层群

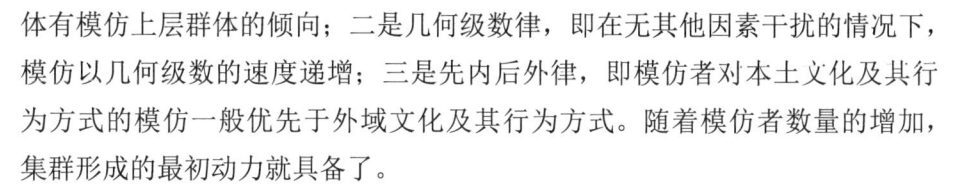

体有模仿上层群体的倾向；二是几何级数律，即在无其他因素干扰的情况下，模仿以几何级数的速度递增；三是先内后外律，即模仿者对本土文化及其行为方式的模仿一般优先于外域文化及其行为方式。随着模仿者数量的增加，集群形成的最初动力就具备了。

除了示范效应外，种子企业还有一种孵化效应，在为小企业提供技术支持和服务等的同时，种子企业在发展过程中裂变分蘖和衍生新的相关企业，这些新的企业进一步推动了产业集群的形成。

3. 产业集群的形成

随着种子企业的成功和进入企业的增多，集聚优势逐渐体现出来，其他相关的诸如配套企业以及中介机构、学校和科研机构等也纷纷加入。就如胡佛所描述的：生产过程包括很多独立操作的工序，例如，剪裁和纽扣眼镶边等等。在大批量生产时，有开纽扣眼专用设备，既快又省，但它象征着一笔相当可观的投资。该外套厂家不会感到购买这类机器划得来，因为他无力使它全时运转；开纽扣眼，他只得多用人力，慢且不说，工资成本还很高。但如果设厂于一个小企业集群之中，一起开业的还有很多其他服装厂家，各厂家都有开纽扣眼的这道工序，此时，对开纽扣眼的总需求，也许至少可以保持一台开纽扣眼专用机器转个不停。这样，就可以有一家专营纽扣眼业务的独立公司脱颖而出，加入该小企业集群中来。各服装厂家都把那项业务包给该专业公司，这于有关方面都有利，其中包括最终消费者，他可以按较低价格买到外套了。同时，这种做法也会迅速吸引到其他地方的资金、人才、市场网络等资源。另外，从我国的情况来看，产业集群体现出较强的制度效应。产业通过集聚形成产业集群，产业集群能够释放出一种集群效应。这种集群效应既是产业集群合理存在的基础，也是产业集群不断完善的推动力。根据纳德维（Nadvi, 1996）的研究，集群效应是通过集体效率（Collective efficiency）而表现出来的，它体现在三个方面：一是集聚效应，二是联合行动效应，三是制度效应。

4. 产业集群的形成动力

从以上分析可以看到，产业集群的形成是制度效应、示范效应、孵化效应、联合行动效应和集聚效应共同作用的结果。种子企业的示范效应和孵化效应促进集群的形成，制度效应既是产业集群形成的前提又是集群效应的体现，引发企业的联合行动，即向种子企业落户地聚集，相关配套企业、机构也会出现，产业集群形成，产业集群形成的动力机制如图 3.1 所示。

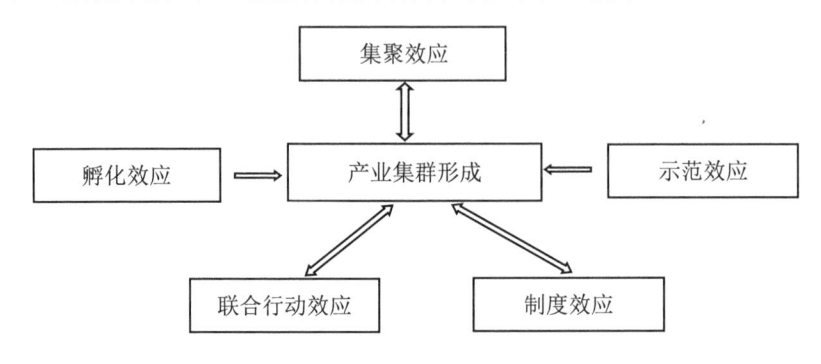

图 3.1　产业集群形成的动力机制

3.1.3 河北省县域特色产业集群类型及形成特点

1. 由偶然因素自发形成的

这类集群的产生是通过一个偶然的机会引入了某种生产技术，并在当地扎根，逐步发展壮大，形成今天的规模，如清河的羊绒产业。

2. 由已有的传统生产工艺不断改进形成

有些地区从事某一产业有着悠久的历史，并随着时代的进步，其生产技术、加工工艺以及产品质量不断优化，形成目前具有一定竞争优势的县域特色产业集群，如安平丝网产业。

3. 本地原有生产企业的技术外溢

这类地区原本就存在从事某一产业的生产企业，改革开放后，原有企业的职工纷纷脱离出来，独立办厂，并且带动了周围的人加入这一行业，形成现在的生产规模，如永年的标准件产业。

4. 由当地政府部门组织引进某一生产技术而形成

这类产业集群是由当地政府通过合作项目或组织当地企业集体外出学习的方式引进，在集群内进行扩散，形成本地的新兴产业，如枣强县玻璃钢产业的发展很大程度上得益于当地政府的组织。

通过以上对县域特色产业集群形成过程的分析，河北省产业集群呈现出以下一些特点。第一，河北省目前存在的产业集群基本上是自发形成的，且集群发展大多处在初级阶段，主要集中在传统产业领域。第二，河北省产业集群的发展过程中，个体创业者发挥了重要作用，以亲缘为基础的非正式组织网络关系发达。第三，多数产业集群分布在资源贫乏、经济相对落后地区。

3.2 河北省产业集群发展现状

3.2.1 河北省产业集群现状及类型

从产品质量及整体情况两方面着手，对河北省产业集群发展现状展开分析。就产品质量而言，省内产业主要以下游加工产品为主，产品附加值以及技术含量相对有限，核心竞争实力相对较低，在产品设计研发以及品牌经营方面还处于较为薄弱的状态，集群整体竞争实力有限，且存在着层次较低的问题，龙头企业带动作用发挥得并不理想，对集群高层次发展形成了严重干扰；就整体情况而言，省内产业集群主要集中在建材以及钢铁等传统行业之中，产业结构需要进行调整，且面临着节能减排以及大气治理等方面的问题，整体发展难度相对较大，发展潜力相对有限。在京津冀一体化发展战略提出后，河北省获得了更多经济发展机会，产业集群行政色彩也变得更加浓厚，但却没有实现有效的集群跨地区发展模式，产业集群发展受到了人才、资金以及技术等多方面因素限制，区域经济拉动作用并没有得到充分体现。为抓住战略实施机遇，与其他地区形成有效联动，确保产业集群优势可以充分发挥到区域建设与经济发展之中，河北省进一步加强了对省内产业集群发展现状的优化力度，并制定出了一系列有效措施。

目前河北省产业集群的类型主要有以下几种，如表3.1列出了部分产业集群类型。

1. 传统型产业集群

它以传统的手工业或劳动密集型的传统工业部门为主，如纺织、服装、制鞋、家具和五金制品等行业，大量的中小企业在空间上相当集中，形成了一个有机联系的市场组织网络。在这种产业集群内，劳动分工比较精细，专业化程度较高，市场组织网络发达，如素有"药都"之称的安国药业集群，"纺织之乡"高阳纺织业集群等。

2. 高新技术型产业集群

它主要依托当地的科研力量，如著名大学和科研机构，发展高新技术产业，企业间相互密切合作，具有强烈的创新氛围。如衡水高新技术产业开发区工程设施装备产业集群。

3. 资本与技术结合型产业集群

这类产业集群有很多，如邢台清河羊绒产业集群、邢台板材产业集群、平乡自行车零部件产业集群。

表 3.1　河北产业集群分布及类型

序号	集群名称	所属地区	类型
1	辛集市皮革产业集群	石家庄市	传统型
2	正定新区板材家具产业集群	石家庄市	资本与技术结合型
3	正定新区饲料产业集群	石家庄市	资本与技术结合型
4	正定新区机械制造产业集群	石家庄市	资本与技术结合型
5	赵县淀粉产业集群	石家庄市	资本与技术结合型
6	赵县纺织产业集群	石家庄市	传统型
7	井陉矿区煤焦化产业集群	石家庄市	传统型
8	新乐市电热毯产业集群	石家庄市	传统型
9	高邑县建陶产业集群	石家庄市	传统型
10	栾城区生物医药产业集群	石家庄市	资本与技术结合型
11	晋州市装饰材料产业集群	石家庄市	资本与技术结合型
12	晋州市纺织产业集群	石家庄市	传统型
13	灵寿县石材产业集群	石家庄市	传统型
14	平山县石材产业集群	石家庄市	传统型
15	无极县皮革产业集群	石家庄市	资本与技术结合型
16	平泉区食用菌产业集群	承德市	资本与技术结合型

第3章 河北省产业集群跨境电商发展现状

（续表）

序号	集群名称	所属地区	类型
17	承德县冶金产业集群	承德市	传统型
18	万全区机械铸造产业集群	张家口市	传统型
19	宣化区岩土工程机械装备产业集群	张家口市	传统型
20	尚义县盐渍菜产业集群	张家口市	传统型
21	怀来县葡萄酒产业集群	张家口市	传统型
22	卢龙县甘薯产业集群	秦皇岛市	传统型
23	海港区玻璃产业集群	秦皇岛市	资本与技术结合型
24	山海关区金属材料产业集群	秦皇岛市	传统型
25	秦皇岛开发区粮油产业集群	秦皇岛市	传统型
26	秦皇岛开发区汽车及零部件产业集群	秦皇岛市	传统型
27	秦皇岛开发区装备制造产业集群	秦皇岛市	资本与技术结合型
28	昌黎县水产品产业集群	秦皇岛市	传统型
29	昌黎县葡萄酒产业集群	秦皇岛市	传统型
30	唐山陶瓷产业集群	唐山市	传统型
31	芦台自行车产业集群	唐山市	资本与技术结合型
32	丰润区奶业产业集群	唐山市	资本与技术结合型
33	丰润区装备制造产业集群	唐山市	资本与技术结合型
34	丰润区型材产业集群	唐山市	资本与技术结合型
35	迁西铸造产业集群	唐山市	资本与技术结合型
36	迁西县栗业产业集群	唐山市	传统型
37	滦南县钢锹产业集群	唐山市	传统型
38	唐山高新区焊机产业集群	唐山市	资本与技术结合型
39	玉田县废旧橡胶综合利用产业集群	唐山市	资本与技术结合型
40	丰南区焊管产业集群	唐山市	资本与技术结合型

(续表)

序号	集群名称	所属地区	类型
41	乐亭县装备制造产业集群	唐山市	资本与技术结合型
42	迁安市装备制造产业集群	唐山市	资本与技术结合型
43	南堡开发区盐化工产业集群	唐山市	资本与技术结合型
44	香河县家具产业集群	廊坊市	传统型
45	香河县机械钣金产业集群	廊坊市	传统型
46	大城县保温建材产业集群	廊坊市	传统型
47	大城县有色金属产业集群	廊坊市	传统型
48	文安县胶合板产业集群	廊坊市	资本与技术结合型
49	霸州市金属玻璃家具产业集群	廊坊市	资本与技术结合型
50	三河市电子信息产业集群	廊坊市	高新技术型
51	高阳县纺织产业集群	保定市	传统型
52	容城县服装产业集群	保定市	传统型
53	白沟箱包产业集群	保定市	传统型
54	蠡县毛纺织产业集群	保定市	传统型
55	蠡县皮毛革产业集群	保定市	传统型
56	清苑区有色金属产业集群	保定市	资本与技术结合型
57	徐水区吊索具产业集群	保定市	资本与技术结合型
58	定兴县汽车及零部件产业集群	保定市	传统型
59	曲阳县雕刻产业集群	保定市	传统型
60	顺平县肠衣产业集群	保定市	传统型
61	唐县铸造产业集群	保定市	传统型
62	定州市体育器材产业集群	保定市	资本与技术结合型
63	安国市中药产业集群	保定市	传统型
64	雄县塑料包装产业集群	保定市	资本与技术结合型

第3章 河北省产业集群跨境电商发展现状

（续表）

序号	集群名称	所属地区	类型
65	盐山县管道装备制造产业集群	沧州市	资本与技术结合型
66	肃宁县皮毛产业集群	沧州市	资本与技术结合型
67	肃宁县纺织服装产业集群	沧州市	传统型
68	河间市电线电缆产业集群	沧州市	传统型
69	河间市保温材料产业集群	沧州市	资本与技术结合型
70	青县电子机箱产业集群	沧州市	资本与技术结合型
71	南皮县五金机电产业集群	沧州市	传统型
72	东光县纸箱机械产业集群	沧州市	传统型
73	献县扣件铸造产业集群	沧州市	传统型
74	沧县枣业产业集群	沧州市	传统型
75	泊头市铸造及汽车模具产业集群	沧州市	传统型
76	任丘市新型建材产业集群	沧州市	资本与技术结合型
77	任丘市交通设备制造产业集群	沧州市	资本与技术结合型
78	黄骅市汽车装备产业集群	沧州市	资本与技术结合型
79	黄骅市塑料模具产业集群	沧州市	资本与技术结合型
80	孟村县弯头管件产业集群	沧州市	传统型
81	桃城区工程橡胶产业集群	沧州市	资本与技术结合型
82	桃城区化工产业集群	衡水市	资本与技术结合型
83	桃城区金属制造品产业集群	衡水市	资本与技术结合型
84	枣强县大营皮毛产业集群	衡水市	传统型
85	枣强县玻璃钢产业集群	衡水市	资本与技术结合型
86	深州市汽车配件产业集群	衡水市	资本与技术结合型
87	深州市金属丝网产业集群	衡水市	传统型
88	景县铁塔钢构产业集群	衡水市	资本与技术结合型

(续表)

序号	集群名称	所属地区	类型
89	景县橡塑制品产业集群	衡水市	资本与技术结合型
90	景县汽车零部件产业集群	衡水市	资本与技术结合型
91	安平县丝网产业集群	衡水市	传统型
92	冀州区采暖铸造产业集群	衡水市	传统型
93	隆尧县方便食品产业集群	邢台市	资本与技术结合型
94	沙河市玻璃产业集群	邢台市	资本与技术结合型
95	平乡县自行车及零配件产业集群	邢台市	资本与技术结合型
96	平乡县塑料产业集群	邢台市	资本与技术结合型
97	任县橡胶制品产业集群	邢台市	资本与技术结合型
98	南宫市棉业产业集群	邢台市	传统型
99	南宫市羊剪绒产业集群	邢台市	传统型
100	巨鹿县棉纺织产业集群	邢台市	传统型
101	南和县板材产业集群	邢台市	资本与技术结合型
102	任县机械制造产业集群	邢台市	资本与技术结合型
103	宁晋县单晶硅产业集群	邢台市	资本与技术结合型
104	宁晋县电线电缆产业集群	邢台市	资本与技术结合型
105	宁晋县纺织服装产业集群	邢台市	传统型
106	宁晋县机械制造产业集群	邢台市	资本与技术结合型
107	清河县汽摩配件产业集群	邢台市	资本与技术结合型
108	清河县羊绒产业集群	邢台市	资本与技术结合型
109	清河县合金刀具产业集群	邢台市	资本与技术结合型
110	永年区标准件产业集群	邯郸市	传统型
111	馆陶县禽蛋产业集群	邯郸市	传统型
112	馆陶县微型轴承产业集群	邯郸市	资本与技术结合型

（续表）

序号	集群名称	所属地区	类型
113	魏县生物化工产业集群	邯郸市	资本与技术结合型
114	邱县棉纺产业集群	邯郸市	传统型
115	峰峰矿区煤化工产业集群	邯郸市	传统型
116	成安县装备制造产业集群	邯郸市	资本与技术结合型
117	鸡泽县棉纺产业集群	邯郸市	传统型
118	磁县童装产业集群	邯郸市	传统型
119	邯山区轧板铸造产业集群	邯郸市	资本与技术结合型
120	大名县面业产业集群	邯郸市	传统型

3.2.2 河北省典型产业集群

县域特色产业集群，是各地立足县域实际，结合自身资源禀赋、文化基因、产业基础以及比较优势，在一定空间内围绕特定产业链条形成的企业以及相关服务组织集聚的现象。通过产业集群建设，可以引导资源集中，发挥集聚效应，形成规模经济。

产业是县域经济的命脉，坚持"县域经济特色化、特色经济产业化、产业经济集群化"原则，大力发展特色产业，加强特色产业集群建设，是县域经济高质量发展的重要途径。

发展壮大县域特色产业集群，要把握全球经济信息化、数字化、智能化发展趋势，积极推进大数据、云计算、智能装备、工业互联网等数字经济产业集群建设，将数字经济打造成为推进县域经济高质量发展的新引擎。

改革开放 40 多年来，河北省县域经济高速发展，形成了白沟箱包、香河家具、阳原皮草、昌黎葡萄酒、安平丝网、清河羊绒、永年标准件等一批特色产业集群。县域特色产业集群已初具规模，为河北省经济发展提供了重要支撑。虽然河北省县域特色产业品类多、基础好，提质增效、转型升级潜力巨大，但仍存在特色产业集聚度不高、知名品牌较少、领军企业缺乏、高端增值环节薄弱、科技创新能力不足、同质化竞争严重等问题。如何适应国内外发展环境的变化，进一步提升特色产业集群竞争力，实现县域经济提质增效，是一个必须解决好的重要课题，典型代表如下。

1. 石家庄市产业集群代表

（1）辛集市皮革产业集群

作为辛集市最大的支柱产业和最亮丽的城市名片，皮革服装业是全市从业人员最多、社会影响最高、发展潜力最大的特色产业，形成了从制革到制衣帽、皮具等为主要产品的较为完整的产业链条。辛集皮革产业发轫于殷商，繁荣于明清，素有"辛集皮毛甲天下"的美誉。自20世纪80年代以来，辛集皮革产业通过建园区、促聚集、拓市场、提档次，实现蓬勃发展，建成了全国首个皮革专业市场、全国最大的皮衣生产基地、世界最大的羊皮服装革生产基地，先后被评为"中国皮革皮衣之都""全国产业集群区域品牌建设试点单位""全国外贸转型升级示范基地"，是河北省重点支持发展的"新型工业化产业示范基地"和特色产业集群。

目前，辛集市有皮革服装企业1843家，其中规模以上企业104家，年产裘皮5000万张、皮具2650万件、皮衣750万件、皮鞋450万双，年销售额730亿元，带动了16万人的就业。2020年，规模以上皮革业企业产值占全市规模以上工业企业的68.8%，增加值占全市规模以上工业企业的72.2%。

皮革服装行业企业在全国市场占有率为37%，制革行业企业在全国市场占有率为23%，构筑了以辛集国际皮革城为龙头，与制衣、制革工业区并驾齐驱、相互促进的发展格局。

产业集群现有皮革业高新技术企业12家、科技型中小企业147家，河北省专精特新中小企业3家，入库企业2家，绿色工厂9家（国家级4家，省级5家）。建设了中共工程院石碧院士工作站、中国皮革制鞋研究院河北分院、河北省皮革研究院、河北省皮革及制品质量监督检验中心、河北省（辛集）皮革产业技术创新战略联盟等机构。

（2）高邑县建陶产业集群

高邑陶瓷基地是继广东佛山、山东淄博、福建晋江、四川夹江之后的全国第五大建筑陶瓷生产基地。目前，建陶产业已成为高邑的第一主导产业，

第3章　河北省产业集群跨境电商发展现状

实现产值占全县经济总量的 35%、占河北省瓷砖产能的 46%、占全国建陶业总产量的 8%，政府财政收入的 55% 以上来自产区内的数十家陶企上缴的利税。

全县拥有建陶生产企业 26 家、生产线 36 条。高邑陶瓷基地先后被评为"河北省建筑陶瓷特色产业基地""河北省建筑陶瓷特色产业基地""河北省中小企业特色产业集群"等。

2. 保定市产业集群代表

（1）安国中药材产业集群

素有"草到安国方成药，药经祁州始生香"美誉的安国是"中国四大中药都"之一，也是国内最大的中药材集散地和中药材出口基地之一。目前，安国中药材种植规模达到 15 万亩以上，中药饮片年生产能力超 10 万吨。安国中药产业经济涵盖了一、二、三产业，形成了从种植、科研、加工、生产、经销到使用的完整产业链条，并吸引了北京同仁堂、中国中药等上市企业集聚。

（2）定州市汽车及零部件产业集群

定州市是河北省的汽车及零部件产业名市，拥有 55 万辆整车产能、60 家配套企业，形成了以长安为龙头，众多汽车零部件企业跟进发展的产业链条。

目前，新能源汽车已被列为定州市汽车产业重点发展方向。北京智行鸿远汽车公司与长安轻型车公司以定州新能源汽车零部件产业项目为依托，合力打造集研发、实验、生产、销售和检测于一体的国内最大新能源汽车产业基地。

3. 沧州市产业集群代表

（1）黄骅市汽车及零部件产业集群

近年来，黄骅市汽车产业基本形成了集改装汽车制造、汽车零部件及配件制造、汽车销售和维修保养一体的行业体系，以及以乡镇汽配企业为主体的汽车零部件产业格局。

在北汽集团的带动下，200 多家汽车配套企业相继在黄骅落地，先后建成北汽集团（黄骅）汽车基地、北汽新能源汽车（黄骅）产业基地、龙创汽车产业园及多个专业化汽车产业园，形成了集研发设计、模具制造、整车生产、专用车改装、零部件制造、回收再利用的完整产业链。

（2）河间市工艺玻璃产业集群

被誉为"中国耐热玻璃生产基地"的河间市工艺玻璃产业集群，起步于

20世纪70年代，如今已经成为当地一大支柱产业。

近年来，河间市积极打造工艺玻璃产业集群，推动工艺玻璃制造产业提档升级，逐步发展形成涵盖工业仪器、工艺酒具、工艺茶具等种类丰富的产品体系。

目前，河间市拥有工艺玻璃制品生产企业252家，从业人员6万多人，年产值达70多亿元，产品远销海外50多个国家和地区。

4. *承德市产业集群代表*

平泉市食用菌产业集群

平泉市是华北最大食用菌生产基地和产品集散地，食用菌品种有八大系列30多个品种。培育了食用菌生产加工龙头企业30余家，其中省级龙头企业2家、市级龙头企业4家，产品销往16个国家和地区，年创外汇近1000万美元。平泉市的食用菌已成为推动当地经济发展的支柱产业。

目前，平泉市的食用菌已成为推动当地经济发展的支柱产业。2019年年底，全市食用菌基地面积达到6.5万亩，生产规模达到6.4亿袋，产量60万吨，全产业链产值达70亿元。

5. *邯郸市产业集群代表*

（1）永年区标准件产业集群

永年区有"中国紧固件之都"的美誉，是全国最大的标准件生产销售集散地。全区拥有紧固件企业1600多家，产品种类包括螺丝、螺栓、索具、异形件等50多个大类、1万多个规格型号，年产量460万吨，产值超过300亿元，产销量超过全国市场的50%。目前，永年标准件销售网络遍布全国所有县级以上城镇，还成功地远销到110多个国家和地区。

（2）鸡泽县辣椒和食品产业集群

鸡泽县是全国知名、北方最大的辣椒种植、加工和销售集散基地。鸡泽县常年种植辣椒8万亩，占河北省辣椒种植面积的近30%，年产鲜椒16万吨，辣椒加工企业130余家，年加工鲜椒60万吨，年产值达46亿元以上。拥有国家级高新技术企业3家、国家级农业产业化龙头企业1家、省级重点龙头企业6家、市级重点龙头企业35家。鸡泽辣椒所含辣椒素和维生素居全国辣椒品种之首，是国家地理标志证明商标认证产品。

第3章 河北省产业集群跨境电商发展现状

6. 衡水市产业集群代表

（1）安平丝网产业集群

丝网产业是安平县的特色产业、主导产业和支柱产业。其产品有六大系列、400多个品种、6000多种规格，广泛应用于石油、化工、建筑、造纸、医药、汽车制造、畜牧养殖等工农业生产、生活以及航空、航天、国防等高精尖领域。县内丝网企业多达1.3万家，从业人员达21万人。

目前，安平丝网国内市场占有率高达85%，占全国出口量的80%以上。安平县被国家授予"中国丝网产业基地""中国丝网产销基地""国家外贸转型升级示范基地""中国丝网织造名城""中国丝网之都"等荣誉称号。

（2）冀州医疗器械产业集群

冀州区是河北省唯一以医疗器械和康复辅具为主导产业的区，是中国医疗器械四大县级市生产基地之一，护理床、防褥疮气床垫、拐杖、轮椅等四大单品的网络销售量在国内排名第一。全区共有医疗器械注册品种61个，其中一类品种52个，占总数的86%；二类品种9个，占总数的14%。目前，冀州现有医疗器械和康复辅具生产企业172家，相关配套企业300余家。

7. 廊坊市产业集群代表

（1）固安新型显示产业高地

河北固安已成为中国新型显示产业杰出的区域代表，新型显示产业集群已形成了年产手机用显示模组1.5亿片、OLED发光材料3吨、彩色光阻产品3000吨、AMOLED玻璃基板36万片的产能规模。拥有新型显示企业52家，产业总投资超过了300亿元。其中，京东方科技集团在固安建立的生产基地，其液晶显示模组产能位列国内第一。

（2）霸州都市休闲食品产业集群

霸州都市休闲食品产业园属于霸州经济开发区重点打造的园区之一，占地6200亩。霸州市积极引入休闲与烘焙食品产业龙头企业，以共享型中央厨房为特色，全力打造"舌尖上的产业新城"。霸州都市休闲食品产业集群的集聚效应已开始显现，目前，食品产业园已引进食品生产企业47家，总投资150亿元。2020年，霸州都市休闲食品产业集群实现营业收入超50亿元，并承接非首都功能转移食品项目18个。

8. 秦皇岛市产业集群代表

（1）昌黎毛皮产业集群

昌黎县拥有 30 多年的貂、狐、貉等毛皮动物养殖历史，近年来先后荣获"中国毛皮产业化基地""中国养貉之乡"的美誉，成为华北地区的重要皮毛集散地。经过多年的发展，形成了完善的养殖、皮毛销售、品牌皮草的产业链条。貉皮总产量居全国首位，年交易皮张 1600 万张，交易量占全省 50%，是全国最大的皮张交易中心。位于昌黎县荒佃庄镇的昌黎皮毛交易市场，是全世界最大的生皮交易基地。"昌黎貉皮"成为国家地理标志证明商标、"昌黎皮毛"获省农产品区域公用品牌。

（2）昌黎红葡萄酒产业集群

昌黎县红葡萄酒产业形成了集葡萄种植、葡萄酒酿造、酒瓶制造、软木塞生产、葡萄深加工等技术科研与检测于一体的全产业链条，涌现出"华夏长城""朗格斯""地王""越千年"等多个国内外知名品牌。目前，昌黎县各类葡萄种植基地达 5 万多亩，葡萄酿酒企业 27 家，特色家庭酒堡 6 家，总加工能力 14 万吨，昌黎葡萄酒产业链年营业收入超过 40 亿元。

9. 唐山市产业集群代表

（1）滦南县钢锹产业集群

滦南县钢锹已形成规模化的产业集群，现有企业 263 家，其中生产企业 83 家、配套企业 85 家、相关三产 95 家，拥有国家级专利 100 余项、中国驰名商标 4 个，产品包括 14 个大类 1000 多个品种，年产量 2.8 亿把（件），年实现营业收入 110 亿元。产品出口到 140 多个国家和地区，年创汇近 8000 万美元，钢锹产品在国内市场的占有率高达 85%，占全国出口份额的 90% 以上。

（2）滦南县医疗手套生产基地

滦南县着力打造医疗手套生产基地，目前滦南县拥有中红普林医疗用品股份有限公司、唐山蓝海医疗用品有限公司、唐山鸿蕴医疗用品有限公司 3 家医疗手套生产大型企业，年生产能力达 239 亿只，是国内重要的防护手套生产基地。产品广泛应用于科研、食品加工、医疗卫生等领域，出口 10 多个国家和地区。2020 年，当地企业的销售额达到 50 亿元，出口创汇 5.38 亿美元，整体利润 30.8 亿元。

第3章 河北省产业集群跨境电商发展现状

10. 邢台市产业集群代表

(1) 临西县轴承产业集群

经过 40 多年的发展,临西轴承在全国乃至世界轴承行业中占据了重要地位。现有轴承上下游企业 495 家,其中规模以上企业 26 家,年吞吐钢材 54 万吨,生产能力 7.5 亿套。产品涵盖 3000 多个型号,注册商标 145 件,产品远销东南亚、非洲、欧美等 90 多个国家和地区,形成了"卖遍全国,走向世界"的销售网络。

(2) 隆尧县食品产业集群

隆尧农业基础较好,是全国粮食生产先进县、国家首批农业产业化示范基地县。目前,隆尧县食品产业集群已经形成了以今麦郎为龙头的特色食品产业集群,拥有各类食品制造及配套企业 100 余家,实现产值 117.41 亿元,上缴税金 3.045 亿元,占全县税收比重的 32.8%。形成了以方便面、饮品为主导,兼有相关产业的集群化发展模式。打造了一批优秀食品品牌,并吸引了十几家国内外知名企业前来合资合作或投资落户。

11. 张家口市产业集群代表

(1) 怀安县千亿级汽车产业集群

作为张家口市唯一的汽车工业产业基地,怀安县经济开发区南山汽车产业园规划面积 23.45 平方公里,目标是打造集汽车研发、制造、测试、运动和文化为一体的现代汽车城。怀安县把引进汽车龙头企业作为推进县域特色产业发展的重要手段,以沃尔沃发动机张家口工厂和领克整车张家口工厂为龙头,相继吸引入驻企业 38 家。其中,规模以上工业企业 8 家。

(2) 怀来县沙城葡萄酒产业集群

怀来县所处的北纬 40 度地区是葡萄种植的"黄金地带",这里的葡萄栽培已有 1200 年历史,是中国古老的葡萄酒产区之一。目前,怀来县拥有葡萄种植面积 12 万亩,其中酿酒葡萄 6.5 万亩,葡萄年产量超过 15.6 万吨,葡萄酒年产量 5 万吨,葡萄酒总销量占国产葡萄酒市场份额的 16%,拥有 39 家葡萄酒生产企业,其中不乏中粮长城葡萄酒有限公司这样的行业巨头。怀来县在全国县级葡萄酒产区中的葡萄种植面积、葡萄酒加工生产能力、葡萄酒产销量均位居第二。

3.3 河北县域产业集群跨境电商发展现状

3.3.1 河北省县域产业集群跨境电商发展介绍

面对经济新常态背景下存在的机遇与挑战，国家指出要积极推动产业创新，构建技术创新体系，增强社会生产力，实现产业转型升级。其中，制造业产业集群作为我国经济发展的重要方式，在全国具有数千个不同产业类型的产业集群，尤其是河北省特色产业集群众多，有 107 个县域特色产业集群。河北省县域特色产业集群发展规模不断扩大，地位愈加凸显，其竞争能力也在不断增强，产业集群在县域经济发展中的作用更加突出。其中，辛集市皮革服装产业集群、安平县丝网产业集群、安国市药业产业集群、成安县现代装备制造特色产业集群等 11 个产业集群营业收入均超过 200 亿元。但是河北省县域特色产业集群发展仍然处于较低层次的阶段，尤其是在"互联网＋"背景下，特色产业集群创新发展能力不足。

河北省"互联网＋外贸""产业集群＋跨境电商"模式日趋成熟，正逐步构建以数据为驱动的涵盖营销、物流、支付和金融等多个领域的全方位一体化运行体系。因此，研究跨境电商与制造业产业集群协同发展机理和路径具有重要的意义。

河北省是制造业产业集群比较集中的地区，制造业产业集群是对外贸易发展的重要组成部分，而制造业的转型升级势在必行。从河北省的角度来看，为我省制造业产业走出国门提供了实践路径，为制造业产业集群发展跨境电商提供了可借鉴思路。同时为加速制造业各项能力的升级，尤其是为我省的专精特新"小巨人"企业提供了进入国际市场的路径，对驱动我省制造业从全球产业链中低端走向中高端具有一定的指导意义，也为"中国制造 2025"建言献策。

河北省网络零售虽然在京津冀一体化中排名落后，但河北跨境电商持续增长，在京津冀商圈中的地位越来越高，备受相关政府部门及消费者的高度认可，河北跨境电商发展潜力较大。同时，在河北省跨境电商贸易结构中，制造业、批发零售业、纺织服装业分别占 64.62%、29.98% 及 2.75%，三项高

第3章 河北省产业集群跨境电商发展现状

达90%以上，成为河北跨境电商主要产业集群，而服务业、加工业与运输业等还不足10%的比重，可见河北跨境电商贸易结构比较集中，需要进一步调整与创新，完善产业集群跨境电商综合服务平台。

3.3.2 县域产业集群跨境电商发展的特点

1. 大部分县域中跨境电商处于发展初期

2014年是县域电子商务发展的元年，部分县域把2015年或2016年作为本地跨境电商发展的元年。近几年来，虽然县域跨境电商发展迅猛，但相当多的县域跨境电商是在政府的号召下发展起来的，由于发展时间较短，前期市场基础不足，因此，大部分县域跨境电商还处于起步阶段，尚未达到一定规模。当前，大部分县域为发展跨境电商所做的主要工作集中在建立平台、创办跨境电商产业园区、为跨境电商的发展创造各种条件等方面，而这些恰是处于发展初期的跨境电商的特征。例如，2016年7月，河北省商务厅发布了关于《河北省对外贸易发展"十三五"规划》的通知，明确指出重点推动秦皇岛康泰医学等跨境电商企业加速建设运营，鼓励清河羊绒、辛集皮革、大营裘皮等国家和省级电子商务示范基地建设跨境电商平台，推进廊坊出口加工区、石家庄和曹妃甸综合保税区等海关特殊监管区域跨境电商园区建设。与此同时，一些较早进入跨境电商经营领域的县域企业，多为入驻第三方电商平台代运营模式，如阿里巴巴国际站、速卖通、eBay、亚马逊等跨境平台，其业务量呈现迅速上升的态势。

2. 中小企业是县域跨境电商的主体

县域经济大多以中小企业为支撑，市场集中度较低。在世界经济复苏乏力、国际市场需求增长迟缓、国内同类企业竞争激烈的背景下，这些县域中小企业面临生存危机。跨境电商这种新兴商业模式的出现，为处于困境的县域中小企业带来了新生机。这些企业纷纷借助于跨境电商平台，实现与海外买家的直接对接，不仅可以克服传统贸易中信息不对称的问题，而且可以绕过贸易壁垒，从而增加贸易机会、缩短运营周期、降低交易成本，成为县域特色产业新的增长点。同时，一些农村中的年轻人以及一些返乡创业的大学生抓住跨境电商的商机，建立创业团队，组建电商企业，开展县域特色产业，发展跨境电商。

3. 县域跨境电商交易平台多样化

县域跨境电商的发展必须以一定的跨境电商平台为基础。目前，县域跨境电商平台呈现多样化的特征，或者是通过第三方跨境平台开展进出口业务，或者是通过县域新建跨境电商平台开展进出口业务。第三方跨境电商平台是县域电子商务发展初期大多数中小企业理性的选择。随着各级政府与企业对跨境电子商务的关注，一些县（市）依据各自的特色产业开始探索专业化跨境电商平台的建设。同时，在不同县（市）建设跨境电商平台的过程中，因主导力量不同使得跨境电商平台的性质存在明显差异。隶属于河北省玛世电子商务有限公司的中国搜丝网（www.sosw.net）是一家集丝网购销于一体的专业性丝网商务平台，是在政府主导下依托安平丝网产业、发布求购信息、促进安平县丝网产品实现跨境交易的电商平台。

3.4 县域产业集群跨境电商发展制约因素

3.4.1 县域出口跨境电商发展速度慢

县域电子商务是电子商务体系的重要组成部分，从 2003 年开始发展，目前已经进入了规模化扩张阶段，每年新增电商数量达到百万级，已经成为近年来电子商务产业扩张的主要阵地。其推动实体经济转型、农村农业发展、城镇化提升、增收扶贫等工作上的作用愈发凸显，是推动工业化、信息化、城镇化、农业现代化同步发展的重要力量。未来，跨境电商必将成为主要的外贸模式之一。县域跨境电商包括两个部分：一是县域企业借助电子商务平台将本地产品销往国外；二是县域消费者借助电子商务平台购买国外产品。本书旨在分析研判如何借助跨境电商的发展促进河北省县域特色产业繁荣发展，本书所提及跨境电商特指县域出口跨境电商。

阿里巴巴集团《首届中国农民丰收节电商数据报告》中列出了 100 个电商特色村，其中，河北省有 7 个村上榜。电子商务的全球链接特性与乡村低成本创业环境的结合，开启并加速了河北县域的乡村产业化进程，催生出衡

第3章 河北省产业集群跨境电商发展现状

水清河（羊绒制品）、衡水安平（丝网）、衡水武强（乐器）、保定高阳（纺织品产业）、保定白沟（箱包）等为代表的一批新兴淘宝村集群，为乡村振兴探索出新的途径。

河北省县域电子商务产业主要分布在衡水、邢台、保定及石家庄周边县市的清河、南宫、枣强、冀州、深州、辛集、安平、深泽、高阳、任丘、雄县、容城、高碑店、香河、大厂回族自治县等。河北省县域电子商务产业发展状况较好，呈现出连片发展态势的产业聚集区。

3.4.2 县域特色产业跨境电商发展滞后

关于当前县域跨境电商的发展，阿里研究院高级专家盛振中分析指出五个重要特征：一是大部分县市跨境电商处于发展初期；二是空间分布明显不均衡，高度集聚于沿海地区；三是部分县市产业集群在全国，甚至全球具有竞争力；四是中小企业和创业者是县域发展跨境电商的主体；五是跨境人才培训、资金奖励/补贴、发展产业园成常见政策。

（1）县域电子商务是县域实体经济与虚拟经济高度融合形成的产业集群，相比城市电子商务产业，县域电子商务产业与实体产业的关联度更高。

（2）人力资源问题。仅仅凭借当地人民的草根创业精神和低成本的互联网创业环境，做外贸明显是短板。

（3）跨境电商服务体系。县域跨境电商的服务体系不完善，甚至在技术指导、政策推广、平台建设、产业园发展等方面还需要加强服务。

（4）地理位置。在传统外贸时期，位于中外边境的县市，如中越边境的东兴、中俄边境的绥芬河，开展外贸具有地理优势。在发展跨境电商时，虽然地理位置仍然重要，但相对以往，其重要性在减弱。因为其他因素成为竞争力的新来源。

对比河北县域特色产业国内电商的迅猛发展，很明显在国内电商发展的基础上，河北省县域特色产业发展跨境电商在产业基础、区位优势、服务体系等方面并没有落后，唯有跨境电商人才的匮乏才是河北省县域特色产业发展、电商企业乃至农村电商转型升级的重要制约因素和发展瓶颈。

3.5 河北省特色产业发展规划

为更好更快推进县域特色产业高质量发展,依据党的十九届五中全会精神和《河北省国民经济和社会发展第十四个五年规划和二〇三五年远景目标纲要》,编制河北省特色产业发展"十四五"规划。规划范围为县域特色产业,规划期为2021—2025年。

3.5.1 "十三五"发展现状

河北省县域特色产业以产业集群为主要组织形式,传统产业占比大、区域根植性强、技术成熟度高,企业数量众多、聚集效应明显,产品种类多、市场渗透力强。特别是2019年以来,省委省政府将县域特色产业振兴列为重点工作,集中整合资源,省市县协调联动,聚力攻关,不断探索新的发展模式和升级路径,部分特色产业已在全国乃至全球市场上占据明显的竞争优势。

1. 突出政策引领,夯实产业发展基础

政策体系完备。出台《河北省县域特色产业振兴工作方案》《河北省县域特色产业提质升级工作方案》《河北省县域特色产业集群数字化转型行动计划》《河北省县域特色产业振兴工作考核办法(试行)》《省政府领导包联县域特色产业实施方案》《省政府领导包联县域特色产业工作方案》等文件,建立了领导包联机制、考核机制等,构建起较为完备的省市县三级工作体系。各市实现了振兴计划全覆盖,省级重点产业集群实现了发展规划、产业链发展实施方案全覆盖,为更好推动全省县域特色产业高质量发展提供了科学依据和根本遵循。

发展路径清晰。坚持需求导向、目标导向、问题导向,一群一策,因地制宜找准特色产业振兴的着力点、发力点,积极探索实施创新驱动、标准引领、工业设计、品牌营销、链条延伸、资本运作、园区建设、绿色转型、智能制造、高端产业、商务模式、人才引进等12条发展路径,谋划推动"六个一"工程(发布一个特色产业指数、参与一项标准的修订、建设一个检验检测或创新平台、打造一个产业集群区域品牌、培育一家上市企业、组建一个行业联盟),不断提升产业层次水平。

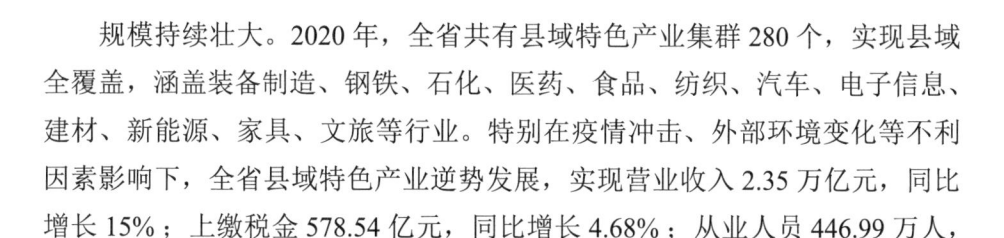

第3章 河北省产业集群跨境电商发展现状

规模持续壮大。2020年，全省共有县域特色产业集群280个，实现县域全覆盖，涵盖装备制造、钢铁、石化、医药、食品、纺织、汽车、电子信息、建材、新能源、家具、文旅等行业。特别在疫情冲击、外部环境变化等不利因素影响下，全省县域特色产业逆势发展，实现营业收入2.35万亿元，同比增长15%；上缴税金578.54亿元，同比增长4.68%；从业人员446.99万人，同比增长3.14%；规模以上企业达到5655个，显示出巨大发展潜力。

2. 坚持以特制胜，凸显差异化发展优势

产业特色鲜明。围绕主导产品和细分市场，各地充分发挥比较优势，形成了一批具有鲜明特色的产业集群。纺织服装、箱包、皮革皮毛、美居家具、宠物产业等时尚消费产业覆盖面广。钢锹、工艺玻璃、电线电缆等材料延伸产业市场占有率高。轴承、标准件、汽车零部件等中场配套产业在国内中低端市场优势明显。智能装备、农机装备、节能环保装备、新能源装备等先进装备产业在细分市场和特定区域竞争力强。健康食品、健康医药等民生健康产业实现集聚发展。大数据、新型显示等数字科技产业正在谋划布局、蓄势待发。

产品优势突出。东光纸箱包装机械产业集群，在全国同行业中群体规模最大、产品品种最全、市场覆盖面最广、产品性价比最优，产品占国内市场额65%以上；河间再制造产业集群是全世界最大的汽车起动机、发电机再制造基地，占国内市场份额的80%。盐山、孟村管道装备产业集群低压管件在国内市场的覆盖率达80%以上、高压管道管件达70%以上。固安电子信息产业集群龙头企业维信诺公司，手机AMOLED显示屏产量居全球第二，国内市场占有率达46%。沧州四星玻璃成为国内首家全部采用自有技术、规模化批量生产药用中性硼硅玻璃的高新技术企业，市场占有率国内前三。

区位优势显现。河北省县域特色产业凭借内环京津的独特区位优势，紧抓京津冀产业协同发展战略契机，积极对接京津资源需求，大力建设各类承接平台，努力实现协同跨越。邱县承接京津食品产业转移，打造"千亩百亿食品产业园"。成安县对接京津产业全力发展中高端智能化阀门制造产业，2020年装备制造产业集群营收超380亿元。唐山市乐亭县抢抓京津冀协同发展机遇，从无到有引进培育建筑支护装备产业集群，近50家企业相继落地。

张北县引进阿里巴巴、北京云联等5个项目先后建成投运,面向京津冀地区上线运营的服务器规模达30万台。

3. 实施创新驱动,增强产业核心竞争力创新力

全省县域特色产业科技型中小企业突破1.1万家。县域特色产业升级"专精特新"中小企业总数达到861家。培育百家企业国家专精特新"小巨人"企业,4家企业入选国家级单项冠军企业,81家企业进入河北省单项冠军企业名单。全省县域特色产业企业累计建立工业企业研发机构3877家,授权发明专利1606件,各类创新平台116家。沪深主板、创业板、新三板、石交所挂牌上市企业272家。

质量效益提升。突出标准引领,全省特色产业集群主持和参与制修订国际、国家、行业、地方等各类标准829项。固安维信诺公司制修订4项国际标准、3项国家标准、3项行业标准,引领行业最前沿。廊坊文安人造板产业集群多层板加工技术、浸渍纸贴面技术全国领先,钢化塑模模板、覆膜建筑圆模板两项产品填补国内空白。曲周晨光生物科技集团股份有限公司,坚持标准和质量同步,创造了辣椒红色素、辣椒油树脂、叶黄素产销量三个世界第一。

品牌效应明显。培育特色产业名县名镇68个(有效期内),发布清河羊绒、文安人造板、安平丝网、安国中药材、枣强复合材料、大营裘皮等11个特色产业指数,行业影响力和地位不断提升。国家地理标志产品、省级重点特色产业驰名商标、省级优质产品等品牌培育200余项,注册商标超4万项。清河县羊绒产业集群产品商标注册量达4000个,位居全国县级行政区域之首。

4. 强化服务配套,优化产业发展生态

低碳绿色水平提升。坚持低碳绿色可持续发展,50家集群企业获评国家级绿色工厂,86家获评省级绿色工厂。泊头铸造产业集群通过改造生产线,实现二氧化硫、氮氧化物分别下降47%、40%,营收、税金增长均超过20%,形成了在全国推广的"泊头模式"。永年恒创高端标准件产业园成为国内表面处理规模最大、环保投资最多、资源循环利用率和危废自动化控制系统技术最高的产业园区。安平丝网、高阳毛巾、无极皮革等产业集群通过多种方式实施园区式集中治污改造升级,有效提升当地产业绿色发展水平。

第3章 河北省产业集群跨境电商发展现状

公共服务平台完善。强化公共服务平台建设，各类行业协会达204家。临西轴承产业"找轴网"已形成完善的供应链管理、集约采购、B2B交易、在线供应链金融、物流配送等全方位服务体系，入驻企业2500余家，线上交易额突破4亿元，实现融资6000余万元。安国中药材产业集群检测服务机构检测数据在欧美及东南亚56个国家和地区得到认可，2020年为集群企业提供中药材检测2445批次、中药饮片检测2056批次、中成药检测413批次。

产业链协同能力增强。实施产业链精准招商，加快延链、补链、强链、创链步伐，累计实施1073个产业链项目，推动产业链上下游协同发展，实现产业集群企业抱团取暖、共生共荣。隆尧县食品产业集群依托龙头企业带动作用，上游引进包装企业、中游引进食品调料企业、下游引进物流电商企业，已成为世界上最大的方便面生产基地。廊坊霸州都市休闲食品产业集群重点培育产业链延伸发展，成功吸引多家世界500强企业。邢台平乡县、广宗县和邯郸曲周县三地发挥各自优势、协同合力，通过引入江苏、天津等地的自行车行业龙头企业，招引变速器等关键零部件制造企业，强化工业设计平台支撑作用等，已发展成为全国自行车产业第四大板块和大型童车制造基地。

近年来，虽然河北省县域特色产业发展实现了长足进步，取得了一定成绩，但在释放金融供给侧改革红利、支撑县域经济发展、衔接乡村振兴战略等方面还存在短板和不足，主要体现在以下四点：一是有规模而创新不足。部分特色产业绝对规模贡献突出，但缺乏龙头企业，跨区域整合资源能力弱，引领创新能力不强。集群内部创新体系和公共服务平台建设不足以有效支撑中小企业在产品开发和技术升级上的迫切需求。县域特色产业省级以上科技创新平台数量仅占全省的16.4%，集群平均每万人拥有发明专利数量3.68件，远低于全省平均水平。京津等外部创新资源利用不充分，产品创新、工艺创新、链条创新、模式创新等还没有形成深度有序的同频呼应。二是有集聚而协同不足。龙头企业引领带动作用不强，营业收入超100亿元的龙头企业数量少。多数集群产业链数字化网络化协同水平较低，专业化分工、区域协作配套不足，部分区域产业同质化竞争严重，共生共荣的集群生态还不够活跃。价值链环节协同水平不高，多数特色产业强于制造，弱于设计和品牌营销，向上突围和向外拓展能力不足。三是有特色但深度不足。多数特色产业参与全球产业链条深度不够，掌握独门绝技的单项冠军数量不足，大部分企业处于价值链中低端，资源整合能力不强，以特色工艺开发高端专用装备能力弱，基于特色产品打造特色服务不突出，品牌形象还不能深入人心。四是有服务但生态不优。产业集群企业两化融合、两业融合（先进制造业与现代服务业）、一二三产融合深度不足，集群内部各类公共服务平台建设不完善，覆盖率不足70%，技术水平高、服务能力强的公共服务平台尤为短缺。生产要素不匹配、环境资源承载力较低，资源倒逼尚未转化为升级动力。企业整体经营管理水平较低，未能建立起完善的现代企业制度，上市意愿不强、准备不足，制约了企业直接融资和良性发展。

3.5.2 "十四五"面临形势

"十四五"时期，正值世界百年未有之大变局与我国开启全面建设社会主义现代化国家新征程历史性交汇之时，形势更加错综复杂，为适应新时期迈向更高质量发展阶段、发展更高层次开放型经济要求，河北省亟须深入推进产业链再造和竞争优势重塑。

1. 百年大变局交织新冠疫情，深刻影响特色产业发展走向

当今世界正经历百年未有之大变局，国际力量对比深刻调整，经济全球化遭遇逆流，政治经济严重分化，单边主义、保护主义不断加剧。新冠疫情影响广泛深远，全球产业链供应链格局遭受冲击、加速重构，不稳定性不确定性明显增加。这不仅对我国产业链供应链安全和稳定带来了巨大冲击，也潜藏了巨大的外贸风险，对河北省羊绒、裘皮、轴承、自行车（童车）、汽车零部件等外贸占比较大的特色产业带来了较大的风险和挑战。河北省要善于在危机中育先机，于变局中开新局，坚持统筹推进风险防控与经济社会发展协同推进，将产业主体的灵活性和抗风险能力转变成系统竞争力，吸引优质企业来冀布局。新一轮科技革命和产业变革加速演进，信息技术、新材料技术、新能源技术、生物技术等加速突破应用，不断推动生产方式、商业模式、竞争格局发生颠覆性变化，倒逼河北省特色产业加快两化融合、两业融合及形成数字化、网络化、智能化的制造和服务模式。

2. 新发展阶段迎来新发展格局，驱动构建双循环经济体系

我国已进入新发展阶段，具备独特的制度优势、发展优势和机遇优势。高质量发展成为发展主题，发展方式从规模速度型转向质量效益型，发展动力从要素投入转向创新驱动。在新发展阶段中，河北省特色产业创新能力不足、数字化水平不高、处于价值链中低端等问题格外凸显，大部分集群尚未找准数字化转型的正确路径，亟须围绕强化国家战略科技力量实施创新驱动发展战略，充分挖掘内在潜力，利用外部资源，发挥企业在科技创新中的主体作用，推动龙头企业创新带动中小企业协同创新，持续推进产业基础高级化、产业链现代化。新发展格局加快构建，为河北省羊绒服装、健康食品、皮革皮毛、箱包等以民生消费品为主的特色产业释放了市场新空间，必须紧紧把握扩大内需的战略基点，发挥河北省县域特色产业在产业门类、制造能力和反应速度等方面的供给能力优势，以高质量供给引领和创造新需求。要坚持深化供给侧结构性改革，摸准客户需求，优化产品结构，探索新需求场景，改善供给质量、创新营销方式，提升县域特色产业供给体系对国内超大规模内需市场的适配性，形成需求牵引供给、供给创造需求的更高水平动态平衡，在畅通国内大循环基础上，实施全面深化改革和更高水平的对外开放，实现国内国际双循环的相互促进。

3. 国家战略叠合国家大事，强力推动特色产业结构调整

京津冀协同发展、雄安新区规划建设和筹办北京冬奥会三件大事强力协同推进，实施重大国家战略和国家大事落地见效。京津冀协同发展向深度广度拓展，一方面有利于河北省进一步发挥区位优势，承接北京非首都功能疏解和京津产业、技术、创新资源溢出，加快县域特色产业创链、强链、补链、延链步伐，促进河北省特色产业基础高级化和产业链现代化，加快形成"京津研发+河北制造"的协同发展模式。另一方面，京津高密度人口的高端都市圈给纺织服装、皮革箱包、健康食品、健康医药等县域特色产业带来了巨大市场空间，高科技创新资源给装备、材料等特色产业注入新的科技动能。雄安新区高质量高标准加快建设，逐步吸纳全球高端产业、高端要素，成为河北省新的增长极，有利于形成"雄安新区研发设计+特色产业集群制造"的协同分工格局。2022年北京冬奥会，为河北省体育用品、冰雪装备等特色产业带来发展新机遇。中国（河北）自贸试验区建设逐步推进，贸易投资更加自由便利，有利于健康医药、先进装备等特色产业开放合作创新发展。

综合分析，"十四五"时期，河北省仍处于历史性窗口期和战略性机遇期，细分行业供给能力强，产业体系完备，交通优势突出，市场空间广阔，服务型政府不断建立，营商环境不断优化，高质量发展具有诸多有利条件，但也面临不少风险和挑战。要深刻认识国际国内环境变化带来的新机遇、新矛盾、新挑战，深刻认识河北历史性窗口期和战略性机遇期的新趋势、新任务，牢牢把握进入新发展阶段、贯彻新发展理念、构建新发展格局、开启全面建设社会主义现代化国家新征程的丰富内涵和实践要求，在国家大格局、大目标、大战略中找准定位和谋划发展，增强机遇意识和风险意识，准确识变、科学应变、主动求变，遵循产业发展规律，不断推动河北省特色产业高质量发展。

3.5.3 "十四五"发展规划

1. 指导思想

坚持以习近平新时代中国特色社会主义思想为指导，深入贯彻党的十九大和十九届二中、三中、四中、五中全会精神，全面落实习近平总书记对特色产业发展的一系列重要指示，认真落实省委省政府决策部署，立足新发展阶段、完整准确全面贯彻新发展理念、积极服务和融入新发展格局，坚持稳中求进工作总基调，以推动高质量发展为主题，以深化供给侧结构性改革为主线，以改革创新为根本动力，以满足人民日益增长的美好生活需要为根本目的，发挥县域特色产业大规模制造基本盘优势，推动特色产业高端化、智能化、绿色化发展，聚力推进产品升级、要素升级、链条升级、模式升级，实现特色产业质量变革、动力变革、效率变革，培育一批具有国际竞争力的县域特色产业，引领县域经济走出一条"一流标准、一流质量、一流品牌、一流信誉体系"的高质量发展必由之路，打造河北省新的经济增长点，为全面建设现代化经济强省、美丽河北提供坚实支撑。

2. 基本原则

坚持创新驱动，推动高质量发展。把创新作为推动县域特色产业高质量

第3章 河北省产业集群跨境电商发展现状

发展的第一动力，统筹企业创新、区域创新、协同创新，优化整合科技创新资源，加快创新平台建设，积极打造京津冀协同创新共同体，形成以企业为主体、市场为导向、产学研相结合、产业园区联动发展的协同创新体系，完善科技创新、管理创新、商业模式创新体制机制，激发人才创新创造活力，推动县域特色产业实现内涵型增长。

突出县域特色，促进协调发展。立足区域资源禀赋和产业基础，因地制宜，以质量第一、效益优先为导向，推进设计与制造深度融合，持续提升特色产业质量水平和品牌影响力。对跨区域相同或相近产业合理布局、优势互补，强化产业内部有机联系，形成叠加配套、链条发展的综合优势，避免同质化无序竞争，实现差异化协调发展。

强化龙头带动，促进集聚发展。以龙头企业、重大项目和重点产品为抓手，积极发展上下游关联产业、配套产业和支撑产业，形成优势突出、竞争力强的产业集群和产业配套体系。强化龙头企业在技术创新和数字化转型中的引领带动作用，打造产业转型升级标杆。

坚持政府引导，促进融合发展。加强政府引导，强化顶层设计，促进政策协同，健全实施机制，营造高标准市场体系，以类园区为载体，推动企业入园集聚，推进产业集聚发展，引导资源要素集约利用和综合循环利用，提升绿色发展水平，系统推动特色产业两化融合、两业融合、一二三产融合发展。

坚持市场导向，促进开放发展。充分发挥市场在资源配置中的决定性作用，激活要素、激活市场、激活主体。强化金融赋能作用，以资本力量助力企业做大做强。研究国内外市场需求，开发销路好、潜力大、附加值高的产品，实现有效供给与消费升级良性互动，推动形成国内国际双循环。营造公平竞争营商环境，加强对外开放，激发企业活力和创造力。

3. 发展目标

到2025年，河北省特色产业制造基本盘更加稳固，特色产业创新发展、绿色发展、高质量发展取得重大进展，产业基础高级化和产业链现代化水平明显提高，产业链供应链自主可控能力不断增强，产业链价值链地位明显提升，特色产业卓越化、产业集群数字化、特色产业制造全球化不断深入，努力实现特色产业"3415"发展目标,即打造3个超万亿产业(时尚消费、材料延伸、中场配套)、4个超千亿特色产业集群、15个超百亿龙头企业。

第一,产业总体实力跃上新台阶。到2025年,全省新增超50亿元、超100亿元特色产业集群30个和20个左右,总数分别达到150个、80个,营收总量力争突破4万亿元,培育一批在国际国内具有竞争力的优势特色产业集群。

第二,产业创新迎来新局面。特色产业集群各类科技创新平台突破200家,县域特色产业科技型中小企业总数突破2万家,专精特新中小企业总数突破2000家,集群企业研发机构覆盖率进一步提升。企业创新主体作用不断凸显,人才创新活力不断激发,科技成果孵化转化效率不断提高,京津冀协同创新融合发展不断深化,突破一批关键基础原材料、关键工艺、核心零部件和重大装备。

第三,产业竞争力实现新跨越。参与制修订国际标准、国家标准、行业标准突破1000项。品牌创建取得新进展,培育100个特色产业名县名镇,打造一批知名区域品牌,壮大一批"百年老店",特色产业自主品牌影响力明显提高。公共服务能力不断增强,产业集群公共服务平台实现全覆盖。

第四,产业数字化水平实现新突破。特色产业数字化转型基础不断夯实,数字化水平明显提升,培育15个关键工序数控化率提升5%以上、业务信息系统普及率提升8%以上、数字化研发设计工具应用率提升10%以上、电子商务覆盖率提升20%以上产值超百亿元的数字化特色产业集群。

第五,产业链现代化达到新水平。强链、补链、延链、创链取得新进展,产业基础高级化、产业链现代化水平明显提高,产业链上下游实现高效协同,龙头企业引领带动作用更加明显,大中小企业融通配套格局基本形成,生产性服务业能力不断提高,一二三产业融合发展不断深入。

4.发展重点

遵循产业集群发展规律,区分县域特色产业细分领域不同特点,立足特色产业基础和比较优势,瞄准技术发展趋势和市场需求,坚持有所为、有所不为,集中力量做优做强时尚消费和民生健康两大民生消费型产业,做精做深材料延伸和中场配套两大工业强基型产业,做大做实先进装备和数字科技

第3章 河北省产业集群跨境电商发展现状

两大战略支撑型产业,巩固和突出产业特色,提升产业竞争力,打造具有全球影响力的特色产业集群。

(1) 时尚消费产业

坚持以工业设计为重要抓手,突出高端化、品牌化、场景化发展方向,立足京津都市圈和国内超大规模市场需求,构建多层次、多场景、个性化的产品供给能力,加快壮大时尚消费产业。大力发展纺织服装、美居家具、皮革皮毛、自行车(童车)、羊绒、箱包、宠物产业等县域特色产业。加快实现时尚消费产业链的"前后加持",前端加快提升创新能力和工业设计能力,增加新品种、新外观、新功能、新科技等全新产品高端时尚、个性化供给,提升产品附加值;后端重视提高市场端营销力和影响力,鼓励和支持企业"办展览""建渠道""铸品牌",加快打造产品品牌、企业品牌和区域品牌,加强互联网技术赋能营销渠道,强化大数据等应用,开展直播营销、网红营销、个性定制等新业态、新模式,着力打造爆款爆品。到2025年,年营业收入超100亿元的时尚消费类特色产业集群达到28个左右,超50亿元的时尚消费类特色产业集群达到40个左右,河北省时尚消费产业发展情况如表3.2所示。

表3.2 时尚消费产业发展重点

特色产业	产业集群
纺织服装	依托高阳、蠡县、晋州、宁晋、故城、肃宁、鸡泽等产业集群,加快裘皮服装、针纺服装、休闲服装、绿色童装等产品提档升级,大力发展健康舒适、绿色安全、易护理的纺织产品
美居家具	依托文安、无极、正定、霸州、香河、任丘、大城、高邑等产业集群,大力发展绿色板材、装饰材料、板式家具、绝热节能材料、定制化整体家居等中高端产品,延伸产业链,拓展销售链,推动产业创新发展、绿色发展、高质量发展,积极打造美居家具一站式供应基地
皮革皮毛	依托辛集、无极、肃宁、昌黎、枣强、蠡县等产业集群,重点发展高档次、高附加值、绿色环保的皮革皮毛产品,加快构建从前端款式设计到后端质量检验的完备价值链条,推进由代工生产向购买设计、自主设计、自创品牌、自营渠道发展,繁荣内贸市场,拓展俄罗斯和欧美市场

（续表）

特色产业	产业集群
自行车（童车）	依托平乡、广宗、曲周等自行车（童车）产业集群，紧抓质量和标准两大关键要素，做强设计和营销两大高附加值环节，推动产业多元化、生产数字化、品牌高级化、市场国际化发展，提升自行车（童车）产业结构，打造以制造中高端自行车（童车）产品为主的产业基地
羊绒	依托清河、南宫等产业集群，开发推广多样化羊绒及羊绒混纺产品，提升时尚类、轻奢类产品比重，打造分梳、纺纱、设计、织衫、制衣、销售等完整产业链条，推进羊绒产业绿色化、智能化升级，加强羊绒产业质量、品牌、标准建设
箱包	依托白沟箱包产业集群，重点发展旅游出行、休闲日用、时尚配饰、商务通勤、运动配套、私人定制等优质、时尚、智能的全品类箱包产品，提升创新设计能力、培育知名品牌、提高智能制造水平，加快白沟箱包产业向"设计、品牌、智造"三位一体转型
宠物产业	依托南和宠物产业集群，重点推动宠物食品向宠物繁育养、宠物用品、宠物玩具加工、宠物医疗、宠物会展等多业态拓展，加快建设宠物交易市场、医院等一批服务型宠物经济项目，推广宠物食品、宠物用品电商模式，打造宠物用品全产业链

（来源：河北省特色产业发展"十四五"规划）

（2）民生健康产业

坚持以安全便捷为基本要求，突出规模化、融合化、多元化发展方向，将做大做强民生健康产业作为河北省推动健康中国建设的重要抓手，以主导产业拉动配套产业发展，不断完善民生产业链条，形成特色突出、资源共享、优势互补的发展格局。大力发展健康食品、健康医药、体育用品等特色产业。围绕食品消费升级新需求，实施增品种、提品质、创品牌"三品"行动，支持企业建设创新平台，植入工业设计，开发新产品，提升附加值，挖掘"中华老字号"等知名品牌价值，创新食品加工、供应、消费模式，推动中央厨房及食品冷链物流、餐饮服务、工业旅游、康养服务等全产业链延伸发展。建设一批中药大品种、短缺药、原料药大型生产基地，重点建设一批国际化

第 3 章 河北省产业集群跨境电商发展现状

高品质产业园区,培育壮大外包生产平台、研发服务平台、检验检测平台,推动数字经济与健康医药产业深度融合。充分依托京津都市圈健康需求,挖掘国内大健康、医疗、养老、"银发"经济等市场潜力,加快发展健身器材和康复辅助器具产业。到 2025 年,年营业收入超 100 亿元的民生健康类特色产业集群达到 7 个左右,超 50 亿元的民生健康类特色产业集群达到 23 个左右,河北省民生健康产业发展重点如表 3.3 所示。

表 3.3 民生健康产业发展重点

特色产业	产业集群
健康食品	依托宁晋、隆尧、大名、行唐、顺平、曲周、霸州、定兴、平泉、兴隆、献县、沧县、青县等产业集群,着眼服务京津、辐射全国,大力发展果蔬禽蛋、饮品饮料、休闲食品、生物基制品、天然色素等特色产品,解决好种子和耕地问题,强化食品高端原材料供给,延伸食品工业链条,推动农产品全链条生产加工,发展冷链物流、电子商务、生态旅游等农业生产性服务业,推动一二三产融合发展,以产业发展促进乡村振兴
健康医药	依托安国中药、元氏医药化工、沧县药包材等产业集群,做强做专中药材交易市场,做大做强中药工业,做精做优中药文化,打造安国现代"千年药都"。加快发展医药中间体等化工药,诊断检测试剂等生物药,体外诊断设备、植介入生物医学材料等医疗器械及特色医疗、健康管理等健康服务,做大做强医药化工产业基地。大力发展药品包装材料产业,推进药包材企业转型升级,提升药品包装材料安全稳定水平
体育用品	依托定州、海兴体育用品特色产业集群,重点发展体育器械、健身器械、户外运动休闲装备、康复辅助器材等产品,加强自主创新、技术改造、品牌提升,扶优做强骨干企业,推动体育用品产业向高端、智能、绿色方向发展

(来源:河北省特色产业发展"十四五"规划)

(3)材料延伸产业

坚持以科技攻关为突破口,突出高性能、多功能、绿色化主攻方向,推动材料产业链延伸拓宽,强化京津冀新材料产业关联性,加快新材料技术创新成果转化,优化协作配套,提升精深加工水平,积极融入高端制造供应链。

大力发展电线电缆、玻璃制品、橡塑制品、复合材料、铁基新材料等县域特色产业。加强与京津高校、科研院所对接,强化基础研究和应用研究,共建一批较高水平的协同创新平台，开展全产业链联合攻关，开发一批关键核心技术、创新产品，推动材料产业不断向高端市场和先进制造行业延伸。加强数字化技术应用，建设数字化生产线、数字化车间、智能工厂，升级智能制造新生产模式，提高生产效率、产品质量和技术标准。加快技术创新中心、企业技术中心、产业技术研究院等创新服务平台建设，为集群中小微企业提供低成本、便利化、开放式的技术服务。到 2025 年，年营业收入超 100 亿元的材料延伸类特色产业集群达到 21 个左右，超 50 亿元的材料延伸类特色产业集群达到 34 个左右，河北省材料延伸产业未来发展重点见表 3.4 所示。

表 3.4 材料延伸产业发展重点

特色产业	产业集群
电线电缆	依托宁晋、河间、任丘等电线电缆产业集群，做精做优电力电缆、通信电缆、新能源汽车专用电缆、风能光伏电缆等优势产品。大力发展超导电缆、盾构机电缆、机器人电缆、核电站专用电缆、海洋工程用电缆等特种产品。提升创新能力，开展关键技术研究，加快形成骨干企业引领、中小企业配套、上下游联动的产业链协作体系，打造全国线缆智能产业策源地
玻璃制品	依托沙河玻璃、河间工艺玻璃等特色产业集群，以日用玻璃为主体，以艺术玻璃、装饰玻璃为特色，加快发展优质基片玻璃、新能源玻璃、超薄电子玻璃、功能化玻璃等新型玻璃产品。加快提升工业设计能力和玻璃精深加工能力，推广炉窑全保温、全氧或富氧燃烧等先进生产工艺和节能减排技术
橡塑制品	依托景县、魏县、定州等橡塑制品产业集群，重点发展聚丙烯橡塑制品、高性能胶管胶带、工程橡塑、汽车橡塑等产品，推动以节能化、定制化为方向的工艺流程改造，推广应用先进的废旧橡胶、废旧塑料再生利用技术与装备
复合材料	依托枣强县复合材料产业集群，大力发展高端玻璃钢制品、高端碳纤维复合材料、航空航天用先进树脂基复合材料等产品，加大新型工艺改造以及引入新型原材料力度，丰富产品品种、优化产品生产工艺和扩大应用领域，加快打造北方新型玻璃钢/复合材料创新与生产基地
铁基新材料	依托武安铁基新材料产业集群，大力发展高纯生铁、亚共晶生铁、超高纯生铁等系列产品，加大高纯铁和超纯铁高端铁基新材料研发力度，引领制定行业标准，补齐我国铁基新材料领域短板，打造北方铁基新材料研发生产基地

（来源：河北省特色产业发展"十四五"规划）

第3章 河北省产业集群跨境电商发展现状

(4) 中场配套产业

坚持以盯紧龙头、协作配套为主要目标,突出专业化、精益化、融合化发展方向,充分利用靠近市场、临近供应链的区位优势,实施"中场抢断战略",不断增强河北省中场制造能力,以中场配套产业作为打好产业基础高级化攻坚战的重要抓手。

大力发展汽车及零部件、丝网、管道管件、标准件、铸造、轴承、再制造等特色产业。以汽车及零部件产品为重点,加快整合省内外基础制造优势力量,向前嵌入材料产业链,向后对接装备产业链,形成联动互补发展格局。支持集群企业建立工业设计中心,开展工艺创新、先进成型等关键制造工艺联合攻关,着力提升基础工艺、基础材料、基础零部件"三位一体"的系统集成水平,推动零部件标准化设计和数字化制造。选择优势集群打造"设计平台+检测平台+中试工厂+配套网络+量产基地"的系统平台,推动形成"硬科技+软平台"型高端服务能力,为集群企业提供试验验证、计量检测、信息服务、智能制造和商贸流通等生产性服务。到2025年,年营业收入超100亿元的中场配套类特色产业集群达到19个左右,超50亿元的中场配套类特色产业集群达到38个左右,河北省中场配套产业发展重点如表3.5所示。

表 3.5 中场配套产业发展重点

特色产业	产业集群
汽车及零部件	依托怀安、清河、定州、威县、涿州、黄骅、三河等产业集群,重点发展汽车发动机、变速箱、制动器、电机、电控、锂电池、汽车电子等关键零部件,加快发展纯电动汽车、新能源物流车、环卫车等新能源整车产品,积极布局新能源智能网联汽车产业。大力引进国内外知名的汽车和关键零部件制造企业,加强汽车产业集聚。建立汽车相关产业技术和研发中心,支持本地汽车零部件企业发展,加快培养自主汽车零部件品牌
丝网	依托安平、定州丝网产业集群,巩固发展网纱、窗纱、钢板网、冲孔网、护栏网、输送网带等优势产品,大力发展石油钻井、化工、医学、航空航天等领域的高端丝网产业,加快材料、工艺、设备等技术突破,推进前端设计、中端生产和终端服务一体化发展,打造世界网器技术研发中心、高端网器制造基地与交易流通中心

(续表)

特色产业	产业集群
管道管件	依托盐山、孟村、成安等特色产业集群，重点发展高压特种管件、油气管道、电力管道、煤盐管道、船舶、锅炉、新型复合材料等高、新、特、精管道管件产品，加快拓展高端市场。加强材料和工艺创新，打造成为集研发、生产和服务于一体的国内一流的管道管件制造基地和国际管件行业贸易物流基地
标准件	依托永年标准件产业集群，巩固发展螺栓、螺母、索具、异型件等优势紧固件产品，延伸发展智能爬架、抗震支架、电力配件、交通配件、综合管廊配件、光伏配件等新兴钢铁制造产品，着力提升研发、检测能力，提高产品质量，加快构建初、精、深加工配套的协作体系和全球紧固件生产销售集散中心
铸造	依托泊头、鸡泽铸造产业集群，做精做优机床铸件、汽车模具、平台铸件等优势产品，针对重点装备的关键技术，支持优势企业开展产学研联合攻关，提高产品质量和稳定性，突破仿真高可靠性、轻量化检测，加快发展镁铝合金、耐腐蚀钢件、海洋工程装备铸件、特种大型矿冶重机、轨道交通铸件等高端产品，重点开发高性能合金、高纯生铁、碳纤维等先进铸造材料，攻关特种压铸工艺、半固态铸造、差压挤压铸造、精确检测及修复、节能减排、铸造仿真等先进工艺。布局和组建精密铸造创新中心和公共服务平台，完善基础制造技术体系
轴承	依托临西轴承、馆陶轴承产业集群，重点发展汽车、医疗器械、机器人等高档精密轴承，加快发展低污染、低能耗的民用轴承等产品。着力对接国内外最前沿的高端产品需求市场，实施自主或合作研发，以质量和品牌推动轴承产品由后市场和代加工向主机配套等高端市场转变，加快打造由核心企业、核心技术、核心产品构成的特色轴承产业集群
再制造	依托河间再制造产业集群，重点发展智能装备、汽车及零部件、石油钻采等再制造产业，聚焦医疗设备、机床、油气田装备等关键件再制造及增材制造、特种材料、智能加工、无损检测等绿色基础共性技术应用，推进关键工艺技术装备研发应用与产业化，推动形成再制造与新品设计制造间的反哺互动机制

（来源：河北省特色产业发展"十四五"规划）

（5）先进装备产业

坚持以标准质量为提升举措，突出高端化、智能化、国际化发展方向，以做优先进装备产业作为推动特色产业产业链现代化的重要支撑，鼓励装备行业先行一步,开展"一流集群、一流装备、一流工艺"的产业链跃升行动,以装备产业发展引领集群工艺创新和工艺升级。

大力发展智能装备、农机装备、节能环保、新能源装备等特色产业。坚持承接引进与自主创新并重,加快突破制约高端装备产业发展的关键共性技术、核心技术和系统集成技术。加快构建新发展格局,用好国内国际两个市场、两种资源,加强与国内外高端装备知名企业合作和协同攻关,实现一批特色产业装备的本地研发和产业化。突破一批核心零部件,开发一批带动性强的重点整机产品和装备,推进一批重大装备产业化,推动企业由装备制造商向综合解决方案提供商转变。鼓励地方、行业组织、龙头企业等联合打造企业技术中心、工业设计中心等公共技术服务平台,孵化新解决方案和新应用场景,催生行业标准、检测认证体系、智能制造等产业链前后端的增值服务业务。到2025年,年营业收入超100亿元的先进装备类特色产业集群达到4个左右,超50亿元的先进装备类特色产业集群达到13个左右。

(6) 数字科技产业

坚持以龙头带动为实施目标,突出生态化、链条化、平台化发展方向,以国家级载体平台建设为重要抓手,紧抓京津冀协同发展和新型基础设施建设机遇,集聚技术、数据、人才等要素资源,推动大数据、人工智能等与传统产业深度融合,促进传统产业向数字化转型升级,形成经济增长新动能。

大力发展新型显示、电子机箱、大数据、电子信息等特色产业。加快推动数字产业化,鼓励数据中心建设、高世代显示面板引进、终端设备生产等,引导数字科技产业集群化发展。支持发展数据采集、存储、分析、挖掘等科技服务,加速数据要素流通,释放数据价值,发挥市场优势,推动服务器、海量存储设备、新一代网络设备、新型显示设备等硬件制造产业发展。加强产业数字化应用,强化与县域特色传统产业融合发展,以"产业集群+数字平台"模式推动集群数字化改造,加快推动企业"上云上平台"。开展"制造业+互联网"融合发展试点示范,鼓励数字科技产业进行对内赋能、对外联通,成为特色产业数字化转型的重要桥梁。到2025年,年营业收入超100亿元的数字科技类特色产业集群达到1个,超50亿元的数字科技类特色产业集群达到2个。

表 3.6 数字科技产业发展重点

特色产业	产业集群
新型显示	依托固安新型显示产业集群,加快推动 AMOLED 面板、OLED 发光材料、彩色光刻胶、触控一体化显示模组等项目建设,进一步扩大产品市场占比。加大招商引资力度,积极吸引国内外知名掩膜板、显示芯片、光学膜、终端整机等企业落户,延伸产业链,迈向中高端,打造区域柔性显示产业链集群
电子机箱	依托青县电子机箱产业集群,提升创新和工业设计能力,加快网络机柜、机车机箱、工业控制机箱、电力控制机房等产品由低端向高端升级,加快从部件向整机发展,加快建成我国北方地区最大的电子机箱产业基地和全国最大的非标异型电子机箱加工基地
大数据	依托张北云计算等产业集群,统筹绿色云计算数据中心布局,引导超大型数据中心向能源富足、气候优势明显的区域聚集,加快发展绿色数据中心,建设大数据公共服务平台、重点行业和企业云计算数据中心和灾备中心,发展绿色智能服务器、光通信设备、安防设备、高效制冷节能设备,以及大数据挖掘分析、云计算解决方案等,推进张北云数据中心等项目建设,打造"中国数坝"
电子信息	依托三河电子信息产业集群,围绕 5G 发展布局连接器、继电器、滤波器、线缆组件、功率放大器等射频前端模块核心器件。积极发展热敏、气敏、温敏、湿敏、压力、光敏、位置、超声波等智能终端用传感器。推动半导体材料、微电子材料、新能源材料等

(来源:河北省特色产业发展"十四五"规划)

第4章 河北省白沟新城箱包产业集群跨境电商发展现状

4.1 白沟新城跨境电商发展现状

4.1.1 白沟新城跨境电商产业政策

1. 加大政府财政投入

河北省保定白沟新城管理委员会2019年印发的《白沟箱包市场采购贸易方式试点专项资金管理使用办法》中针对对外贸易提出了专项审批流程和专项资金补充条例。保定白沟新城管理委员会2021年印发的《2021年度招商引资优惠政策和奖励暂行办法》中设立专款专项支持招商引资、招才引智和产业升级。其中，对于投资规模在500万元及以上的跨境电商类平台企业，给予一次性奖励50万元人民币。

2. 强化政府扶持政策

2019年，《保定白沟新城管理委员会关于推动进出口贸易和电子商务发展的若干措施》颁布，为推动出口贸易和电子商务的发展，相关部门制定了经费倾斜政策，实行项目引进奖励、拓展国内外市场行动、自主品牌增长计划以及相关配套孵化中心建设的全方位支持措施。

3. 加大知识产权保护力度

为确保市场采购贸易健康有序发展，保定白沟新城管理委员会2017年出台《河北白沟箱包市场采购贸易知识产权保护实施办法》，涉及贸易中的商标、专利等知识产权的保护。

4. 线上线下信息化建设与平台交易模式优化

为全面贯彻落实国务院《关于发展众创空间推进大众创新创业的指导意见》（国办发〔2015〕9号）、《关于大力发展电子商务加快培育经济新动力的意见》（国办发〔2015〕24号）、《关于促进跨境电商健康快速发展的指导意见》（国办发〔2015〕46号）等文件，白沟新城成立了由管委会主任任组长的白沟箱包市场工作领导小组，连续出台发展白沟箱包市场、推动贸易发展、品牌经营的政策措施，重点在壮大箱包市场主体队伍、引进市场人才、组织专业培训、"抱团"参加展会、创建市场综合服务企业、开展电子商务等方面加强引导，同时联合市场监督、海关、商务、税务、外汇等监管部门组成工作小组，为市场发展提供全方位一体化支持。白沟新城市场采购贸易方式联网信息平台极大方便了各交易主体，税务部门也按市场采购贸易方式对出口商品实行了增值税免税政策，使得以箱包为主扩展到了日用百货、纺织服装、五金配件等10多个大类、50多个品种，汇聚了大批周边特色产品，并直接为雄安新区数十家企业提供出口服务，使白沟形成了一个以市场采购贸易方式为中心，融合线上线下、跨境电商和海外仓等新业态的外贸生态圈。

5. 深化县域特色产业跨境电商集聚地建设

《推进保定市外贸新业态加快发展实施方案》《关于推动外贸新业态加快发展的若干措施》（冀开放〔2020〕2号）等政策强调积极引进投资者建设跨境电商示范园，打造白沟跨境电商氛围，促进从事跨境电商企业商户的聚集；进一步优化海关监管方式，提升白沟试点能级水平；扩大白沟箱包市场采购贸易试点规模，在全省及周边省份组织"白沟试点+外贸基地""白沟试点+出口聚集区"等系列专题对接活动，探索"市场采购贸易方式+各地名优特色小商品"发展模式，引导更多名优特色小商品经营商户向白沟集聚；依托白沟和道国际跨境电商示范产业园，推动跨境电商与市场采购贸易融合发展；完善升级白沟试点联网信息平台。

6. 强化跨境物流能力培育及壮大中小电商企业

《河北省对外贸易发展"十三五"规划》《河北省电子商务"十四五"发展规划》及《河北省推进对外贸易创新发展的若干措施》等文件中，均强调培育壮大本土电商企业及物流企业的能力与实力，在对外贸易中增强国际话

第4章　河北省白沟新城箱包产业集群跨境电商发展现状

语权与竞争力。《关于印发保定市促进跨境电商健康快速发展实施方案的通知》明确支持快递企业积极"走出去",开拓国际市场,拓展国际快递网络,增强国际竞争力,推进快递与跨境电商深入融合发展。《关于推动外贸新业态加快发展的若干措施》(冀开放〔2020〕2号)等政策强调充分发挥保定白沟天尚行箱包皮具有限公司德国勃兰登堡公共海外仓的平台作用,进一步完善"外贸基地(园区、企业)+跨境电商+海外仓"发展模式。

4.1.2 白沟新城跨境电商发展情况

1. 大力发展箱包产业跨境电商

白沟电商产业起步于2008年,目前已发展成为北方独具特色、独占鳌头的特色产业,白沟新城产业发展主要呈现4个特点。一是箱包产业集群更加完备。箱包产业集群年产箱包超8亿只,形成集群辐射周边10个县(市)、55个乡镇,从业人员超过150万人的特色产业集群。二是商贸物流体系更加完善。辖区内建有14个专业市场,年成交额超1450亿元,2021年位居全国百强商品市场第5名;拥有3个物流中心,物流企业近200家,年承运货物2000余万吨,线路覆盖全国所有县级以上城市;快递大小网点74个,每天发货量平均100万单。三是内外贸一体化初见成效。依托国家市场采购贸易方式试点,与全球180多个国家和地区有业务往来,2022年市场采购贸易方式出口6.48亿美元。四是数字经济建设势头良好。聚集各类电商4万多家,8万多从业人员,线上成交额165亿元。白沟地区的箱包产业集群在产业投入、产业产出和相关配套设施等方面,都符合具有竞争力的跨境电商发展区域的特征,因而,白沟地区可以作为河北省重点支持的跨境电商产业集群之一。

2. 电子商务产业链全覆盖

白沟新城努力打造"互联网+"箱包产业升级版,推进电子商务产业链全覆盖。

(1)坚持创新驱动。为提高箱包设计能力和水平,重点打造箱包设计一条街,先后对接意大利、北京、深圳等设计服务机构,培育和孵化了京津冀箱包研创中心、创客商友会和梦创客空间等创新创业平台,承办全国首届皮具设计制作技能竞赛,为白沟新城创造、创新带来新动能。

(2)发展智能制造。白沟新城支持箱包行业协会联合龙头企业开展生产装备智能化升级、工艺优化、基础数据共享,生产效率和产品质量大幅提高,有效解决了劳动力短缺问题。

(3)打造质量品牌。通过引进技术团队,搭建白沟华测箱包质检中心,填补了白沟箱包质量第三方专业检测的空白;指导企业实施品牌管理方案,夯实品牌基础;印发《关于鼓励企业争创知名品牌的奖励办法》,引导企业培育具有自主知识产权的名牌产品。截至2020年,白沟箱包拥有河北省著名商标34个,河北省名牌产品11个,河北省优质产品14个,河北省外贸品牌优势企业3个。

(4)建设高效物流。白沟新城积极支持物流中心、快递企业的物流信息平台建设,推进物流信息共享互通,白沟物流直达国内所有县级以上城市,并与全球130多个国家和地区建立了物流业务往来。白沟南、北、东三大物流中心建设站点172个,覆盖线路301条,年承运货物2000余万吨;顺丰、韵达、圆通等37家快递公司设有分理中心,日发货量18万件。

(5)培育发展生产性服务业。信息技术提升了绣花、印花、复合、月刀等企业的服务能力和水平,服务于电商企业的培训、网店装修等新型服务业态快速发展。截至2020年,从事生产性服务企业342家,新业态企业25家,"大众创业、万众创新"的局面初步形成。

3.市场采购贸易方式试点

市场采购贸易方式试点的实施给白沟企业带来了改革红利,试点出口也由原来以箱包为主扩展到了日用百货、纺织服装、五金配件等10多个大类、50多个品种,汇聚了大批周边特色产品,并直接为雄安新区数十家企业提供出口服务。目前,以津贸通、冀贸通、壹带基业等知名外贸综合服务企业为代表的3.5万余家外贸企业在白沟聚集,具有直接或间接贸易关系的国外采购商1.65万家。市场采购贸易方式联网信息平台各市场主体备案企业商户2200家,其中外贸公司299家,采购商853家,供货商999家,报关报检服务机构31家,货代公司18家。随着市场采购贸易方式试点的落地,税务部门也按市场采购贸易方式对出口商品实行了增值税免税政策。

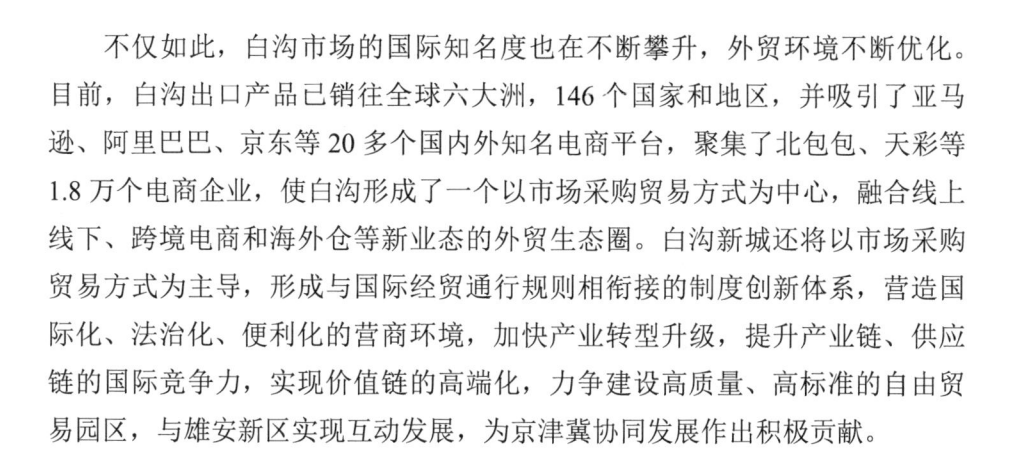

第4章 河北省白沟新城箱包产业集群跨境电商发展现状

不仅如此,白沟市场的国际知名度也在不断攀升,外贸环境不断优化。目前,白沟出口产品已销往全球六大洲,146个国家和地区,并吸引了亚马逊、阿里巴巴、京东等20多个国内外知名电商平台,聚集了北包包、天彩等1.8万个电商企业,使白沟形成了一个以市场采购贸易方式为中心,融合线上线下、跨境电商和海外仓等新业态的外贸生态圈。白沟新城还将以市场采购贸易方式为主导,形成与国际经贸通行规则相衔接的制度创新体系,营造国际化、法治化、便利化的营商环境,加快产业转型升级,提升产业链、供应链的国际竞争力,实现价值链的高端化,力争建设高质量、高标准的自由贸易园区,与雄安新区实现互动发展,为京津冀协同发展作出积极贡献。

4.2 白沟新城跨境电商环境分析

2020年,在全球新冠疫情的冲击下,电商特有的"免接触"模式能在满足消费者日常消费下尽可能降低病毒感染的风险,受到全球广大消费者的喜爱。全球平均在线购物时长增长47%,不同年龄段的消费者皆提高在线消费比例。这进一步加速用户线上消费习惯养成,促进电商行业的发展。随着消费水平的提高,消费者对产品"质"的追求将进一步提升,跨境电商产品将趋向于精品化、品牌化;随着社交平台的进一步发展以及公域流量成本的提高,跨境出口电商产品运营方式将趋向于数字化、本土化和引流方式多样化。

2020年11月,中国正式签署区域全面经济伙伴关系协定,在全球层面加速重构全球经济格局和国际经贸规则,大幅提升东亚经济一体化水平。在国家层面有力支撑双循环发展,一方面倒逼国内产业转型升级,另一方面助力构建全方位、多层次、立体化的对外开放格局。我国提出多项出口政策,为出口跨境电商开辟绿色通道。2020年6月提出的监管试点公告,助力B2B直接出口和海外仓模式的发展。

数据显示,2020年我国跨境电商出口额为1.12万亿元,同比增长了40.1%。艾媒咨询分析师认为,在全球疫情的影响以及互联网技术的渗透率提升的作用下,我国跨境电商出口规模将持续增长,预计在2024年底中国跨境电商出口规模将达2.95万亿元人民币。数据显示,在创立的105个跨境电商综合试验区中，跨境电商零售规模前五大城市分别为广州、东莞、郑州、宁波和深圳，跨境电商零售规模增速最快的五个城市分别为嘉兴、温州、泸州、德宏傣族景颇族自治州和宁波。艾媒咨询分析师认为，跨境电商企业在这些跨境电商规模大或是增速快的区域中易融合当前产业链，借助当地政府的支持政策获得进一步的发展。

4.2.1 优势分析

本书主要从外部环境和内部环境两部分分析白沟新城箱包产业集部跨境电商发展优势。外部环境从政策支持、经济环境、技术推动三个角度展开分析。

1. 政策支持

2018年7月24日，中国（唐山）自由贸易试验区正式设立。2019年8月2日，中国（河北）自由贸易试验区正式设立，主要涵盖雄安片区、曹妃甸片区（含曹妃甸综合保税区）、大兴机场片区、正定片区（含石家庄综合保税区），总面积119.97平方公里，各片区既互为整体，又各自独立发展，同时构建各有侧重的产业体系。2020年4月27日，中国（雄安新区）跨境电商综合试验区成立。2020年11月，中国正式签署区域全面经济伙伴关系协定（简称RCEP），在全球层面加速重构全球经济格局和国际经贸规则，大幅提升东亚经济一体化水平。在国家层面有力支撑双循环发展，一方面倒逼国内产业转型升级，另一方面助力构建全方位、多层次、立体化的对外开放格局。2021年10月，跨境电商企业对企业出口（即"9710"模式）、跨境贸易电子商务出口（即"9610"模式）首次在雄安新区落地实施，实现了雄安新区首单第三方结汇服务，创新实现了"工业设计＋工厂＋数字贸易"商业模式试点，对新业态新模式发展起到了示范和引领作用。

2. 经济环境

2021年1—11月，河北省外贸进出口总值4880.2亿元人民币，同比增长22.4%，增速高于全国0.4个百分点。其中，出口2707.6亿元，增长20.6%，增速低于全国1.2个百分点；进口2172.6亿元，增长24.6%，增速高于全国2.4个百分点。11月当月进出口459.9亿元，增长4.2%，环比增长6.5%。其中，出口276.9亿元，增长6.3%，环比增长11.4%；进口183亿元，增长1.1%，环比与上月持平。石家庄和唐山两市进出口总值均超千亿元。石家庄市进出口1362.9亿元,增长8.8%;唐山市进出口1276.9亿元,增长39.7%。

3. 技术推动

在网络强省、数字河北战略的推动下,电子商务日渐成为5G、区块链、大数据、人工智能等新技术应用的热点领域。人工智能、大数据广泛用于店铺选址、库存优化、精准营销等环节,虚拟现实、物联网等新技术应用提高了线下零售的数字化、智能化水平,区块链技术应用成为河北省电子商务示范园区和示范企业建设的重要指标。社区电商、智慧零售、无接触配送取得快速发展,社交电商、直播经济蓬勃兴起,新媒体电商直播示范城市、直播示范基地及县域产业带村播基地等各层级载体相继涌现。数字经济为电子商务发展提供了新环境,培育了新动能,创造了新需求。中国国际数字经济博览会永久落户河北,成为数字经济交流合作的世界级平台、数字经济最新成果展示的国家级平台。与此相应,数字河北加快建设、数字经济迅猛发展、数据资源加速汇聚,为电子商务深度拓展提供了有力保障和重要支撑。数字技术和数据资源对商务领域持续赋能,将充分发挥电子商务作为数字商务最前沿、最活跃、最重要组成部分的创新引领作用。

2020年,中国(河北)跨境电商公共服务平台建成,为推进跨境电商备案信息共享,促进跨境电商供应链上下游信息共享与协同发展提供平台,2020年河北省提出:大力发展壮大跨境电商、市场采购等外贸新业态,将跨境电商作为推动河北省外贸稳增长的突破口。有力、有序、有效推进雄安新区、石家庄市、唐山市跨境电商综合试验区建设,提高白沟市场采购贸易方式便利化水平。推广"龙头企业+跨境电商+海外仓"和"跨境电商+中欧班列+海外仓"发展模式,支持企业在重点出口市场建设高质量的海外仓,完善国际营销网络体系。推动外贸企业线上线下同步发展,充分发挥线上商务活动对外贸出口的带动作用。加强与国内知名数字外贸平台开展合作,为外贸企业提供在线交易磋商服务,积极促成海外新增订单;大力支持出口企业网上洽谈、办展与参展,免费提供线上产品展示、线上品牌推介、全球进口商数据搜索等服务;大力推动展会数字化转型,利用好中国国际数字经济博览会这一重要平台,加快河北省数字经济和数字贸易发展。

为夯实跨境电商长效发展基础。到 2025 年，河北省将培育 10 个优秀的海外仓，实现共建"一带一路"国家和 RCEP 国家及地区跨境电商业务全覆盖；基本实现跨境电商货物智慧化通关，货到海关监管场所 12 小时内办结海关手续。跨境电商行为涉及的各类部门数据统一汇聚到中国（河北）跨境电商公共服务平台，平台可以为电商企业和政府部门提供参考和风险提示。

本书对白沟新城箱包产业集群跨境电商发展优势的内容环境分析主要从运行状态、区位优势、产业优势和物流保障四方面展开。

（1）运行状态

目前，白沟新城拥有电商企业 2 万多家，从业人数 4 万多人，年交易额超过 100 亿元。白沟地区的箱包产业集群在产业投入、产业产出和相关配套设施等方面，都符合具有竞争力的跨境电商发展区域的特征，因而，白沟地区可以作为跨境电商产业集群之一得到河北省重点支持。

市场采购贸易方式试点在白沟正式落地以来，石家庄海关不断优化口岸营商环境，推动市场采购贸易持续健康发展，办理市场采购贸易出口报关单 22389 票，货值 142.58 亿元，货运量 50.52 万吨。2019 年 8 月，该关实施出口提前申报通关模式，即出口货物的发货人、受委托的报关企业在取得提（运）单或载货清单（舱单）数据的情况下，可在出口货物运抵海关监管场所前三日内提前向海关申报，以减少货物在监管场所内的停留时间，做到快速通关放行，首票以该模式申报出口的市场采购贸易商品整体通关时长缩短到 0.15 小时。2020 年 10 月，海关再次采取措施支持市场采购贸易全国通关一体化，企业可以属地申报、口岸验放，进一步简化通关环节，提升贸易便利化水平。据统计，2020 年，石家庄海关办理白沟市场采购贸易出口报关单 6842 票，出口额 50.8 亿元人民币。其中，通关一体化报关单 1880 票，出口额 9.7 亿元，占比 19%。2021 年一季度白沟市场采购贸易出口值同比增长 54.3 倍。2020 年 1—11 月，石家庄海关办理白沟市场采购贸易出口报关单 5404 票，涉及货值 41 亿元；出口商品主要有钢铁制品、机械配件、箱包和车辆配件等，销往全球 66 个国家和地区。

新兴贸易业态发展良好，白沟市场采购贸易试点强势增长。白沟市场采购贸易试点自 2016 年 10 月批复以来，已从最初的出口 81 万元增长至出口

第4章　河北省白沟新城箱包产业集群跨境电商发展现状

22.2亿元，2018年1—8月出口增速为68.6%。白沟市场采购贸易出口商品种类繁多，涉及1500余种商品，其中钢铁类及制品、箱包、机械配件所占贸易额比重较大。白沟市场采购贸易商品远销亚、非、拉美，与亚洲、非洲贸易往来最为密切，分别占市场采购贸易出口总额56%、17%。

白沟跨境电商平台构建有两种方式。第一种是在亚马逊、eBay和速卖通等海外平台开店，其中亚马逊因为流量大，消费者主要来自发达国家，对价格不敏感，最受中国卖家欢迎。另一种是自建网站，也就是独立站，但刚开始往往要向Meta（也就是原来的Facebook）等社交媒体购买流量。依靠第三方电商平台，跨境电商企业能够降低经营难度，但减少了可控环节。以独立站方式经营的跨境电商商家要完成更全面的经营链条，如支付手段、物流配送、私域流量经营等。

（2）区位优势

京、津、保三角腹地，地处"京津冀都市圈"与"环首都经济圈"核心区域。津保高速、京珠高速、京广铁路、京九铁路、京广高铁、津保铁路等构筑起白沟新城纵横交错的大交通网，可快速通达各大、中城市。廊涿高速至白沟新城专线仅32公里，白沟新城到大兴北侧的首都第二国际机场只有55公里，白沟新城已全面融入环京津、环渤海的半小时经济圈。随着北京《促进城市南部地区加快发展行动计划》的实施以及北京至白沟新城的城际铁路建设被列上工作日程，白沟新城将被纳入大北京城市圈进行重点打造。依托中国白沟国际贸易港，在通关政策、配套物流、产业园规模等方面享有巨大优势。

（3）产业优势

白沟镇拥有规模企业300多家，加工企业3000多家，年产箱包6.5亿只，是全国最大的箱包产销基地，被誉为"中国箱包之都"。白沟的箱包先后注册了"玉兔""柯士比得""福润德""奥提拉""柏奴"等1000多个品牌。其中，"玉兔""奥提拉"等箱包系列产品以其优良的品质、先进的设计而深得广大用户的青睐，产品销往国内各大中城市及俄罗斯、日本、法国、澳大利亚等国家和地区，被河北省评定为"全省县域特色十大名牌产品""全省箱包特色产业出口基地"，真正形成了白沟商品"同等质量价格最低，同等价格质量最好"的独特竞争优势。

白沟新城党委、政府在抓商品品牌化的过程中，十分重视品牌企业的集群化效应。从2000年开始，白沟新城开发兴建了享受省级园区优惠政策的白沟工业区。至今，工业区面积已从100亩发展到近5000亩，总投资达15亿元，入区的企业达700多家。法国克拉维皮具有限公司、意大利柏奴皮具国际集团公司、中韩合资的亿达皮具有限公司、广州卡尔顿皮具有限公司等一大批中外知名企业落户工业区。

保定白沟盛泰罗箱包制品有限公司为省级跨境电商示范企业。保定白沟新城和凯进出口服务有限公司为外贸综合服务试点企业。保定玛柯斯曼箱包工业有限责任公司和保定酷奇贝薇箱包制造股份有限公司为第二批省级跨境电商示范企业。

《数字经济与乡村振兴发展研究报告（2021）》显示，近年来，河北省直播快手新营销带出市场新天地，清河羊绒、辛集皮革、白沟箱包等集群的跨境电商、网红直播、抖音带货等新营销新业态已成规模。此外，河北省还深入推动"产业集群＋数字平台"融合发展，加快建设一批集标准制定、检验检测、信息服务、融资担保等内容于一体的特色产业公共服务平台，积极引导产业集群大企业，结合产业链、供应链、价值链、创新链，为链上的中小企业提供服务。

（4）物流保障

白沟新城3950平方米物流产业聚集区——国际（保税）物流仓储产业园被认定为河北省16个首批省级物流产业聚集区之一，是保定市唯一一家省级物流产业聚集区（商贸集散型）。项目总投资14.5163亿元，占地900亩，总建筑面积66万平方米；定位为将聚集区打造成"中国箱包物流总部基地、京南现代物流商城、北方内陆港"。依托于加工制造和商贸业两大特色优势产业，物流需求旺盛，物流业进入快速发展时期。

4.2.2 劣势分析

白沟跨境电商在政策、技术、人才、市场等多方面均落后于周边省市，在现有模式下，呈现出起步晚、基础弱、产业聚集优势不明显、跨境电商支

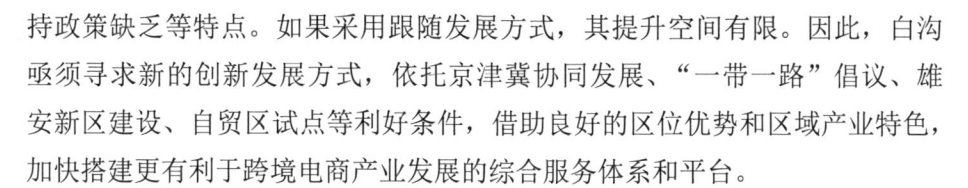

第4章 河北省白沟新城箱包产业集群跨境电商发展现状

持政策缺乏等特点。如果采用跟随发展方式，其提升空间有限。因此，白沟亟须寻求新的创新发展方式，依托京津冀协同发展、"一带一路"倡议、雄安新区建设、自贸区试点等利好条件，借助良好的区位优势和区域产业特色，加快搭建更有利于跨境电商产业发展的综合服务体系和平台。

1. 跨境电商人才缺乏

河北省跨境电商的迅速发展，对跨境电商专业人才的需求不断提高，要求跨境电商从业人员不仅要具备跨境电商专业知识，能够熟练进行多语种的交流，并且还能够熟识特定国家和地区的法律知识，具备较强的交际能力、职业素养等，能够解决和面对实际运营过程中的问题。但是目前河北省高校中设立跨境电商专业的学校数量不多，人才培养不足。相关从业人员跨境电商知识较为欠缺，多语种的沟通存在障碍，管理素养、从业水平较低。跨境电商专业应用型人才的匮乏，导致河北省跨境电商的发展和创新受到制约，下一步需要从各个方面加大对跨境电商专业从业人员的培养力度。

2. 跨境物流相对落后

跨境电商与跨境物流密切相关，目前白沟尚未形成完善的电商物流供应链体系。现在开展跨境电商业务的商户多以第三方物流为主，主要依赖于国外的物流分配中心，导致货物配送周期较长，直接影响网上购物的体验。传统的物流模式已不能满足现有跨境电商高效、及时、安全、便利的要求。跨境电商现代物流的运营离不开完善的物流体系，跨境物流体系的完善关系着中小外贸企业的销售业绩，传统物流的滞后性、粗放性、高成本也影响着跨境电商的发展。白沟新城缺乏完善的物流体系，在跨境电商业务井喷的背后，物流发展成为制约行业发展的难题。

3. 金融服务和智能物流体系不健全

白沟基础设施相对落后，需尽快打造跨境电商的平台基地，实现高效的信息共享体系。在国内备货发展跨境电商受政策约束的前提下，可积极发展海外仓，提高配送效率、降低物流成本。同时推进电商信用、统计监测和风险防控体系建设，为跨境电商打造安全的生产环境。

4.2.3 白沟新城跨境电商发展策略

1. 市场采购模式（1039）和跨境电商（9610）模式融合

构建采购模式（1039）和跨境电商模式（9610）相融合的新模式，抢占战略性竞争制高点。采购模式（1039）和跨境电商模式（9610）的区别在于跨境电商模式（9610）适应于跨境电商 B2C 企业，适合高频、量大、单多的碎片化电商交易，而采购模式（1039）适用于市场集聚区内采购的、单票报关单商品货值 15 万（含 15 万）美元以下，并在采购地办理出口商品通关手续的贸易方式。

白沟地区贸易发展经历了三个阶段。第一阶段，起步阶段。白沟新城 2008 年开始启动电子商务模式，助力箱包与各类小商品企业发展。通过十几年的发展，目前在我国北方已发展成了独具特色、独占鳌头的特色产业，从业人员近 5 万人，电商成交额以每年 20% 以上的速度增长。第二阶段，发展阶段。2016 年海关总署宣布扩大"1039"试点后，同年 9 月白沟被正式确定为国家级市场采购贸易方式试点。这是白沟贯彻河北省促进外贸稳增长的重要举措，白沟走了一条求突破、求创新的发展之路。第三阶段，扩张阶段。2017 年 9 月 15 日中国白沟国际贸易港正式运营，位于白沟新城东一环西侧，建筑面积 23600 平方米，共有店铺 106 间。白沟充分利用国家市场采购贸易方式试点的优惠政策，构建"新白沟·大世界，买全球·卖全球"的国际贸易生态链，实现中国出口商品和世界进口商品在白沟的集散、交易，打造中国北方特色自由贸易小镇。港内设置行政管理服务区、特色出口商品展示区、外贸综合办公区、外贸商务服务区、跨境电商工作区五个功能分区。

白沟跨境电商贸易迅猛发展，单一的模式已无法达到物流高速配送的目的，白沟新城需进行新的尝试与探索，采用多种模式如采购模式（1039）和跨境电商模式（9610）组合模式以满足国际贸易快速发展，具体如邮政国际小包+海外仓、国际快递+海外仓等，根据客户需求，选择不同的模式组合。

2. 多渠道培养跨境电商人才

跨境电商人才短缺是目前存在的普遍问题。白沟新城想要解决跨境电商人才短缺问题，就需要立足于自身优势，明确以下几个方面。

第4章　河北省白沟新城箱包产业集群跨境电商发展现状

首先应该明确，跨境电商人才短缺不单单是白沟新城或是河北省所面临的问题，而是全国性的问题。因此，在全国性资源不足的情况下如何引进人才已经不是主要的思考方向。只有企业拥有了自己培养合格人才的能力，才能在这种大规模人才不足的情况下拥有足够的竞争力和成长可能。

其次，白沟新城应该明确自身所拥有的资源和优势，利用自身资源和优势来完善人才造血功能，有方向有计划地吸引并培养跨境电商人才。目前白沟新城的优势在于以下五点。

第一，白沟新城从电子商务起步初期就开始参与电子商务的经营。在十几年的经营过程中积累了大量宝贵的经验和技术。

第二，白沟新城地处京津冀中心，京津冀拥有各类高等院校，可为白沟新城提供各种人才。

第三，白沟新城作为国家试点区域，拥有国家政策支持，以及规模化集成化的市场，对相应专业人才具有天然的吸引力。

第四，白沟新城是规模化集成化的市场，使得集中培养人才具有更低的成本优势，并且能够提供大量的实践机会，快速培养出合格的跨境电商人才。

第五，白沟新城需要在不断吸纳和培养新鲜血液的同时，加强对现有队伍的管理能力，使企业管理机制更加完善，加强企业的凝聚力，减少人才流失。

对于人才管理必须"两条腿走路"，一方面加强自身造血能力，另一方面要维护好培养出来的人才，减少人才流失。只有这样才能保证白沟新城在激烈的市场竞争中拥有更好的发展空间。

（1）明确企业自身需要具备哪些技能的人才

企业应对于不同岗位所需要的人才有一个明确的认知，只有这样才能有目的地去寻找和培养所需人才。跨境电商运营非常复杂。企业无法要求员工具备所有专业技能，尤其在人才短缺的情况下如何快速培养出员工某些必要技能，然后让员工像齿轮一样配合起来，才是当务之急。

（2）优化人才培养路径

想要培养人才首先要有生源，这就需要建立起来一个稳定的人才通道，将企业所需要的人才引入进来然后进行培养。这需要企业对自身进行宣传，建立起良好的企业形象。除此之外，可以加强校企合作，共建人才培养基地。

通过整合高校和跨境电商企业的优势资源，建立集高素质、高技术技能于一体的师资团队，共同研发实训和教学资源，为学生提供全面深入的理论剖析和实操指导。基地构建在线的跨境电商培训体系，对学生进行远程的辅导和培训，逐步增强学生的毕业就业能力，填补传统电商企业向跨境电商转型带来的人才缺口。探索更多的校企合作模式，培养跨境电商人才。

（3）建立集中人才培训中心

对于有意向加入企业或者刚刚加入的员工，公司要对其进行集中的专业指导。一方面，这可以快速提升员工的专业水平，达到企业的需求标准。另一方面，对于白沟新城这种多企业区域，集中培养更方便把控人才需求缺口，对急需人才进行重点培养。集中培养中心可以为单个企业提供再培训所需要的场地和师资，大大降低企业单独培养人才的成本和风险。

（4）实施"互联网+跨境人才"培养模式

目前，跨境电商所需要的人才和传统国际贸易、英语、电子商务等专业培养的人才差异较大，跨境电商人才不仅需要熟悉进出口业务知识、通晓电子商务专业知识，能够通过互联网联系开发客户，并在电商平台发布商品、上传产品信息，及时处理客户的询盘，还要完成合同的草拟和签订，与各部门协调履行合同。

一定要提高信息技术在跨境人才培养中的比重。一方面，开展现代学徒制。通过学校和跨境电商企业合作开发新课程；另一方面，建立新的评价体系，把"学徒"业绩列入考核体系范围内，打造校企合作新模式，解决教学和企业任务的冲突，培养社会所需的跨境人才。

（5）加强企业管理人员的培训

建立并完善企业管理机制。企业管理分为管理制度和管理人员两个方面，只有两个方面都健全了，企业才能稳定且具有凝聚力。白沟新城内企业众多，并且大多都属于中、小、微企业。这类企业共同的问题是员工数量不多，企业制度不完善，管理层业务水平不高。企业发展面临扩张和转型问题，这就需要企业建立起完善的制度并且提升管理人员的素质。制度是企业的"骨"，只有建立起完善的架构，一个企业才能立起来，各个部门才能各司其职。管理是企业的"血"，提升管理人员自身素质和业务水平是保证企业平稳运行的关键。只有管理人员的水平提高了,才能建立起良好的企业文化,增加员工凝聚力。

(6) 完善人才支持政策

为吸引和留住人才,政府在一定年限内对高校毕业生给予创业补贴、社保补贴和租房补贴。同时,对相关企业给予人才培养补贴,一方面,补贴企业在人才培养方面的支出;另一方面,激励企业培养更多跨境电商高端人才。此外,为解决高端人才和高校毕业生的住房问题,可以设计多层次、能满足不同需求的保障性住房,例如以低租金提供专家公寓、高校毕业生公寓以及低收入者廉租房等,为人才定居本地消除后顾之忧。

3. 搭建跨境电商公共信息服务平台

跨境零售作为白沟中小企业开展跨境 B2B、B2C 主要的交易模式,移动跨境电商的发展为该地跨境零售业务发展提供新的动力。目前白沟中小企业主要的电商平台是包牛牛和 1688,也有些进入门槛较低的敦煌网。速卖通平台作为阿里巴巴旗下的 B2C 品牌,已具备了较高的流量和海外市场基础,其操作流程和规则更容易被国内的中小企业所接受,比较适合起步中的中小企业。eBay 的市场占有率和流量要高于速卖通,并且比亚马逊平台操作简便一些。近些年,eBay 也在积极拓展中国市场,为中国卖家提供本地化服务和物流解决方案。有了速卖通和 eBay 两个平台的经验,想要打造精致品牌的中小企业可以选择入驻亚马逊。亚马逊平台重商品轻店铺,客户对于商品质量要求很高,平台对中小企业和大型企业一视同仁,对于想要打造定制化品牌路线的中小企业是一个不错的选择。最近几年,Shopee 风头日上,其社群媒体粉丝数量超 3000 万,拥有 700 万活跃卖家,员工超 8000 人,是东南亚发展最快的电商平台,也是国货出口东南亚的首选平台。

目前,数据统计尚未形成体系,因跨境电商碎片化、小额化、高频次的贸易特征,很难对其进行统计。既未形成相对统一的统计制度,统计数据的定义、来源、统计口径等要素缺乏规范,各地区、部门、主体之间的数据也无法打通。以白沟为例,目前,白沟并未出台统一的跨境电商相关统计数据要求,各部门掌握相关数据的统计口径以及统计指标均不一致,不利于全面掌握白沟全部跨境电商发展历史、现状和存在的问题。

已有的数据统计方式显然已经不足以支撑政府机构充分了解跨境电商行业发展情况。这就需要走出一条新的道路，尝试新的数据收集方法。基于这个观点，白沟新城政府需要建立区域内跨境电商企业信息收集平台，搭建信息流、物流和资金流"三流合一"的跨境电商公共服务平台。同时，规范跨境电商数据统计，为跨境电商企业决策提供依据。通过搭建信息服务平台，明确跨境电商数据统计要求，包括跨境电商数量、年进出口量、年进出口额、进出口国家和地区、进出口产品类别以及运输方式等指标。

政府组织建立综合公共服务平台，可以与海关合作将报关这一项手续通过服务的方式向所有跨境电商企业投放。在报关过程中收集必要数据，有利有弊。

优点：①能够完全符合自身需要。政府可以达到对目标数据完全自主掌握的目的，并且随时可以调整数据收集方式方法。②数据完整可靠。海关作为跨境电商货物的必经之路，是所有数据的集合地，在这里进行数据收集可以完全做到数据不遗漏。③价值拓展。政府通过综合公共服务平台收集来的数据可以依托平台服务反哺给电商企业，指导跨境电商企业发展方向，更好地为企业服务。

缺点：①平台建立成本高。数据存储需要专业设备，平台服务、数据收集都需要大量的人力资源，需要投入大量的人力和物力成本。②收效周期长。搭建平台需要的时间很长，工作场所建设、员工培训、设备搭建等还需要和企业、海关进行沟通，这些都将使得政府在短时间内无法获得数据收益。③专业人才需求量大。平台建立之后必须设计出合理的数据收集体系，数据收集到后需要专业的分析人才进行分析筛选，还需要能与企业、与海关对接的专业人员。

在政府方面，首先，应加大当地政府和特色产业集群的沟通频率、力度，公正、公开、公平、民主地对白沟产业集群进行扶持，实现政府与产业双方的信息交换，使企业实时掌握政策方向，以国家政策为指导纲领，制订出符合实时局面的发展路径。其次，近年来，白沟产业集群的平稳发展，已初步形成一条较为完善的产业链条，集群内部上下游关系、供给需求关系效果明显。平台的合理建设可为企业提供便利的资源获取途径，巩固不同企业之间

第4章　河北省白沟新城箱包产业集群跨境电商发展现状

的合作力度。最后,跨境电商属于覆盖范围广泛的新兴商业模式,其涵盖了物流、商检、税务、金融、销售等多个领域。建设电商服务平台时,应充分结合上述内容,将复杂的电商交易流程进行简单化处理,最终体现于服务平台中。还应在平台设置多语言浏览功能,为海外消费者提供便捷,避免电商平台的使用在海外市场受阻,提高市场占有率。

总体来说,目前跨境电商数据收集是一个难题。前期应先与跨境电商平台合作获取数据,与此同时用获取的数据进行综合公共服务平台的建设。当综合公共服务平台搭建完成之后,再与海关合作正式运行独立的数据收集功能。

4. 疫情之下,跨境电商促商贸转型

全球新冠疫情时期,河北省出口整体保持良好态势,尤其是跨境电商潜力十足。作为对外贸易的新业态、新模式,跨境电商凭借在线交易、非接触式交货、供应交易链条短等优势得到快速发展。白沟作为跨境电商的产业聚集区域,要加速数字化贸易进程,必须促进跨境电商产业链、供应链的整合升级。"后疫情"时代,外贸企业必须从传统贸易中转型到跨境电商中来,依靠跨境电商开展自救和升级发展。

5. 打造龙头企业的具体行动

(1) 优化产品结构,树立品牌意识

由于我国中小企业出口的产品品类十分集中,国外消费者常常会货比三家,市场竞争激烈。同时,由于跨境电商平台准入门槛低,市场上还存在着不少假冒伪劣产品,严重影响了我国中小企业自身的企业形象,甚至有损我国的国际形象。此外,不少企业缺乏长远发展眼光,为了在激烈的竞争中扩大销售额,降价销售,不但使自己的盈利空间被压缩,也损害了整个行业的利益,不利于市场的良性运行。要改变这种状况,首要任务就是注重出口产品的选择,优化产品结构,建立自身品牌。中小企业可以立足于目标国家的国情、经济发展水平、风俗习惯等,对国外消费者的消费喜好进行调查,选择受市场欢迎度高、盈利空间大且有足够发展空间的产品来销售,加强自身的品牌建设,注重企业文化,树立良好的企业形象,推动中小企业跨境电商更加长远持久发展。

（2）做好售前服务，减少售后纠纷

中小企业在跨境电商平台上发布的产品信息要准确无误，翔实易懂，符合国外消费者的思考习惯，这样就会减少因为双方的交流问题而出现的退换货现象。中小企业要秉承客户至上的理念，以耐心、细心解决消费者的疑问，有针对性地、详细地讲解，尽可能地减少实物与消费者预期的差距，从根本上解决售后纠纷。

（3）选择合适的物流渠道

对中小企业来说，跨境物流的选择是重要环节。中小企业在选择物流公司进行合作的时候，一定要仔细考察、认真对比、谨慎筛选，选择能保证货物完整性、运输效率高、服务态度好、收取费用相对合理且和公司产品匹配度高的物流公司。消费者被这样的物流公司服务，一定会印象深刻，无形之中也加深了对中小企业的认可。除此之外，企业还可以选择自建海外仓。一方面，中小企业如果自建海外仓，那么商品的运输过程就变为在一个国家内部的、从仓库到消费者的运输，大大缩短了运输距离，节省了运输时间，有利于提升消费者的购物体验，进而增加客户黏性；另一方面，如果消费者申请退换货，中小企业能迅速做出回应，及时进行处理，避免了长时间运输和繁杂的清关手续给客户带来的困扰。当然，自建海外仓相对更适合发展比较成熟、有充足流动资金的中小企业，企业应该根据自身情况合理选择是否建立海外仓。若中小企业自建海外仓有困难，可以选择与其他中小企业合作。根据各自投入建设资金的比例来合理分配海外仓的使用面积和使用权。

（4）加强对人才的培养

中小企业想在竞争激烈的跨境电商业务中占据一席之地，首先要有人才的支撑。可以通过与政府、高校、企业之间的通力合作，来实现对人才的培养。校企合作是培养人才的有效途径，企业可对有意向加入的学生进行针对性培训，让其提前适应岗位。中小企业要想方设法地提高利润，这样才有充足的资金去聘请人才，满足员工的薪酬要求。

（5）加强管理者对跨境电商的认知，完善企业内部管理

中小企业的管理者和决策者应不断学习，加深对跨境电商的理解，提高企业进行跨境电商贸易管理者的能力，并能够利用大数据分析评估销售情况，

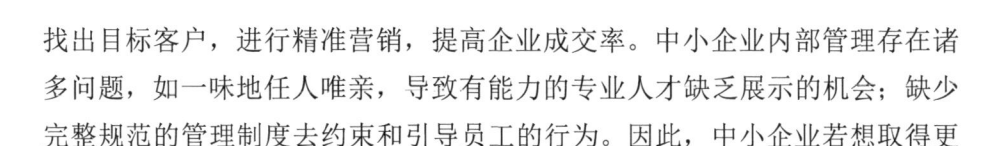

第4章　河北省白沟新城箱包产业集群跨境电商发展现状

找出目标客户,进行精准营销,提高企业成交率。中小企业内部管理存在诸多问题,如一味地任人唯亲,导致有能力的专业人才缺乏展示的机会;缺少完整规范的管理制度去约束和引导员工的行为。因此,中小企业若想取得更进一步的发展,就需要转变经营理念和管理方式。

(6)优化支付方式,建设安全的支付环境

当前,跨境电商支付平台和支付模式的种类越来越多,难免会出现鱼龙混杂的现象。为了保障中小企业的合法权益,规范市场交易秩序,政府要积极作为、加强监管,协助中小企业建设安全的支付环境。同时,各国之间还要加强合作,推动建立统一的支付体系和收费方式,加快中小企业的资金周转速度,使中小企业能够拥有更充足的流动资金用于企业跨境电商的后续发展。另外,各国科技创新的脚步不能停止,应致力于开发成熟的互联网交易技术,解决以往在支付过程中出现的到账不及时或者信用卡被盗刷的问题,保障中小企业的资金安全,这样中小企业就可以在更大程度上利用好自己的流动资金。

4.3 白沟新城跨境电商未来规划

4.3.1 优化跨境电商发展环境

1. 营造良好的外部环境

良好外部环境的建立需要省内和白沟的共同努力。应该积极推动白沟新城基础设施建设,加大科技投入、完善交通运输体系、提供财政支持等。中小企业则应立足于白沟发展实际,设计生产出具有区域特色的产品,建立自身品牌;此外还可以借鉴发达地区的经验,不断学习,不断创新,不断发展。在中小企业遇到发展困境时,政府要为中小企业提供帮助,比如面对疫情对中小企业的冲击,可以利用减税收、免息贷款、延长偿款期限、增加信贷支持等措施缓解中小企业的生存危机,助力中小企业摆脱困境。

2. 出台相关政策支持跨境电商

为促进白沟企业通过跨境电商开拓国际市场,推动外贸转型升级,培育跨境电商新业态，可以结合白沟跨境电商发展实际，制定相关支持政策。一是鼓励企业开拓网上出口业务，对入驻白沟的跨境电商 B2C 和 B2B 业务尤其是箱包产业的跨境业务，达到一定交易数额后给予一定的奖励或补贴。二是积极推进跨境电商综合服务平台建设。对跨境电商综合服务平台内的传统企业、外贸企业开展跨境电商的，按照年交易额给予一定的补助。三是建设跨境信息服务数字平台。对本地注册企业投建的能提供海外营销、品牌推广、跨境直播、产销对接、贸易摩擦预警等服务的跨境数字服务平台项目，给予政策支持。四是支持海外仓、物流和产业园建设。五是积极制定融资和国际结算业务的支持政策。六是制定对跨境电商人才的培养支持政策。

4.3.2 建设跨境物流和国际仓储

结合白沟箱包产业基础，依托市场采购贸易，充分发挥白沟口岸优势，以及紧邻天津港、唐山港、首都二机场、雄安新区的区位优势，大力发展跨境电商园区、企业、服务商和境外服务网点，支持跨境电商园区和海外仓建设，夯实物流基础设施建设，推动一批重点园区和项目落地，建成一批区域布局合理、功能设置科学的跨境电商集聚区，形成层级清晰、功能完整、互联互通的高效仓储配送网络体系，提升跨境物流发展水平。

积极鼓励国内外大型物流企业在白沟设立区域分拨中心、配送中心。积极鼓励海外企业在白沟设置采购中心、仓储中心和运营中心。培育一批符合条件的重点企业，对其运输、仓储、配送、信息设施和物流中心的基础设施建设给予资金扶持，引导银行业金融机构加大对重点企业的信贷支持力度。积极鼓励有实力的出口企业通过自营或海外合作等模式设立海外仓，搭建配送辐射网点，整合运输资源，降低跨境物流成本，缩短订单周期，优化用户体验。依托现有和道国际外贸港、新中天国际贸易中心、速通供货商集聚区，进一步推动外贸孵化基地、供货商集聚区基础设施建设和物流服务功能完善。

加快推进白沟国际物流产业园项目建设，科学制订白沟国际物流园区发展专项规划，对纳入规划的物流园区用地给予重点保障。对重点建设的国际物流项目用地，纳入规划统筹安排。充分发挥园区集国际贸易、港航、物流、口岸中介、金融、商务等一体化功能，实现白沟"港口后移、就地办单、立体联运、无缝对接"的国际内陆港模式和内陆地区通江达海的物流国际化目标,全面提升白沟口岸服务功能,将白沟建设成为接轨国际的桥头堡和前沿阵地。

4.3.3 建设跨境综合试验区

跨境电商综合试验区是我国政府为了解决跨境电商行业发展过程中存在的桎梏和难题而建立的。我国设立跨境电商综合试验区会重点考虑城市发展条件是否具备跨境电商试点标准。建立试验区要在现有的跨境电商平台基础上完成在线下单、交易、在线支付等环节,制订标准化流程,完善现有跨境电商体系制度,提升科技创新水平,构建智能化、线上化、便利化的良好贸易生态圈,进而激活产业活力,促进其健康发展。同时,在产业高级化和创新发展过程中,逐渐构建出一套跨境电商发展专业化、人才培养国际化的标准体系,带动和促进全球跨境电商产业的发展。

2019年受新冠疫情的影响,国内外外贸市场遭受巨大冲击,2020年4月,国务院发文宣布同意在雄安新区等城市新设46个跨境电商综合试验区,即第五批跨境电商综合试验区正式成立,加上前四批综试区,至今全国已有105个综试区,遍及全国30个省、市、自治区。河北省目前拥有石家庄和雄安新区两个跨境电商综合试验区。未来,白沟的发展可以借助雄安新区跨境电商综合试验区,也可以自建。

4.3.4 建设燕赵跨境电商综合服务平台

2021年,白沟引进外资建设燕赵跨境电商综合服务平台,重点建设河北跨境电商培训中心、河北跨境电商物流中心、跨境支付中心、跨境电商代运营服务基地等,力争打造其成为中国北方独具特色的箱包跨境电商综合服务平台。未来几年,要继续加快综合服务平台的建设,利用信息技术和服务平台更好地帮助白沟箱包产业"出海"。燕赵跨境电商综合服务平台未来将持续构建跨境电商供应链平台,完成从信息流到服务流的转变。

4.3.5 建设B型保税物流中心

目前,河北省有武安保税物流中心(B型)、京唐港保税物流中心(B

型）、辛集保税物流中心（B型），一共三家保税物流中心。白沟未来也要建设B型保税物流中心，并且要将它建设成为立足本地、服务京津冀、辐射华北，集口岸通关、出口退税、保税仓储、国际采购、分拨配送、金融物流、跨境电商、进口商品展销、总部办公为一体，专业化、国际化、综合性的保税物流园区。同时为中心内企业报关、报检、查验、放行等提供"一站式、全天候"通关便捷服务，"无障碍、无盲点"全程跟踪服务，实现"分送集报""区港联动"的便捷通关方式，并且开展"仓单质押"业务，为企业提供便利的金融融资服务。

4.3.6 与雄安新区跨境电商协同发展

（1）培育集聚跨境电商市场主体。结合雄安新区电子商务发展规划和跨境电商试验区的政策，积极引导白沟中小微跨境电商企业集聚，打造跨境电商完整的产业链、生态链，支持产业转型升级，探索"数字化贸易平台＋营销＋研发"模式。支持跨境电商平台企业融入境外零售渠道，建立或共享海外仓，探索新的商业模式和盈利模式。充分发挥跨境电商第三方服务机构的作用，打造集策划、营销、招商、报关等服务于一体的产业生态圈。

（2）借助雄安新区的发展目标，将白沟打造成以"跨境贸易＋数字经济＋特色产业"的区域性跨境电商平台，实现跨境电商信息流、资金流、货物流"三流合一"和"关、税、汇、商、物、融"一体化发展。

（3）借助雄安推进"新区＋自贸试验区＋综合试验区＋综合保税区"四区联动，协同发展，建设一批特色产业跨境电商产业园区和进出口商品展示交易平台。完善跨境电商产业基础设施，加快设立跨境电商进出口快件监管场所，推动设立国际邮件互换局。与雄安新区协同发展实现要素整合、资源共享，带动白沟跨境电商的发展，推动白沟经济高质量发展。

（4）建立信息共享体系。借助雄安新区智能城市建设，提升白沟的信息化建设水平，建立跨境电商企业备案信息共享系统，统一信息的标准规范、备案认证、管理服务，实现企业一次备案、多主体共享、全流程使用。建立跨境电商信息交换系统，实现监管部门、跨境电商企业、金融支付企业、物流仓储企业之间信息互联互通，为跨境电商信息流、资金流、货物流"三流合一"提供支撑，推进跨部门跨地区信息互换、监管互认、执法互助。探索建立进出口商品信息溯源系统，汇总生产、交易、通关、物流、支付、结算、评价等数据信息，实现跨境电商进出口全流程源头可溯、去向可查、风险可控、责任可究。同时，建立集信用评价、信用监管、负面清单管理于一体的跨境电商信用数据系统，记录和积累跨境电商企业、交易平台、物流企业及其他企业的基础数据，实现对跨境电商信用的分类监管、部门共享、有序公开。

（5）建立智慧物流体系。借助雄安新区数字城市建设，协同发展白沟的数字化建设。发挥京津冀协同发展效应和雄安新区数智化发展机遇，推进区块链、物联网、大数据等技术应用，构建互联互通的智能云物流平台，实现物流供应链全程可验可控。培育第三方物流企业，支持有实力的企业自建或者共建海外仓，探索建立跨境物流分拨配送服务体系。

（6）建设创新创业型人才培育体系。支持大中专院校、培训机构开展跨境电商应用型和技术技能型人才培训，为白沟跨境电商储备人才。建立跨境电商高层次人才引进与激励政策体系，积极引进发展急需的高级职业人才和优秀团队。建立跨境电商人才创业创新支持体系，支持大学生创业创新，建立电商直播基地、电商创业孵化基地、大学生实习就业基地等，为大中专院校提供实习实践和科研平台，积极引进专家学者开展实地调查和研究，为白沟跨境电商的发展提供新思路、新方法。

4.4 保定市跨境电商产业园运行方案

跨境电商产业园不仅是在跨境电商的平台上进行业务往来，而且是一个集运营与服务并行的综合性平台，跨境电商产业园在寻找货源、精准选品、仓储物流等方面为跨境电商企业提供服务。跨境电商产业园的职能是为入驻的跨境电商企业提供优质的硬件设施和良好的办公环境；为入驻产业园的企业提供仓储和国际物流等服务，为企业提供专业的跨境人才培训及相应技术人才招聘服务；为企业的跨境电商业务提供项目外包服务；为高校毕业生提供创业孵化等服务。

作为区域产业聚集地的保定，需要分析区域经济增速发展因子，建设和发展跨境电商产业园。把跨境电商产业发展与区域经济相结合，以跨境电商产业园为抓手，对跨境电商产业进行重新规划，打造区域经济竞争优势。凭借地域优势和对外贸易经验，通过跨境电商产业园的成立和运营推动跨境电商产业迅速发展，进而推动区域经济发展和对外贸易的转型升级，为区域经济的发展作出贡献。

在宏观上建立跨境电商产业园，对于所在区域的经济发展有着重要的推动作用；从微观角度而言，对于所在区域的企业及相关行业、产业的发展及跨境电商业务的运营有着重要的互助融合作用。

跨境电商产业园以"互联网+外贸"形式出现，是一种新兴贸易产物，是大数据时代赋予跨境电商的使命，跨境电商产业园可以凝聚企业的力量，提高效率，是能够为企业"展示货源、做电商运营孵化、找订单、开拓市场、推荐人才、仓储物流办理、解读政策及法律服务"的跨境电商全产业链服务园区。在国家稳外贸和促进"双循环"发展上起到重要作用，其重要性在全球贸易危机情况下更显突出。随着跨境电商的不断向前发展，靠单个企业奋斗是不行的，在新发展阶段、大数据时代，单打独斗必定势单力薄，各企业间要团结，共同发展才是最优选择。跨境电商产业园给各区域的企业提供了共同发展的平台、共同获取精准数据的渠道、共同享受政策红利的机会，跨境电商产业园增强了企业间的凝聚力。

产业园依托保定、雄安新区独特的区域地理位置、经济模式及政策优势等，为跨境电商企业提供"一站式"服务，帮助企业与政府、海关、税务及各大跨境电商平台进行协调，为企业打通供应链、仓储物流等方面的壁垒，在跨境电商产业园的助力下，跨境电商企业拥有良好的营商环境，促进跨境电商企业发展，加快区域经济发展。

4.4.1 保定发展跨境电商的意义

1. 经济效益

（1）扩大进出口总额。作为稳外贸的重要新业态，跨境电商也已成为全国出口业务的主要形式，积极培育保定市以及周边区县的跨境电商企业，可以有效避免保定市外贸业务外流。

第4章　河北省白沟新城箱包产业集群跨境电商发展现状

（2）扩大社会零售总额。跨境电商最终表现形式为零售业态，面向国外终端客户的生活消费品，推进跨境电商业务，可以快速增加规模以上零售企业销售，提升社会消费品零售总量。

（3）促进传统产业升级。积极发展跨境电商，能够直接促进生产型企业智能化改造，在扩大产能的同时建立线上快速反应的供应链体系；加速传统贸易公司转变经营理念，快速扩大产品销售利润。

（4）打造特色楼宇经济。跨境电商需要整合的行业较多，产业链带动能力强，对现代化办公环境要求较高，有利于丰富保定楼宇经济资源业态，打造特色楼宇，促进产业集聚。

2. 品牌效益

（1）国际品牌聚集建设。随着经济水平的进一步发展，产品的质量和品牌日益得到重视，结合跨境电商运营需要在海外注册这个基础特性，势必将培育出一批国际品牌。

（2）提升区域商贸形象品牌。通过跨境电商体系建设的整体推进，进一步强化保定生产性服务业的区域优势，带动外贸企业提升品牌竞争力，形成保定商贸行业区域聚集效应，大大提升保定市的区域品牌，强化保定市新兴服务业活力最强引擎地位。

3. 社会效益

（1）稳定就业基本盘。跨境电商属于人才密集型行业，需要大量的懂外语、会营销、敢创业的人才，结合保定众多的高校，可以有效解决应届生结构性失业问题，能快速形成中心城区人才聚集效应，营造良好的创新创业环境。

（2）促进高端人才集聚。跨境电商涉及产业链较长，涵盖供应商、贸易商、物流、仓储、结汇、翻译、信息技术、法务等诸多领域，在园区建设中，势必将各类精英人才纳入，促进人才高地形成。

（3）形成节能绿色产业。由于跨境电商具有多边化、直接化、小批量、高频度、数字化的特点，是相较于传统制造业的"绿色产业"，不仅能服务保定，更能虹吸利用其他省份城市的产能，具有可持续性和可发展性，成为保定市经济转型升级走得通、有成效的抓手。

4.总体方向

突出服务业在保定经济发展中的主导基础地位,系统谋划跨境电商创新发展新路径,高质量打造市中心跨境电商产业聚集区,促进高端人才集聚,创新跨境电商体制机制和商业模式,将保定建设成为培育外贸发展的新动能、促进产业的转型升级、构建服务京津冀国际合作的新平台,以跨境电商作为主要突破口助力保定新发展。

4.4.2 发展原则

(1) 政策扶持。协同商务局、国家发展改革委,支持跨境电商平台、跨境物流发展和海外仓建设。同时,鼓励各类金融机构在风险可控的前提下积极支持海外仓建设。

(2) 共享参与。园区发展实行"产业园+公司"模式,更加注重发挥市场在资源配置中的决定性作用,逐步实现由政府主导向市场主导的转变。产业园管理公司作为管理机构,承担政策制定、发展规划、行政审批、社会事务管理等行政管理职责;公司作为跨境电商建设发展的市场主体,主要承担招商引资、资金筹集、项目管理等职责。通过该模式吸引优秀企业和政府共同参与运营,管理相关园区,通力协作,共谋发展。

(3) 全域推进。围绕发展规划,打造以一个核心园区为主、多个物理空间环绕的集聚发展模式,引导全市符合条件的和有意向的生产型企业及贸易企业发展跨境电商业务,各领域配合,促进产业整体升级,又稳又快地推进新兴产业建设。

4.4.3 工作举措

1.实施跨境电商"一核多点"全景开展行动

(1) 推进跨境数字产业园发展。以陆港国际为核心打造市中心特色跨境电商核心园区,充分利用区域优势招引企业入驻,打造综合性跨境电商全生态特色园区。

(2) 推进跨境电商园区多点发展。围绕白沟箱包、驴肉、麻山药等特色产业和保定市文化旅游资源等,建立包括产业数字化运营中心、精品网货标

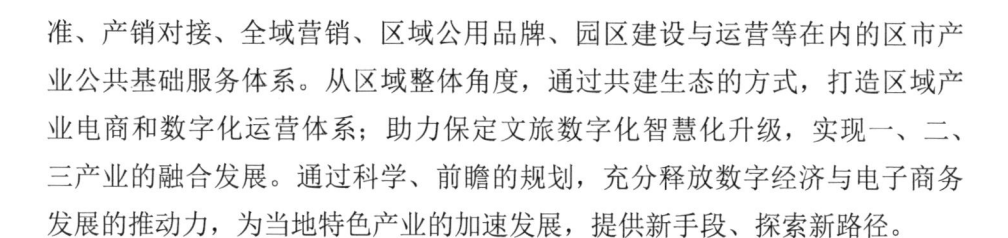

第4章 河北省白沟新城箱包产业集群跨境电商发展现状

准、产销对接、全域营销、区域公用品牌、园区建设与运营等在内的区市产业公共基础服务体系。从区域整体角度，通过共建生态的方式，打造区域产业电商和数字化运营体系；助力保定文旅数字化智慧化升级，实现一、二、三产业的融合发展。通过科学、前瞻的规划，充分释放数字经济与电子商务发展的推动力，为当地特色产业的加速发展，提供新手段、探索新路径。

2. 开展跨境电商产业要素保障行动

加强跨境电商人才队伍培养。采取"校企地"深度合作的方式，开展跨境电商专业人才培养。按照实操、创业、精英、领导不同层次开展业务培训。招引一批扎根保定、服务保定的跨境电商等外向型经济领域的专业人才，构建保定市跨境电商专家智库，3年内实现高端人才聚集1000人。

3. 开展跨境电商市场主体引培行动

（1）重点引进跨境电商龙头平台企业。紧盯跨境电商领域核心优势突出、行业影响力大、市场前景广阔、带动效应明显的龙头平台企业，赴深圳、上海、宁波等地开展专题招商，强化资源要素招引。争取引进国内排名前列的领军型（3000万美元以上）、平台型、综合服务型跨境电商平台类企业5家以上，依托落户企业开展以商招商、补链招商和配套招商工作。

（2）梯度培育跨境电商服务企业。培育跨境电商产业生态，围绕跨境电商供应链、支付、软件、代运营等第三方服务商，加快培育一批跨境电商品牌策划与推广、大数据、云计算、电商培训等新型服务商，引导一批本地信息服务、软件服务、大数据服务等科技研发企业向跨境电商服务商转型升级。

（3）引导培育传统实体制造企业应用跨境电商。结合工业明星城市建设，广泛开展调查摸底，挖掘潜力企业，推动跨境电商数字贸易与实体经济深度融合和推广应用，培育一批传统实体制造企业成功运用跨境电商，鼓励设立跨境电商事业部，大力推进跨境出口B2B发展，实现传统外贸产业转型升级。

4. 开展跨境电商产业补链强链行动

（1）引进跨境电商物流服务企业。引进一批服务质量好、资源整合能力强的物流供应链服务企业。支持本地物流货代企业围绕跨境电商服务需求，进一步优化业务流程。引导民营物流企业加大跨境电商服务体系建设力度，支持其设立公用物流仓库。

（2）引进跨境电商供应链金融服务企业。引进落地一批融资租赁、商业保理类供应链金融服务机构，为跨境电商供应链上下游企业提供高效便捷的融资渠道和一站式金融服务。支持金融机构利用信息平台，开展预付、应收、仓单、保兑、票据、担保、质押、信用证等供应链金融业务。

5. 开展跨境电商产业营销行动

推动跨境电商海外市场拓展。支持跨境电商企业进行商标国际注册和产品国际认证，组织跨境电商企业参加境外展会、论坛交流、招商推介等活动。按照政府扶持、市场自建的原则，在欧美、日韩、澳新、拉美等重点国家和地区布局总面积达10万平方米以上的海外仓、国际物流采购中心等海外物流配套基础设施。

第5章　河北省清河羊绒产业集群跨境电商发展现状

5.1 清河羊绒产业发展现状

5.1.1 清河羊绒产业发展历程

清河羊绒产业起始于20世纪70年代末，凭借先进的分梳技术和庞大的产业队伍使世界各地的羊绒原料汇集在这里，通过分梳、纺纱、制衣再销售到世界各地，形成了家家户户搞分梳的局面，成为全国最大的羊绒加工集散地。历经40多年的发展，现如今，清河已形成从原绒采购、分梳到纺纱、织衫、织布、制衣较为完备的产业链条。尤其是近几年来，清河羊绒产业进一步转型升级，深加工能力逐步得到提升，使清河县由全国最大的无毛绒加工经销集散地发展成为全国最大的羊绒纺纱基地和全国主要的羊绒制品生产基地，已具备年加工经销各类无毛绒近6万吨，纺纱7000吨，织衫2000万件，年产值210亿元，出口创汇1.7亿美元的能力。

5.1.2 清河羊绒产业电子商务发展情况

近年来，清河借助电子商务的快速发展，使羊绒纱线和制成品的销售渠道由单一向多元化转型。目前，通过自建平台和第三方平台（淘宝、唯品会、京东等网站）开设的网络店铺达到3.5万余个，从业人员6万余人，年销售额达到100多亿元，其中，羊绒纱线和制成品的销售量分别占到整个淘宝网销售量的74%、25%。清河已经成为全国重要的羊绒制品网络销售基地，被商务部认定为全国首批"国家电子商务进农村综合示范县"。2013年，清河县东高庄村被阿里巴巴集团命名为"全国首批淘宝村"，2016年，清河淘宝村数量达到16个，葛仙庄镇、连庄镇被评定为"中国淘宝镇"。2014年10月，在浙江召开的"包容性创新和增长——中国涉农电子商务发展国际研讨会"上，"专业市场＋电子商务"的清河模式，与（浙江）遂昌模式、（江苏）沙集模式并列，被认定为中国电子商务产业集群发展的三种模式之一。2016年，在阿里集团公布的"全国电子商务百佳"榜单中清河位列第8位，居北方地区首位。2021年2月，旨在解读电子商务时代、展现新经济发展成就的"2021中国县域电商竞争力百强榜"发布，邢台市清河县位列榜单第28位，河北省第一。

清河的电商产业是借助羊绒产业兴起，清河县素有"中国羊绒之都"之称，清河的羊绒产业起步于1978年，经过40多年的发展，清河已经发展成为全国重要的羊绒加工集散地和羊绒制品产销基地。清河县90%的羊绒制品通过电子商务渠道销售，互联网已经逐渐代替传统渠道成为销售主渠道。经过多年的发展，清河县已经形成了从产品生产、销售、快递到电商运营、网红培育等链条完整的产业体系，电商产品也从羊绒制品逐渐发展到汽车用品、农产品等各领域。

选取清河县2021年"双十一"销售额为数据代表，据清河县羊绒小镇大数据中心监测数据显示，仅2021年11月11日当日，清河县实物商品网络零售额达到了115793.7万元，同比增长16.5%，其中服装服饰业、家居家装业、汽车用品行业分别占网络零售额的69.7%、6.5%和4.8%。农产品网络零售额达1378.2万元，同比增长1545.7%，除此之外，直播也成为清河县电商销售的新模式，2021年1月，清河县电商企业参与直播的商品数为4837个，投放率4.7%，通过直播实现的网络零售额达12766万元，占整个电商销售额的14.5%。

清河县高度重视电商发展工作，结合羊绒、服装、汽配等产业实际，找准电商发展的"牛鼻子"，把发展电商作为推动全民创业、加快特色产业转型升级的重要载体，全县电商呈现蓬勃发展的良好态势。清河县还通过与全国知名电商平台合作，丰富完善电商发展生态，助力电商获得长足发展。线上线下加快融合，电商直播蓬勃兴起，网络年零售额突破百亿元，清河被认定为"全国

第5章 河北省清河羊绒产业集群跨境电商发展现状

电子商务进农村综合示范县",连续五年位列"全国电子商务百佳县"。

随着经济发展新常态的到来,"互联网＋"是县域经济弯道超车的必然选择,"互联网＋"不仅限于与传统产业的简单叠加,而是通过以互联网为主的移动互联网、云计算、大数据等一整套信息技术与社会、经济生活各部门进行深度应用和融合,促进传统产业的在线化和数据化,实现优化配置生产要素,进而提升实体经济和产业的核心竞争力,实现产业做大做强的目标。拥抱互联网,就有可能为传统产业注入新的血液,迎来产业的第二次发展浪潮。

5.2 清河羊绒产业发展环境分析

5.2.1 优势分析

1. 原料收购和初加工优势明显

在清河,有14家羊毛交易站,以前每天都有来自俄罗斯、土耳其、巴基斯坦、乌兹别克斯坦等10多个国家的羊毛在这里销售,交易站里常年住着来自内蒙古、甘肃、新疆等地的羊毛客商,就是他们将在世界各地收购的羊毛运到清河交易,其中国外的羊毛占到30%。现在,这些跟清河建立起合作关系的客商,会通过物流将原料运输到这里委托销售。清河的原料优势不只是价格上的,主要还在于产品的丰富,原绒、灰槌绒、绵羊绒、兔绒、貉子绒、牛绒等各种动物纤维为纺纱乃至制成品企业的发展提供足够的原料支撑,为深精加工提供了原料保障。

2. 产业链条完整,初具集群优势

清河县的羊绒产业配套比较完整,已初步形成了包括从原绒采购、分梳到纺纱、织衫、织布、制衣等产业链完整的产业集群,具备年分梳各类无毛绒近6万吨,纺纱7000吨,织衫2000万件,面料300万米的生产能力。部分企业建立起"原料－初加工－产品－销售"为一体的产业链,在终端市场的影响力不断增强。

3. 专业市场＋电子商务领先行业

全县羊绒企业和商户在淘宝、天猫、京东等平台上开设的店铺达到3.5万余个,从业人数6万余人,网络销售羊绒产品年销售量可达2000万件,销售额达100多亿元,诞生了帕米尔、酷美娇等一大批网络品牌,是工信部官方网站公布的"全国最大的羊绒制品网络销售基地",被阿里巴巴集团评为"中国电子商务百佳县",排名位居全国第八、全省第一。清河已经成为长江以北毛衫类商品电子商务最大交易地区,直接带动了羊绒深加工产业的提升和发展。

清河县的羊绒产业是催生电商产业增长最具影响力的产业代表,已形成从原绒采购、分梳、纺纱、织衫、织布到制衣完备的产业链条,年加工经销山羊绒6000吨、绵羊绒5万吨,分别占全国总量的50%、90%;并且清河县建有全国最大的羊绒制品市场,羊绒产业已成为清河最具特色、最具代表性的一张亮丽名片,先后被授予"中国羊绒之都""中国羊绒纺织名城"等称号。

清河还与54所高校签订了百万电商人才培养计划,把清河县当作实习基地,数以万计的大学生来到清河实习。清河县深入推进国家电子商务进农村综合示范工作,着力培育了一批优秀的乡村电子商务服务站站长,促进了本地农产品上行,推动经济转型发展。为推动电商行业步入专业化、规范化道路,清河县在羊绒小镇设立了电子商务能力提升培训中心,定期开展企业电商、O2O模式电商、跨境电商等相关专题培训,累计培养本土电商人才2200余人次。为了吸引大学生人才入驻,在清河县职教中心、羊绒小镇建立两个电子商务创新实践基地,吸引1500余名大学生在清河创业。清河县还在多地设立了农村电子商务专业培训点,极大地方便了农村基层群众报名,激发群众的学习热情,让农村劳动者搭乘互联网的"高速路"实现转移就业,取得了明显成效,壮大了电商群体,对促进县域经济发展起到了积极的推动作用。

4. 建立了羊绒制品市场

清河羊绒制品市场总占地面积989亩,总建筑面积60万平方米。由产品展示交易区、生产加工区、配套服务区三部分组成。目前,已经吸引了包括鄂尔多斯、鹿王、恒源祥、兆君、皮皮狗、珍贝、衣尚、华家那等在内的300余家品牌经销商和河北、浙江、江苏、辽宁等地的260余家生产企业入驻。市场内建成国内第一家中国羊绒博物馆,推出的"清河一日游"旅游购物活动,年吸引游客30万人次以上,是河北省工业旅游示范点及3A级景区。先后被国家有关部门评为"中国服装品牌孵化基地""中国羊绒流行趋势发布基地""中国服装电子商务示范单位""河北省电子商务示范基地""国家级电子商务示范基地"等称号。

5. 建立跨境电商孵化基地

为更好地服务清河县的电子商务产业，积极打造"创业之城、电商之城"，清河县跨境电商创业孵化园于2016年12月正式建设运营。综合建筑面积6784.71平方米，公共服务区域面积1292平方米，设有展示厅、会议室、青年人才公寓、会客洽谈区、茶水吧、健身房等配套设施。电商办公区可容纳60家团队入驻，是清河第一个以电商为主题的现代化写字楼，第一个配套设施齐全的楼宇经济体。清河电商孵化基地聘请了多位优秀的创业指导专家，提供技能培训、创业辅导、团队孵化项目、融资政策扶持、法律援助等服务，相继设置和引进了阿里巴巴国际站的运营中心、企业财会的服务中心、商标和知识产权服务中心、跟电子商务配套的摄影美工的基地、客服配套的服务中心，以及网络主播的培训中心。为了促进创业孵化基地的发展，相关部门还制定了《创业孵化基地管理办法》，对创业孵化基地进行规范化管理，同时积极落实相关扶持政策，为孵化基地和入驻项目落实房租、物业、水电补贴，提供小额担保贷款，开展创业能力提升培训，有力促进创业工作的开展，带动大量劳动力就业，为县域经济发展注入了新的活力。除此之外，清河县还对电商公共服务中心功能进行了扩展升级，增加了摄影、美工、策划、营销等服务，丰富了品牌、标准、品控、金融、物流协同等功能。设立O2O体验展示专区、直播孵化专区，培养直播网红人才，为创业者提供低成本的办公、网络、社交和资源共享空间，提升企业的入驻率，提供信息咨询、入驻孵化、创业辅导等服务，为产品上行助力。产业筑基，电商破土，清河县孵化基地的运营前景可期。

6. 物流行业便捷高效

清河县位于河北省东南部，地处华北平原核心，交通便利是一大优势。平坦的地势，四通八达的交通，使得物流行业也蓬勃发展。作为远近闻名的"羊绒纺织名城""汽车零部件制造基地""电商示范百佳县"，清河县有3万多家电商企业和业户分布在5个淘宝镇，34个淘宝村。而支撑电商发展的是快递企业和遍布城乡的快递网点。清河县三级物流配送体系已经在建设当中，配合 80 个乡村服务站点和三级物流配送建设的 70 个乡村服务站，清河县村镇服务站已经累计建设 130 余个，已实现全县镇级物流服务 100% 全覆盖。此外，投入使用的电子商务仓储物流分拣中心占地面积约 2 万平方米，集物流分拣、企业办公、货物仓储、货物安检、货物打包等多功能为一体，并且对全县快递物流进行集中分拣，实行免费开放入驻、分拣设备及快递企业办公场地的免费试用。目前，已入驻物流快递企业有百灵鸟快递、申通快递、百世快递和韵达快递。安检分拣区域最大可对分 200 个以上的服务站，最高日分拣件可容纳 20 万件以上。在快递包装使用上，清河县也走在了环保的前列，目前，清河邮政快递企业的电子运单使用率基本达到 100%，80% 以上电商快件不再进行二次包装，循环中转袋使用率达到 80%，全县所有邮政快递网点都设置了包装废弃物回收装置。强力推进快递末端基础设施建设，在社区推进智能快递柜、末端综合服务站等公共服务项目建设，清河县为 50 个住宅小区配备上了智能快递柜，小蚂蚁快递服务站、优派便利店等新型末端投递方式出现在清河的大街小巷中，打通了末端配送的"最后一百米"。

基于原有县域物流共同配送体系，清河县还要探索更加高效便捷的物流体系新模式，围绕工业科技产品下乡、农产品进城和农村电商综合服务需求，构建农村电子商务物流配送支撑服务体系，协同农村电商服务站实现 48 小时双向物流服务。结合清河县实际情况，加强物流信息化、标准化、专业化建设，建立开放、透明、共享的物流信息数据应用系统，探索冷链物流体系，积极开展与省级冷链监控平台的合作对接，在工业品下乡实现提速降费的基础上推进农产品进城快递时效提升和价格下降，提高物流服务质量，逐步将物流仓储自由化向市场化转型。

5.2.2 劣势分析

1. 网站结构有待调整

目前，随着电子商务的日益发展，企业的经营管理呈现出全球化、平等化、共享化、知识化、虚拟化、创新化和自主化的特点。清河电商起步较早，自古以来，有商业意识的清河人就具有大胆尝试和创新的勇气。清河县的电商企业依托传统羊绒产业优势，在以销售为核心的电子商务发展阶段取得了

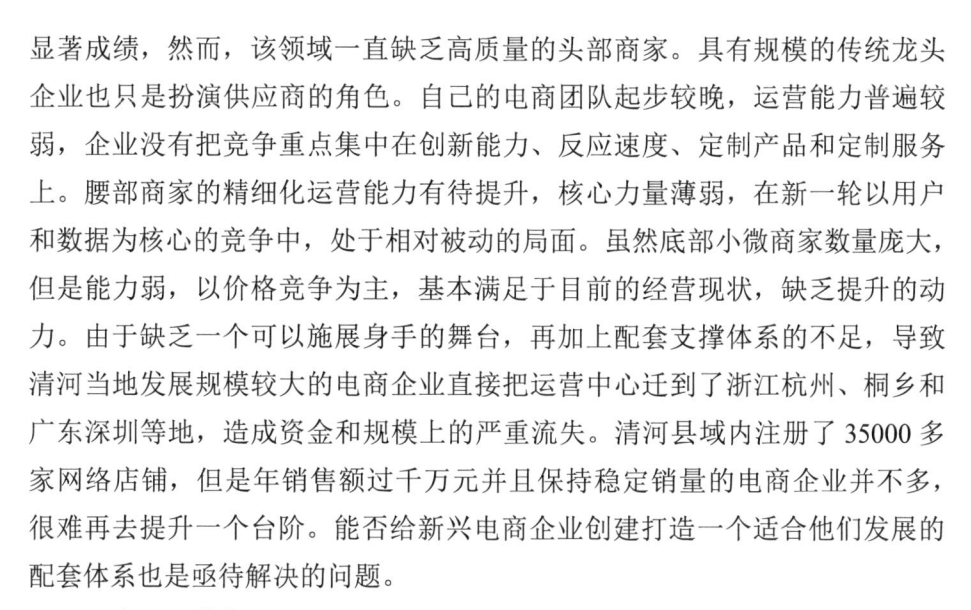

第5章 河北省清河羊绒产业集群跨境电商发展现状

显著成绩,然而,该领域一直缺乏高质量的头部商家。具有规模的传统龙头企业也只是扮演供应商的角色。自己的电商团队起步较晚,运营能力普遍较弱,企业没有把竞争重点集中在创新能力、反应速度、定制产品和定制服务上。腰部商家的精细化运营能力有待提升,核心力量薄弱,在新一轮以用户和数据为核心的竞争中,处于相对被动的局面。虽然底部小微商家数量庞大,但是能力弱,以价格竞争为主,基本满足于目前的经营现状,缺乏提升的动力。由于缺乏一个可以施展身手的舞台,再加上配套支撑体系的不足,导致清河当地发展规模较大的电商企业直接把运营中心迁到了浙江杭州、桐乡和广东深圳等地,造成资金和规模上的严重流失。清河县域内注册了35000多家网络店铺,但是年销售额过千万元并且保持稳定销量的电商企业并不多,很难再去提升一个台阶。能否给新兴电商企业创建打造一个适合他们发展的配套体系也是亟待解决的问题。

2. 产品品牌意识不足

清河县县域内网络销售商品丰富,产品可以实现100%自主研发、自主生产、自拓市场,产品区域特色鲜明,平均质量明显优于行业水平,如清河的羊绒产品最初就是以高含绒量著称。但是清河电商对于产品品牌的概念不强,包装低质粗糙,特色产品生产标准不一,体现不出区域特色,而且大部分产品无品牌认证,缺少品牌意识。政府机关商务局及产业协会也未出面整合,难以形成大规模的区域生产。以羊绒产业为支撑的清河电商产业虽优势明显,但域内的电商产品,尤其是羊绒产品主要以品牌代工为主,缺乏对区域内公用品牌的认知和打造,企业品牌均侧重在生产端,缺乏对消费者品牌的创建和传播。清河县网上交易的电商产品虽然部分已有品牌,但大多数电商经营企业还是缺乏对品牌的建设以及后期维护,且品牌包装多样,品牌标志不统一,高昂的品牌维护费让县域企业望而却步,难以获得消费者的认可。如每年的"双11"期间,清河县在淘宝平台"聚划算"活动上花费巨额费用宣传当地羊绒产品,虽然当日订单激增,但淡季销售额却异常惨淡。

清河各类品牌建设处于初级阶段,清河羊绒一直在原料端名誉甚佳,但消费端对它的认知度较低,因此,在消费端区域品牌的打造与推广至关重要。清河羊绒深加工企业从做羊绒原料转型而来的居多,大多没有品牌运营经验,自主品牌严重匮乏。域内电商企业也缺乏长远目光，只看到了眼前利益，认为销量就是一切，缺乏品牌经营意识。简单地将实体店销售模式照搬到网上，忽视了品牌营销投入。此外，申请注册商标专利的少之又少、产品品牌宣传力度也不足，品牌维护推广力度不够，在行业激烈的竞争中很难脱颖而出。因而在网商的竞争中优势也有所衰弱，由初加工产品向深加工产品的转型是未来需要努力的方向。

3. 区域发展不平衡

在农村地区，以行政村为单元，电子商务年销售额达到1000万元，并且本村注册活跃网店数量达到100家或占当地家庭户数的10%，就可以认定为"淘宝村"。清河县在其自然禀赋不明显、区位优势不突出的情况下，从无到有、由弱到强发展成为全国最大的羊绒加工销售集散中心。在传统羊绒产业形成初期，清河县的羊绒产业具有"小规模，大群体"的特征。在"互联网+"背景下，依托当地羊绒产业基础，最早是由清河县杨二庄镇东高庄村的村民率先发展的，慢慢形成以东高庄村为中心向四周的村镇扩散，该地区逐渐成为当地的羊绒生产加工基地，经过几年的高速发展后，成为全国首批淘宝镇，并连续4年入围"中国淘宝百强县"，形成"全国涉农电子商务三大模式"之一，即"专业市场+电子商务=清河模式"。

清河县淘宝村的空间分布极其不均匀，呈现从北向南递减的局面，北部地区电商发展明显领先于南部地区。由于对运输条件要求高，淘宝村主要沿交通干线分布。其空间分布变化特征呈现为：以最早形成的东高庄村为中心向四周扩散，先向近距离区域扩散，再向远距离区域扩散。近几年，清河县电商已从以黄金庄、连庄为代表的"单一区域增长"为主，转向以各个镇级为中心一同崛起的"多极增长"新阶段。但是电商发展区域不平衡、区域间协同能力差、电商下行延伸不够，这些都是困扰清河县电商发展的问题，如何以"先进地区带动落后地区"，也是一大难以解决的问题。

4. 高层次人才匮乏

缺乏人才支撑一直是限制电子商务发展的问题，当前清河县的电子商务也存在同样的问题。在发展的初期，经营者大都为当地居民和农民等，这种"草根"创业模式在当地是最为常见的，近些年电子商务不断革新，竞争加

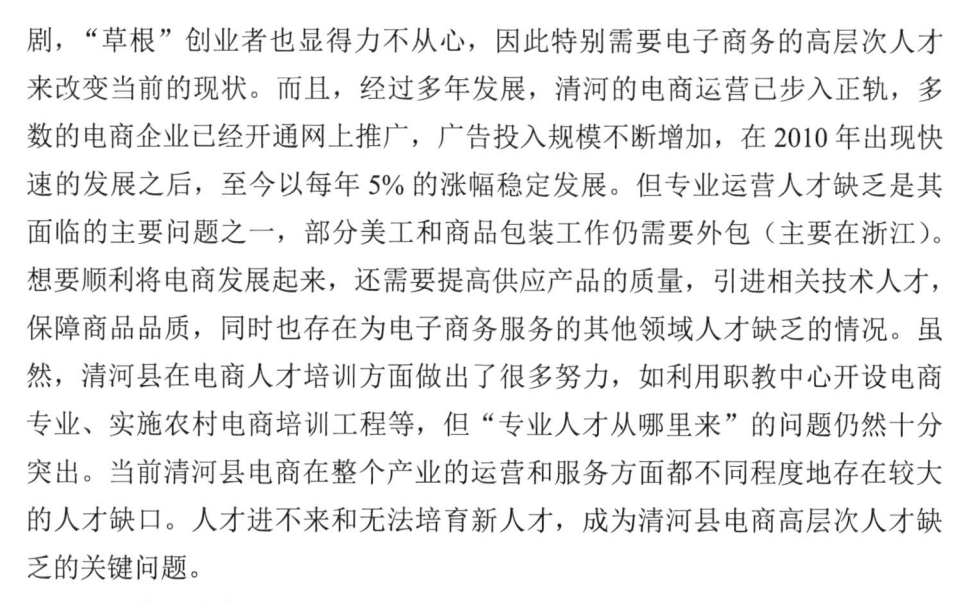

第5章 河北省清河羊绒产业集群跨境电商发展现状

剧,"草根"创业者也显得力不从心,因此特别需要电子商务的高层次人才来改变当前的现状。而且,经过多年发展,清河的电商运营已步入正轨,多数的电商企业已经开通网上推广,广告投入规模不断增加,在2010年出现快速的发展之后,至今以每年5%的涨幅稳定发展。但专业运营人才缺乏是其面临的主要问题之一,部分美工和商品包装工作仍需要外包(主要在浙江)。想要顺利将电商发展起来,还需要提高供应产品的质量,引进相关技术人才,保障商品品质,同时也存在为电子商务服务的其他领域人才缺乏的情况。虽然,清河县在电商人才培训方面做出了很多努力,如利用职教中心开设电商专业、实施农村电商培训工程等,但"专业人才从哪里来"的问题仍然十分突出。当前清河县电商在整个产业的运营和服务方面都不同程度地存在较大的人才缺口。人才进不来和无法培育新人才,成为清河县电商高层次人才缺乏的关键问题。

5. 运营理念落后

与江浙沪等地的企业相比较,清河羊绒企业在质量意识、新技术应用、经营理念、管理手段等方面都存在明显差距。首先,是质量意识差。在原料领域,企业为了增加利润,往往是在加工好的长绒里面掺上短绒。其次,在制成品上,质量管控能力差。工人做工不细致,导致衣服的版型、做工等较南方企业有一定差距。再次,在新技术应用上,清河企业缺乏用高科技占领市场的思维。最后,在经营理念上,清河企业大都是通过低价销售的方式经营,而江浙等地企业则是通过做好质量和品牌提升终端销售价格。

5.2.3 清河县羊绒产业发展面临的机遇

1. 产业转移的机遇

欧美等国家和京、津以及南方纺织产业成熟地区,包括羊绒在内的纺织企业受土地、环保、用工、节能减排等方面的制约,产业正在加速向内陆和北方转移。而清河作为重要的产业集群地区,有着较高的行业知名度和日渐完善的产业链条,是承接产业转移的首选之地。

中国占全球羊绒产量的70%,不但有最大的羊绒产量,而且中国的羊绒品质最好。我国的纺纱技术世界领先,如在纺纱环节,具有独立知识产权的嵌入式纺纱技术，可以纺成500支的超细纱线，具有世界领先水平，荣获国家科技进步奖一等奖；半精纺技术可以使羊绒和其他纤维以任意比例混合，产品多元化可以满足不同季节不同消费层次的需要。而清河在原料领域已经牢牢掌控了这些优质资源。

2. 羊绒制品消费热潮逐渐到来的机遇

羊绒产品自身具有的柔软、滑糯、保暖、吸湿及触感是其他纤维替代不了的，其传统的消费市场是欧美、日本等发达国家，且国际市场上的消费越来越趋向平民化。加之随着国内经济的发展和消费水平的提高，羊绒制品受到越来越多国人的喜爱，这是清河羊绒产业迎来的又一个发展机遇。

3. 互联网快速发展的机遇

服装类产品是网络平台中交易量最大的产品，未来网络销售还有很大的发展空间。互联网的发展，为清河没有销售渠道、没有品牌的企业提供了良好的发展机遇。这种机遇是千载难逢的。实践证明，目前我们通过网络销售的制品已经占据了很大的市场份额。甚至在网络上诞生了很好的服饰品牌，如果引导得当，这些企业会成为清河羊绒产业的新兴力量。充分抓住互联网发展的机遇，积极利用网络平台，加快品牌的提升和市场的拓展将是产业发展的重要途径。

网络直播带货成为现今最为流行的商品销售方式，已经被网络消费者所接受，是互联网发展的又一创新。网络直播带货是以互联网为平台，通过抖音、淘宝、快手等手机App进行实时直播，主持人通过网络直播的方式给网友和消费者介绍相关产品，改变了以前只能靠看图片选商品的传统网络购物方式，极大地提高了消费者的满意程度，减少了许多退货换货的烦恼。网络直播具有实时共享的特点，成为一种全新的网络销售方式。

为了顺应新的消费方式，清河县也积极推动电子商务和电商直播发展。为了能够搭上网络直播的这辆快车，清河县政府积极打造网络直播基地，培养网络直播专业人才，聘请专业的直播"网红"来清河进行指导，还为本地优秀的直播电商从业者提供免费的场所和设备，全力打造"电商直播之城"。据清河县羊绒小镇大数据中心监测显示，2021年1至5月，清河网络零售额达378152.3万元，同比增长17.5%。其中参与直播的商品实现零售额82202.1

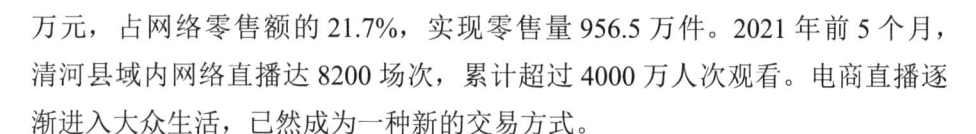

第5章　河北省清河羊绒产业集群跨境电商发展现状

万元，占网络零售额的 21.7%，实现零售量 956.5 万件。2021 年前 5 个月，清河县域内网络直播达 8200 场次，累计超过 4000 万人次观看。电商直播逐渐进入大众生活，已然成为一种新的交易方式。

4. "一带一路"带来的机遇

以前，从俄罗斯外高加索收购的羊毛要历经 20 多天，穿越大半个俄罗斯才能到达满洲里口岸，进入中国销售；中欧班列开通后，俄罗斯的羊毛直接穿过哈萨克斯坦就可以到达中国，时间只用 7 天左右，不仅利税降低了，运输费也节约了 30%。因为中欧班列的开通，大量的国外羊毛进入中国，来清河交易的羊毛也随之增加，每天的交易量达 1000 余吨。

5.3 清河羊绒产业跨境电商发展对策

5.3.1 建设羊绒小镇跨境电商孵化基地

借助产业优势和电商资源，清河县积极鼓励企业发展跨境电商业务，投资 3000 余万元建设跨境电商园区，集企业办公、创客孵化、电商培训、第三方服务等于一体，并引进代运营、设计、推广、培训等第三方服务机构，引导实体企业通过阿里巴巴国际站、敦煌网等平台开展跨境电商业务，鼓励淘宝用户发展速卖通、亚马逊等 B2C 跨境业务。同时，还在园区设立了跨境电商创业实验室，为来清河创业的大学生免费提供场地、设备、培训及货源，提供良好的创客空间，使创业者拎包入驻。截至 2022 年，已开展跨境电商培训 20 期，受众人群 2000 余人次，通过培训有 50 余家电商企业开通跨境业务。

据统计，清河拥有跨境电商企业 200 余家，产品出口到伊拉克、俄罗斯、沙特阿拉伯……东南亚、欧美等地的 20 多个国家和地区，可以说清河企业足不出县已将网络触角伸向国际市场。

清河羊绒小镇是河北省委省政府确定的河北省重点创建的 30 个特色小镇之一，小镇由上海同华建筑规划设计院设计，以羊绒产业为依托，以清河羊绒制品市场为核心区，规划面积为 3.2 平方公里，规划建设商贸区、羊绒电子商务创业区、休闲区、交通物流区、改造建设区等五个板块。

小镇内通过淘宝、天猫等第三方平台开设的网络店铺达到 3000 余个，年交易额超过 19 亿元，电商从业人数超过 6000 人。目前累计投资 50 多亿元，已入驻 600 余家县内外品牌企业。2019 年，市场零售额突破 90 亿元大关。羊绒衫销售前 10 名的清河商家销售额达到 1.3 亿元。羊绒小镇电子商务的强势发展，促使产业转型升级步伐加快。当前，全县有纺纱生产线 140 条，电脑横机 4000 多台，羊绒制成品产值占整个产业比重已增至 65%。

全县羊绒注册类商标达到 1990 件，是全国羊绒服饰类商标注册数量最多的县域，2 个品牌获得中国驰名商标，10 个品牌获得河北省著名商标，39 个品牌获"中国服装成长型品牌"称号，24 家羊绒企业跻身"中国羊绒行业百强"。羊绒小镇先后获得"中国服装品牌孵化基地""中国羊绒流行趋势发布基地""国家 3A 级旅游景区""中国服装电子商务示范单位""河北省电子商务示范基地""国家级电子商务示范基地"等称号。

2021 年 10 月 22 日，邢台清河羊绒小镇位列第十二届"中国商品市场综合百强榜单"第 89 位。

2022 年 11 月，入选"第二批纺织服装创意设计示范园区（平台）名单"。未来三年，羊绒小镇将以打造国内最有影响力的"羊绒原料价格形成中心、羊绒制品生产智能织造中心、羊绒流行趋势发布中心和羊绒文化展示中心"为发展目标，重点推进电子商务产业园、网红步行街、风情商业街等一系列功能性建筑和场所的建设；同时启动清凉江生态园和羊绒制品市场改造升级工程。全部项目建成后，羊绒小镇的生态环境和产业优势将会更加突出，宜业、宜居、宜游的组合式业态模式将进一步优化。

5.3.2 政府扶持电商高质量发展

中共清河县委、清河县人民政府 2022 年 2 月 18 日印发《清河县关于扶持电商产业高质量发展的激励办法（试行）》（清发〔2022〕2 号），鼓励电商产业高质量发展。

（1）激励电商主体快速发展。对销售额达到 180 万—500 万元、500 万—1000 万元、1000 万—5000 万元、5000 万—1 亿元的电商主体，分别一次性给予 1 万—3 万元、3 万—9 万元、9 万—50 万元、50 万—120 万元的扶持，每

第5章　河北省清河羊绒产业集群跨境电商发展现状

季度兑现一次。年销售额超亿元的，实行"一事一议"。

（2）鼓励电商企业入统。符合限上零售企业标准并成功入统的电商法人企业，给予5万—8万元的扶持。对于纳入统计部门直报系统且年网络销售额达到500万元以上的，给予销售额0.6%的扶持，最高不超过200万元。

（3）鼓励建设电商数字化服务运营平台。对服务平台引进的电商主体，按1000—6000元/户（单户年销售收入达到180万元以上，且平台引进电商主体数量不低于10户）的标准给予运营平台补贴。

（4）支持拓展跨境电商业务。新开设跨境电商业务，且网络年销售额达到5万美元的企业，给予1万元扶持。对网络年销售额超100万美元的给予3万元扶持，超500万美元给予10万元扶持。

（5）支持电商产业园（基地）建设。支持市场主体盘活闲置厂房或利用现有楼宇打造电商产业园（基地），吸引电商及配套服务企业入驻，培育电商生态圈。对拥有专门管理机构和专职管理人员，面积达到500平方米以上，聚集电商和相关企业5家以上，能够为入驻企业提供技术、信息、资本、供应链、市场对接等服务的，可认定为县级电商产业园（基地），给予运营机构一次性5万元资金扶持；对产业园内市场主体年线上销售额达到500万元以上的，给予运营机构运营费5万—100万元扶持；对产业园（基地）内市场主体，根据经营业绩给予实际办公用房最高100%的房租补贴。

（6）支持专业电商运营服务主体。对专业提供电商运营服务，包括但不限于网店代理运营、商品摄影、视频技术、营销推广、数据服务、信用服务、直播场景服务的市场主体，年服务客户达到100家以上的，给予2万—10万元扶持。

（7）支持专业电商供应链企业。国内外供应链企业在清河县设立供应链选品中心、展销中心等经营业态，具备物流代发能力、商品根类目（种类）不少于20个，商品SKU（库存进出计量的基本单元）不低于5000个，实际运营时间满1年，并为100家以上县内电商提供选品服务的，给予5万元扶持。

（8）支持电子商务公共仓储项目。对拥有专门管理机构，建筑面积在2000平方米以上的电商公共仓储项目，服务企业数量达到30家、50家、100家以上的（或服务企业数量达到30家，且年订单发货量达到100万单、200

万单、500万单以上的），分别给予 15 万元、30 万元、50 万元的扶持。

（9）鼓励特色产业馆和产业带专区建设。对在阿里巴巴、京东、抖音、快手等国内知名电商平台上建设的清河特色产业馆或产业带，在国内大中城市建设的"清河羊绒"电商选品中心，年销售总额达到 3000 万元以上，入驻企业（或品牌）达到 10 家以上的，给予 1 万—50 万元扶持。

（10）鼓励本地特色产业电商交易平台建设。对自建电子商务交易平台，年销售额达到 1 亿元、2 亿元、5 亿元的，分别给予 10 万元、20 万元、50 万元扶持。

（11）支持引培电子商务人才。鼓励各类机构开展电商人才、电商实操等培训活动，对年度培训人数 1000 人以上的，根据开展情况、培训效果等进行考核评估，给予主办方 5 万—50 万元的扶持。吸引大专院校在清河建立电商实训基地、创新创业基地，引导大学生前来清河实习、就业、创业，根据成效给予主办机构 5 万—50 万元扶持。

（12）吸引优秀电商人才留清。对具有行业引领力、影响力的各类电商优秀人才，纳入县"高层次人才计划"支持体系，在人才落户、创新创业、金融服务、子女入学、住房等方面提供服务保障。

（13）鼓励电商经营主体示范创建。对获得市级、省级电子商务示范企业和国家级电子商务示范企业的，分别给予 3 万元、10 万元、50 万元奖励。

（14）鼓励举办各类有影响力的活动。鼓励举办直播电商大赛、电商节庆、论坛、展会、网红大会等具有行业影响力的大型活动，根据开展情况进行考核评估，给予主办方每次活动 5 万—50 万元扶持。

（15）支持电商原创产品设计机构建设。对经认定的，在清河县设立的服装服饰打样中心、设计师工作室、研发中心、工业设计服务平台等公共服务机构给予全额租金补助；对时装设计"金顶奖""中国十佳服装设计师"获奖者在清河县设立工作室，并服务 20 家企业及以上的，除免费提供场地外，再给予一次性 30 万元奖励。鼓励设计机构在清河县举办设计大赛、时尚论坛以及有行业影响力的大型时装秀活动，根据开展情况给予主办方 5 万—50 万元扶持。

（16）支持电商科技创新项目研发和应用。鼓励电商企业利用 5G、云计算、物联网、大数据、区块链、VR/AR、人工智能、高清影像（8K及以上）等创新技术，研发落地示范应用项目，对产业带动作用明显的新技术、新产品、新业态、新模式项目，经认定，给予每个项目5万—50万元扶持。

（17）鼓励诚信经营，培育电商品牌。每年评选优秀电商品牌、网红主播，授予相应荣誉称号和奖励。严厉打击虚标含量、商标侵权等违法行为，影响恶劣的列入黑名单，并在行业内通报，积极维护清河特色产业区域品牌形象，为电商产业营造公平公正的经营环境。

（18）加大金融支持力度。各金融机构要创设电商专属信贷产品，对支持电商产业力度大的金融机构予以表彰奖励。

（19）加大对电商企业点对点精细化税务服务。积极落实好减税降费各项政策，全面落实税费优惠政策，全力优化税收环境。

（20）支持电子商务重大项目发展。除上述政策涉及项目外，对其他能够对全县电商产业发展起到重要影响的项目，优先列为县重大产业项目，在用地、资金、人才等方面实行"一事一议"政策。

5.3.3 培育高层次电商人才

从电商时代进入新零售时代，无论从城市到县域还是到农村，都对人才提出了更高的要求。过去几年，县域和农村相对粗放型的人才培养机制已经不能满足新时代对于人才的需求。因此，针对产业升级、企业发展、网店转型等不同类型的需求，结合当地人才的实际现状，制订精细化的人才培训方案和人才引入、培养、留存机制，是政府需要为区域经济发展所做的软实力基础建设。着力分层次提升，不同地方在电商发展过程中经历着不同的阶段，如初级起步阶段、快速增长阶段、转型提升阶段等不同阶段对于人才的需求层次不同，而且零售业、批发、跨境等不同行业对于人才的需求方向也不同。针对不同层次的需求，制订相应的人才引进及培训方案，并在内容和形式上进行创新，让培训更注重实效。根据清河县电商的发展现状，设计适用于不同人群的培训课程，并对有能力、有意愿的贫困户全覆盖。加强网店开设运营、网商营销、新媒体传播、电商物流和客服、直播带货、社交电商、软件应用和操作、成功案例分析、互联网品牌包装等互联网应用方面的培训，培养实战型电子商务专业人才。加强创新孵化，注重新增网商、微商的孵化，培养具备高水平运营能力的电商人才。除了推动人才返乡创业、加快本土化培养，相关机构还应考虑引进先进地区成果为我所用，不仅要引入先进地区的电商思维和服务体系，更要利用其市场。这种"用"不是简单地把人才引进本地，而是利用互联网，让人才远程为我们服务。同时建立"不求所有、但求所用"的新人才观，通过"送出去、请进来"的方式，孵化高层次的精尖人才，使得县域人才结构充分满足电商不同阶段的发展需要。

第6章 跨境电商与县域特色产业协同创新机理研究

6.1 跨境电商与产业集群协同发展

6.1.1 协同创新机理分析

复合系统的协同发展就是两子系统在协同发展过程中，通过系统内要素的相互作用，信息流、资金流以及物流的交互运转来实现复合系统的协同发展。参考李芳等以及易观智库等公开资料绘制其系统运作图，如图6.1所示。

跨境电商子系统的构成者主要是与从事跨境电商业务相关的企业或组织机构，具体包括外贸企业或专业的电商企业、跨境电商平台、物流企业以及第三方支付企业等。在该系统的运作下，为客户提供建站、推广、支付以及物流等服务。制造业产业集群子系统则主要由生产型企业、经营型企业以及服务型机构聚集在某一区域内构成，且这些企业与机构在产业集群内提供原料采购、研发设计、生产制造以及物流营销等服务。

其中，信息流是实现复合系统协同发展的关键因素。随着价值链的升级更新，信息流在价值链，尤其是虚拟价值链中被赋予更高的价值，创造价值，即通过对信息的获取收集、整理分析与分配等环节，来实现价值的创造与产业集群核心竞争力的提升。因此，在其复合系统中，依托跨境电商生态系统，能够实现跨境电商与制造业间的优势互补，发挥跨境电商的优势，提升制造业产业集群的发展水平，增加产业附加值，打造具有世界先进水平的制造业产业集群。同时，跨境电商的物流体系、支付环境、信用与监管体系等也在

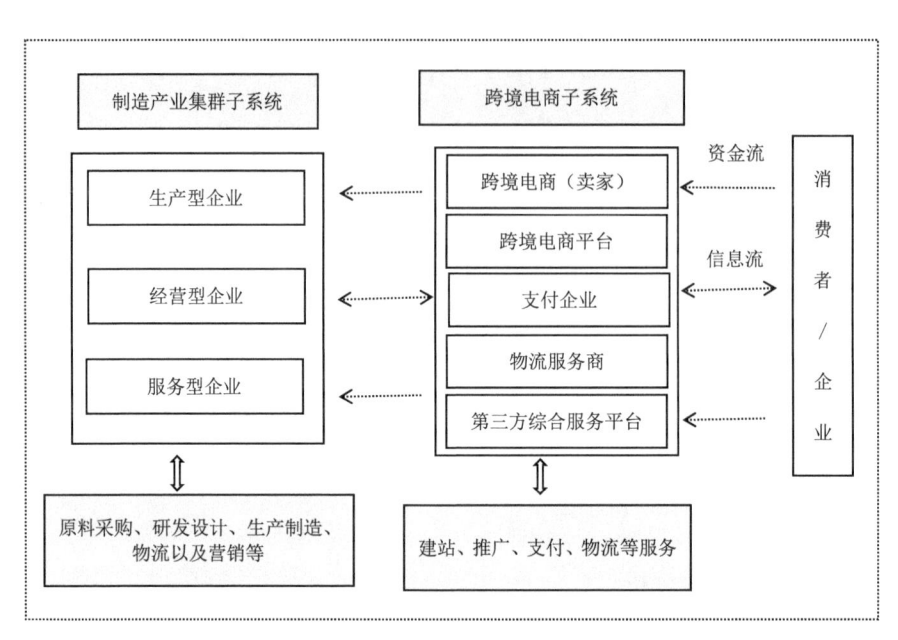

图 6.1　跨境电商与产业集群运转图

制造业的发展过程中得到完善。简言之，跨境电商与制造业产业集群两系统在内外的作用下，相互完善与强化，进而实现两者复合系统的深入协同与发展。通过对跨境电商与制造业产业集群复合系统的分析，两系统的协同发展有赖于内外的多种因素的相互协作。而且，结合经济发展意义来看，跨境电商与制造业产业集群的协同不仅仅是简单地完成某一次产品的国际贸易，而是利用互联网技术、大数据分析等现代信息化手段展开的跨行业合作，是利用技术、知识等信息实现价值创造与产业的有效重构，从而使我国制造业更好地融入全球价值链中，实现制造业产业集群升级与跨境电商系统完善，推动对外贸易的转型升级。因此，接下来将从产业价值链理论和严北战、张夏恒等学者的研究视角对跨境电商与制造业产业集群的协同发展机理进行分析。

6.1.2 研发创新

当前，跨境电商与县域特色产业集群内产品同质化现象严重。随着人们产权意识的增强，集群的知识溢出效应出现瓶颈，缺乏新知识、新技术以及新观念。同质化的局面会给行业带来更激烈的竞争，如果企业没有及时拿出

第6章　河北省跨境电商与县域特色产业协同创新机理研究

新的优势、新的技术、新的创意，便有可能被同质化产品淘汰。

跨境电商与县域特色产业集群发展需要开放式的研发形式，跨境电商不仅连接全球市场，还能对世界领先的观念、科技等更迅速、更便捷地获得。跨境电商是互联网的产物，跨境电商平台拥有极其丰富的数据资源，又直接与消费者相连，能够对消费者的消费习惯、消费要求进行统计与分析。因此，河北省县域特色制造业产业集群内的企业可以依托跨境电商平台，利用互联网技术实现信息与资源的集聚，从而对集群发展进行创新改革。在研发与设计、品质等方面，跨境电商生态圈也可利用知识溢出效应，升级自身平台，实现综合功能的完备。此外，跨境电商与制造业产业集群协同合作的目标之一是实现河北省国际地位的提升以及国际市场份额的增加，而国际上尤其是西方国家具有较强的知识产权保护意识和打击假冒伪劣产品的行为，且其中众多企业具有相对较强的技术创新优势，因此，河北省需要通过开放式的研发形式，缩小与西方企业的技术创新差距，实现制造业产业集群竞争力的增强。

跨境电商与县域特色产业集群协同发展有助于研发创新。一方面，跨境电商面向全球，有丰富的数据资源，实现信息与资源集聚，能接触到国外用户从而搜集到更多用户需求，能够使企业了解到前沿观念、技术等，能够为河北企业的产品研发、市场分析等提供强有力支撑。另一方面，跨境电商生态圈也可利用知识溢出效应，升级自身平台，实现综合功能的完备。

跨境电商与县域特色产业集群发展不仅可以采用开放式的研发形式，还可以采用多元化的研发合作创新的方式。这种战略性的开放研发不仅有助于促进技术创新，还可以为制造业企业提供更广泛的合作平台，增强整个产业集群的竞争力。一个鲜明的例子是新能源汽车产业的崛起。随着环保意识的不断提高和对可持续交通的需求，新能源汽车产业成为中国制造业的一个重要方向。在这个领域，各个企业通过开放式的研发形式展开合作，形成了一个庞大而有机的产业集群。以电池技术为例，不同制造商通过共享研发成果，提高了电池技术水平，降低了生产成本，最终推动了整个新能源汽车产业的飞速发展。

开放式的研发形式可以为增强跨境电商与县域特色产业集群的竞争力增强提供多方面的益处。首先，通过共享科研资源，河北跨境电商企业不仅能够更高效地进行研发活动，还能避免重复投入，提高研发效率。开放式研发有利于促使不同领域内企业之间的合作，加速技术创新的跨领域融合。通过开放式的研发形式，制造业产业集群能够更好地吸引和留住高层次的科研人才。不同企业之间的合作平台有利于为科研人员提供更广阔的发展空间，激发他们的创新潜力，为产业集群的技术创新提供源源不断的动力。

随着行业的发展，越来越多的品牌开始重视产品研发。逸仙电商作为国货美妆平台，一直注重产品的创新与研发，凭借强大的产品研发实力，不断拓展市场，并引领行业潮流。一直以来，逸仙电商坚持以用户需求为导向，持续加强产品研发，推出了多款颇具创意的产品。这些产品的研发过程，从最初的构思到实现，都经历了严格的研究和测试，保证了产品的质量和安全性。在逸仙电商的产品研发团队中，多位经验丰富的专业人才，不断探索新的技术和方法，不断改进产品的设计和功能，以提供更好的用户体验。此外，逸仙电商还注重与国内外顶尖科研机构和高校进行合作，共同研发更具创新性和竞争力的产品。同时，逸仙电商还不断拓展新的产品领域，开拓新市场，为消费者提供更多元、更丰富的选择。在拓展 Open Lab 边界的同时，逸仙电商始终坚持"以研发赋能品类创新，以品类创新促进研发突破"，将前沿的技术创新应用至产品上，开发出如舒胺修 H、舒胺修 L、377 共输送纳米载体 pro、水杨酸纳米包裹微胶囊等独家成分，更有针对性地服务中国及全球消费者不同的肌肤需求。逸仙电商旗下品牌 DR.WU 达尔肤在纳米输送技术的基础上，更进一步提出靶向精准起效的新方向。经过联合实验室深入研究和严苛验证，新一代靶向纳米载体技术自此诞生，靶向修红科技和专研成分肤源修（TransHealer）成功应用于达尔肤产品中。

开放式的研发形式促进制造业的发展，不仅有助于技术水平的提高，还推动了产业集群竞争力的增强。逸仙电商的成功经验表明，开放式的研发合作有助于构建创新型的产业集群，为河北省制造业与跨境电商发展走向更高水平的发展打下坚实基础。

6.1.3 生产模式创新

中国跨境电商是一种电子商务模式，涉及将产品销售到国际市场。跨境

第6章　河北省跨境电商与县域特色产业协同创新机理研究

电商的兴起和不断发展，引发了全球贸易和生产模式的深刻变革。这一趋势涉及从传统的 B2B 到 B2C 模式，使制造商直接面向终端消费者，简化了交易环节，也改变了传统的生产方式。这个变革对生产模式产生了深远的影响，从以生产为导向的传统生产模式向以需求为导向的新兴模式转变，促使企业提高了灵活性和生产能力。

目前，中国传统的跨境电商生产模式通常包括以下几个主要环节：

（1）采购：传统的跨境电商生产模式通常以国内采购为起点。企业通过国内生产或批发商采购产品，包括服装、电子产品、家居用品等。采购通常是基于对市场需求和趋势的分析，以确保选择的产品在国际市场上有竞争力。

（2）生产和加工：在一些情况下，企业可能会选择对产品进行定制、生产或加工，以满足国际市场的需求。这涉及生产线、工厂设备和劳动力等资源的管理。加工的目的是提高产品的附加值，以吸引更多国际客户。

（3）仓储和物流：传统的跨境电商通常需要建立仓储和物流体系，以存储和分发产品。这可能涉及建立仓库、物流合作、货运管理和订单处理等。物流通常是跨境电商中的一个关键环节，对产品的运输、清关和交付都有重要影响。

（4）营销和销售：企业通常通过在线销售渠道，如自有网站、电子商务平台（如亚马逊、eBay）或社交媒体，来进行产品的市场推广和销售。传统的跨境电商生产模式通常需要投入大量资源用于品牌宣传、广告和市场营销活动。

（5）海外市场拓展：为了进入国际市场，企业需要研究目标市场的法规、消费者习惯和竞争情况。他们还需要建立国际化的网站、多语言客户支持和本地化的市场策略。此外，他们可能需要合作或建立关系，以获得本地市场的支持和认可。

（6）风险管理：传统跨境电商企业需要面对一系列潜在风险，如货物损失、货币风险、政策风险、竞争风险等。因此，风险管理在整个生产模式中起着关键作用。企业通常需要购买保险，并制订应对政策变化的计划。

（7）售后服务：跨境电商企业需要提供售后服务，以维护客户关系。这包括解决客户问题、处理退货和退款请求，以及确保产品质量和客户满意度。

综上，传统的跨境电商生产模式涉及从采购到销售的各个环节，需要企业投入大量资源和精力，以满足国际市场的需求。在传统的生产模式下，供应链繁复冗长，制造业受其制约，制造环节反应缓慢，客户多样化、个性化的需求难以及时得到满足。在传统的生产模式中，制造商通常以大批量生产为主，因为这有助于降低生产成本。然而，这种模式存在一些问题，如积压库存或供不应求。大量生产会导致库存积压，当产品未能及时销售时，企业则面临库存损失和成本上升的风险。另外，由于生产是以生产计划为基础的，因此可能会出现供不应求的情况，导致产品无法满足市场需求。

跨境电商的出现改变了这一格局，跨境电商推动生产模式从以生产为导向转变为以需求为导向。通过在线销售渠道，制造商可以直接接触到全球的消费者，了解其需求和反馈。这为制造商提供了更准确的市场信息，使其能够更灵活地调整生产计划。企业可以根据实际需求来生产，避免了库存大量积压的问题。这种以需求为导向的生产模式帮助企业更好地控制了成本，降低了风险，并提高了市场响应速度。跨境电商直接与消费终端相接触，能够及时有效地掌握市场变化趋势。因此，利用跨境电商平台信息传播的交互性，制造业产业集群能够通过平台及时获取客户需求信息，把握市场变化和行业发展趋势，企业生产柔性得到提高。同时，利用跨境电商平台能够促进供应链上下游企业的协同，强化供应链资源整合，提升制造业产业集群的整体生产效率和响应速度。

跨境电商推动了生产模式的数字化和自动化。河北跨境电商与制造业企业可以借助先进的技术，如大数据分析、人工智能和物联网，能够更好地了解市场趋势和客户行为。这有助于优化生产流程，提高生产效率，降低生产成本。生产设备和供应链管理系统的数字化也使企业能够更灵活地应对市场变化，实现按需生产。

跨境电商推动全球供应链的重新配置。跨境电商与县域特色产业集群企业不再受限于地理位置，可以选择在全球范围内建立分布式供应链。这种模式使生产更加灵活，可以更好地满足不同地区的需求。同时，供应链数字化也有助于提高供应链可见性和透明度，降低了风险，提高了供应链的韧性。

跨境电商与县域特色产业集群的崛起已经引领了生产模式的根本性变革，

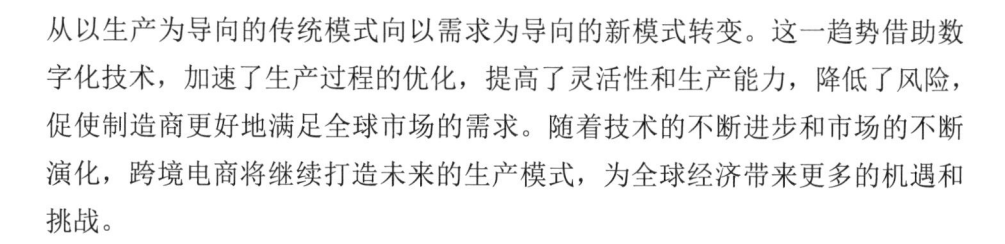

第6章 河北省跨境电商与县域特色产业协同创新机理研究

从以生产为导向的传统模式向以需求为导向的新模式转变。这一趋势借助数字化技术，加速了生产过程的优化，提高了灵活性和生产能力，降低了风险，促使制造商更好地满足全球市场的需求。随着技术的不断进步和市场的不断演化，跨境电商将继续打造未来的生产模式，为全球经济带来更多的机遇和挑战。

6.1.4 技术创新

跨境电商平台与高端技术、智能制造产业的融合已经形成一股强大的势能，这股势能旨在推动跨境电商与县域特色产业集群迈向更高水平的发展。这一愿景不仅涉及技术创新，还涉及多个方面的综合发展，包括产业升级、资源优化、信息共享和协作创新。通过发挥互联网的聚合效应，激发技术创新，改善供给质量和效率，以及突破产业链上的技术短板。

技术创新是推动制造业发展的核心引擎。制造业，尤其是高端技术和智能制造领域，需要不断地提升产品质量、生产效率和技术水平。通过技术创新，企业可以开发新产品、优化生产流程，并不断提高竞争力。因此，将技术创新置于战略位置至关重要。河北省内有众多传统和新兴制造业产业集群，如机械制造、钢铁、建材、新能源等。这些集群在技术和市场上具有巨大潜力，可以通过技术创新实现升级。跨境电商平台为这些集群提供了进入全球市场的机会。

跨境电商平台具有独特的优势，可加速技术创新。首先，它们广泛覆盖全球市场，使企业能够更广泛地推广和销售其产品。这为技术创新提供了市场需求和反馈的重要渠道。其次，跨境电商平台具有便捷的国际贸易和支付体系，使企业可以更快速地获取所需的资金和资源，从而支持研发和创新活动。最重要的是，平台提供了数据分析和市场研究工具，帮助企业更好地了解国际市场需求，为技术创新提供宝贵信息。

跨境电商平台不仅为企业提供销售渠道，还可以促进技术合作。在这些平台上，企业可以与国际合作伙伴共同开展研发项目，共享技术资源，加速技术创新的步伐。例如，一家河北省内的智能制造企业可以与国外的研究机构或同行企业合作开发新的智能控制系统，共同攻克技术难题，提高产业竞争力。

为了实现技术创新，制造业需要采用开放式生产组织体系。这意味着企业需要与其他企业、研究机构和政府合作，共享资源和信息。跨境电商平台可以作为连接不同节点的桥梁，促进企业间的合作与共赢。例如，一家河北省的高新技术制造企业可以通过平台与国内外的供应商、合作伙伴和客户建立联系，共同推动技术创新。

跨境电商平台不仅促进了企业间的竞争，还鼓励了合作。企业之间的竞争可以激发创新，促使它们不断改进产品和技术，以满足市场需求。同时，平台上的信息共享和合作机会也可以帮助企业共同攻克技术难题，推动产业创新。这种良性竞争和合作的平衡是技术创新的关键。跨境电商平台为河北省内的制造企业提供了推广和销售产品的机会，但关键是产品的技术水平和质量。通过技术创新，企业可以开发新产品、改进现有产品，满足国际市场的需求。例如，一家河北省的新能源企业可以通过技术创新，研发更高效的太阳能电池板，以满足全球对可再生能源的需求。

综上，通过发挥互联网和跨境电商平台的聚集优化资源的优势，构建开放式生产组织体系，通过信息平台的交流，可以促进企业间的竞争和合作，实现技术、组织管理、经营机制、销售理念和模式等方面的创新，有助于提高供给质量和效率，激发制造业转型升级的新动能，同时也有望突破产业链技术短板，推动河北省内制造业的快速发展。这一战略性的举措将有助于促进国内经济结构优化和产业升级，为经济的可持续发展作出贡献。在未来，继续深化跨境电商与高端技术、智能制造产业的融合，将是经济发展的一个重要方向。

6.1.5 营销模式创新

跨境电商和县域特色产业集群的传统营销模式有所不同，主要是因为它们的定位和运营方式不同，以下是它们的营销模式的一些关键特点。

1.县域特色产业集群的营销模式

（1）本地市场重心：县域特色产业集群的传统营销主要侧重于满足本地市场需求。产品销售主要针对当地消费者和周边地区的市场。

第6章　河北省跨境电商与县域特色产业协同创新机理研究

（2）口碑和传统广告：营销通常依赖于口碑传播和传统广告手段，如宣传册、当地媒体、口口相传等。

（3）参加当地活动和展会：参加当地的展会、市集和活动是一种常见的传统营销方式，可以展示和销售产品。

（4）依赖中间商和分销商：产品通常通过中间商、批发商或零售商来进入市场，他们负责产品的分销和销售。

2.跨境电商的营销模式

（1）在线市场：跨境电商主要侧重于在线市场，如电子商务平台亚马逊、eBay、阿里巴巴等。

（2）数字化广告：营销倾向于数字化广告，如搜索引擎优化、社交媒体广告、搜索引擎广告等。

（3）全球市场：跨境电商模式将产品推向国际市场，产品销售可以覆盖全球范围，而不仅仅局限于本地市场。

（4）直接销售：厂商或卖家通常直接销售产品给国际客户，绕过传统的中间商和分销商。

传统的县域特色产业集群模式和跨境电商模式在市场覆盖、销售渠道、广告手段等方面存在明显的差异。传统县域特色产业集群的销售只是通过线下交易，客户群体依靠的是长期积累，不管是数量还是规模都具有局限性。

跨境电商改变了县域特色制造业集群的营销模式。首先，跨境电商作为新的营销手段，不仅可以降低交易成本，还更容易获得顾客的需求信息，为集群内企业提供信息交流及资源整合的机会，设计满足顾客需求的差异化产品，提高资源利用效率；其次，跨境电商的B2B，甚至B2C的模式，使生产由大批量向小批量、多批次的柔性生产转变，促进集群内企业的资源整合，由现有的产业分工模式向全产业链的网络分工模式转变。

跨境电商及其平台通过为制造业提供不同于传统的销售服务模式，既拓展了销售环节的价值创造空间，又使得相关企业的竞争力得到提升。跨境电商行业不仅具备类型丰富的客户群体、不同核心优势的物流服务企业，还拥有多方式的销售渠道，为制造业产业集群提供更多可供选择的营销方案和合作渠道，为产品销售提供更多机会。同时，随着县域特色制造业产业集群企业与跨境电商的不断协同，跨境电商平台上的产品提供商也越来越多，丰富了跨境电商平台提供产品的种类，这又会吸引更多的客户进行搜索和消费，增加跨境电商平台的吸引力与用户黏度，加速了跨境电商企业的壮大与完善。此外，由于互联网技术的应用，跨境电商突破时间与地理上的阻碍，依靠智能化的数据分析，针对消费者的需求实行精准定位销售；对消费者消费习惯和日常搜索进行数据捕捉，有目的性地进行推送服务等，从而更好地满足消费者的产品与服务需求。

6.1.6 制造效率创新

客户需求的多样化、个性化以及定制化，消费市场的不稳定性致使县域特色制造业产业集群的制造环节面临着反应缓慢、产品积压以及资源不能充分利用等问题。面对制造环节存在的这些问题，应该着重研究产业集群互联网化的转型升级，应用移动互联网、大数据和云计算等技术，调整产业集群的工艺流程和产品线，实现产业集群内部结构的优化，通过数据联通，消费零售电商化实现制造业柔性生产，提高周转率。

制造业产业集群能够利用跨境电商平台信息传播的交互性，构建电子商务化的产品供应链条，将获得的客户需求信息、市场行情变化以及行业发展趋势有效地传达至制造业产业集群的各个相关部门，实现企业的个性化与柔性化生产。同时，跨境电商平台的应用将推动制造业产业集群以需求为导向的生产模式，深度了解用户需求，促进上下游企业的协同，充分整合市场资源且调动相关联资源要素的流动与配置，细化完善生产制造流程；提升制造业产业集群的生产效率，降低生产成本，实现缩短市场响应时间的目的。因此，在协同发展的过程中，跨境电商在制造业产业集群中的融入，既有效地满足客户个性化需求，提供符合需求的产品与针对性的服务，又可提高运营响应速度，对产品进行改进优化，增加产品品牌效应与附加值。

6.1.7 物流效率创新

县域特色制造业产业集群周围往往围绕着原材料供应商、中间品制造商、零售批发商等，具备较为完善的产业链，而且为了便于制造业产业集群中企业之间原材料、零部件的快速运输，往往有成熟的物流运输体系。而物流作为跨境电商发展中的主要瓶颈，物流体系不完善、物流效率低等问题亟待解决。为了支撑和保障生产高效运作，解决物流体系不完善、物流效率低等问题，县域特色制造业产业集群对物流体系的构建较为重视，产业集群内的相关企业目前正在积极与跨境电商达成合作，利用自身的集聚优势增加对物流基础设施的投入，共建仓储物流配送体系，共享仓储、共同配送，摆脱物流困境。借助于跨境电商平台，制造业产业集群有利于实现更加快捷高效的物流信息传输。

目前，在跨境电商中，不少大型的跨境电商企业利用自身优势在海外搭建物流网络系统，为自身的运营与发展提供支撑，但对于大多数中小型企业的跨境电商来说，其并不具备搭建海外仓、构建物流网络的能力。而制造业产业集群的发展形成本就经历较长时间，所以在产业链的许多环节上往往具有更多的资源与经验优势，且能与跨境电商产业链上的一些节点相互推动，进而改善跨境物流困境。例如，县域特色制造业产业集群利用拥有的物流配送体系与跨境电商达成合作，帮助跨境电商完善物流网络，而制造业产业集群中的企业也通过跨境电商平台实现更加快捷高效的配送操作与物流信息传输。有能力的制造业产业集群还可利用自身集聚优势增加对物流基础设施的投入，构建仓储和物流中心，拓宽物流网络结构，增强物流时效性与服务。因此，在物流配送环节，县域特色制造业产业集群与跨境电商之间的相互作用，能够帮助摆脱跨境物流困境，完善行业物流体系。

6.2 跨境电商与产业集群协同发展的路径

6.2.1 加大政策扶持力度

政府相关部门虽已发布了一些政策来促进跨境电商与制造业产业集群的共同发展，但是跨境电商发展还未进入成熟阶段，且制造业产业集群打破固态模式需要缓冲准备，需要政府加大扶持力度，更高效地实现协同发展。

第一，积极推进协同发展试点项目，实现精准扶持。不管是跨境电商的发展还是制造业产业集群的转型升级，政府都有相应的激励或优惠政策。同样，跨境电商与制造业产业集群的协同发展也应根据两者协同发展的情况制定针对性的支持政策。因此，在省市推动产业集群跨境电商试点项目的基础上，各地方政府可结合地方特色与地方发展状况制定更为精准的扶持政策，开展产销活动，激发企业作为市场发展主体的活力，实现最贴合实际的协同发展。政府的扶持除了试点推进、资金激励等手段外，还应完善法律体系。制造业产业集群缺乏产权意识，跨境电商缺乏品牌化，存在虚假欺诈信息，利用法律制度规则来避免发展中存在的产权问题，遏制乃至消除虚假伪造，提升企业生产制造的创新性是未来发展重点。

第二，利用国家项目，增加与国外政府的合作。单纯凭借企业的资本、技术等能力，很难实现在海外市场的壮大。而由政府主导，与国外政府进行合作，拓展国际班列的范围，增加班列的数量，增加国际航线，加快公共海外仓的建设等，能够加速物流运输速率，改善产业链上物流环节的困境。"一带一路"作为国家的重点项目，推动了与沿线国家的贸易发展，实现了国内包括制造业在内的众多行业的对外贸易发展。当前，跨境电商已成为"一带一路"发展的重要枢纽，数字丝绸之路的构建，国家间网络贸易中心的形成，将在一定程度上消除国际贸易壁垒，增加企业信用，缩减产品出口的烦琐流程，增加产品的出口品类。因此，在推进国家项目、与国外政府合作的过程中，跨境电商与制造业产业集群实现提升与发展是必然趋势。

6.2.2 加快跨境电商生态圈建设与完善

跨境电商作为新兴行业，发展速度远大于与跨境电商相关的行业的服务能力，因此要加强跨境电商生态圈的建设，完善跨境电商系统的各环节。

第一，提高物流效率，降低物流成本。跨境物流是阻碍跨境电商发展的主要瓶颈，改善跨境物流困境至关重要。应完善物流基础设施的覆盖范围，搭建海外仓，构建全球性的物流运输网络，扩大物流配送范围，增加B2B、B2C物流配送模式的份额，减少物流配送周期；构建跨境电商物流信息中心，公开共享物流信息，实现物件的有效追踪，降低商品丢失率；推动跨境电商向智慧供应链服务商转型升级，将物流发展置于整个供应链中，实现在整体中的融合与提升。

第二，改善跨境电商监管环境。良好的监管环境有助于跨境电商企业的优质生长，消除现阶段存在的清关、结汇以及税收中存在的问题。培育风险低、安全性高的第三方支付平台，政府部门扶持，企业制订审核和服务标准，适当提高服务门槛，从而降低服务双方风险、提升企业信用与规模；制订更为细致的监管规则，根据产品标准、产品品类等研究跨境电商便利化举措；政府在监管中可树立优质企业标杆，给予褒奖与资金投入，推动整体市场氛围向好发展，同时与海外优质品牌合作，加强内外融合，互惠共赢，实现良好发展。

第三，完善跨境电商产业链，优化环节服务。任一系统的发展都是系统内各要素共同作用的结果，是各环节有效连接的结果，跨境电商生态圈亦是如此。从事跨境电商相关业务的服务机构虽发展程度不一，却也支撑起了跨境电商生态系统的运转，实现了跨境电商产业链上物流、信息流以及资金流的流动，但其效率有待提高。构建公开、公正的评价体系，在评价互动中，开展对制度与商业模式的改进，优化跨境电商物流、支付、清关以及税收等服务环节，实现产业链上企业自身质量的提升；构建跨境电商产业园区，成立跨境电商企业孵化中心，吸引从事跨境电商相关业务的企业或服务机构入驻，从而增加企业间的交流，增进合作亲密度，实现有效信息共享，知识外溢；利用互联网技术，打造信息交流渠道，以促进产业链上各环节的相互磨合，既保证数据资料的安全又实现效率的提升。通过跨境电商产业链上各要素的竞争与合作，提升各环节服务质量，优化产业链结构，实现跨境电商系统向集约高效转变。

6.2.3 促进企业间协同

不管是跨境电商、制造业产业集群的发展还是两者的协同发展，政府所做的集中于政策优惠、资金激励以及项目倡导等举措，而项目的实行与落实需要关联企业进行具体实施，因此，跨境电商相关企业、制造业产业集群内的众多企业发挥着至关重要的作用。

第一，建立产销对接机制。构建跨境电商企业与制造业产业集群的产销对接机制，发挥政府相关政策活动的价值，实现企业间交易衔接。传统的制造商往往由于与市场缺乏直接高效的交流渠道，而造成销售渠道失灵、产品规划滞后等问题，而跨境电商基于互联网技术，销售范围广泛，信息更新及时快捷，且能与制造商、消费者直接接触。因此，通过产销对接机制的建立，可加快改进制造商的产品生产规划，扩大产品的销售范围，而跨境电商也随着与不同层次、不同类别产品制造商的对接，拥有庞大的优质货源，实现灵活的销售策略与服务。所以，可以在政府政策的推动下，跨境电商企业与制造业产业集群企业先进行初步合作，相互了解对方的运行机制，制订目标范围，以对接合作效果为标准，在得到目标效果的情况下，再进一步进行更深度的合作，从而实现产销对接机制的形成与完善。

第二，搭建信息交流平台。跨境电商系统与制造业产业集群系统在很大程度上是独自运营，但是正如前文中对两者的协同发展作用机理分析，两者的协同发展带来产业价值链上的各环节的改善与优化，第 4 章提及的案例分析也证明了其协同发展带来的经济成果。然而，种种成果所依赖的是跨境电商与制造业产业集群之间信息的交流与共享。因此，除了优化跨境电商生态圈，还需要搭建跨境电商与制造业产业集群之间的交流桥梁，实现信息共享。如制造业产业集群与跨境电商产业园区、物流园区、报税物流中心等形成合作，利用大数据、云技术、区块链等构建智慧信息交流平台，实现产品信息、交易信息、物流信息的互通。然后再通过数据信息的整合进行回馈从而实现进一步的改善，降低不同企业之间的交流成本、运营成本，提高各环节的效率，实现制造业产业集群系统与跨境电商系统的协同发展。

6.2.4 培养综合型人才

行业的发展、技术的升级以及产品的更新都是众多专业性人才努力的结果。跨境电商与制造业产业集群的协同发展也需要具备综合能力的专业优秀人才。在两者的协同发展中，跨境电商需要懂跨境电商的多元化人才，制造业产业集群的企业也需要具备跨境电商的运营人才，这样才能让制造业正确地、高效地实现与网络平台的连接、与销售环节的融合。而跨境电商涉及电商平台营销、跨境物流、跨境支付结算以及售后服务等环节，需要与国外消

第 6 章　河北省跨境电商与县域特色产业协同创新机理研究

费者进行交流，了解国外的消费习惯、文化习俗、相关法律法规以及基本的金融与财务知识等，故需培养复合型的跨境电商人才，政府、高校以及企业三方应有效对接，积极联动，推动综合型专业人才的培养战略，如河北地质大学跨境电商产业学院，通过政府、高校、企业等多方的协作，实施"分层次、分梯队"的培训体系，实施多元化人才培养，为促进跨境电商系统的优化、制造业产业集群的转型升级提供优质人才供给。

第 7 章　河北省跨境电商与县域特色制造业产业集群协同实证

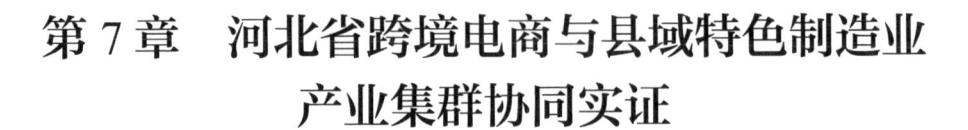

7.1 复合系统协同度模型的构建

7.1.1 复合系统协同度模型的构建思路

跨境电商与县域特色制造业产业集群的协同发展是两子系统在发展演化过程中，相互促进、提升的过程，意味着复合系统从无序状态逐渐走向有序。县域特色制造业产业集群面对不断变化的全球市场，面临升级转型的压力，跨境电商的出现成为我国对外贸易的发展新动能，它为国际贸易提供新的销售渠道，可以帮助县域特色制造业产业集群突破传统的销售模式，也更能提供信息用于产业集群的创新研发以及柔性化生产，提升我国产业链在全球的地位。同时，跨境电商的物流问题也可利用制造业产业集群的集群优势得到改善。因此，本章从复合系统视角出发，构建跨境电商与县域特色制造业产业集群复合系统模型。河北省跨境电商优势突出，集聚众多大型电子商务企业，且制造业产业发展集群特征显著。因此，以河北省为例，分析跨境电商与县域特色制造业产业集群复合系统的演变态势。通过构建协同度模型，对协同度进行评价，具体构建流程如图 7.1。

第7章 河北省跨境电商与县域特色制造业产业集群协同实证

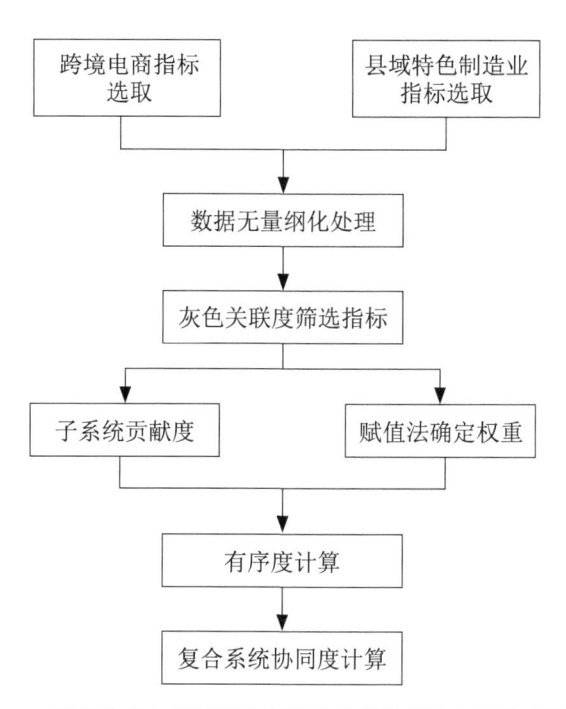

```
┌──────────────┐      ┌──────────────┐
│ 跨境电商指标 │      │县域特色制造业│
│    选取      │      │  指标选取    │
└──────┬───────┘      └──────┬───────┘
       │                     │
       └──────────┬──────────┘
                  ▼
         ┌──────────────┐
         │数据无量纲化处理│
         └──────┬───────┘
                ▼
         ┌──────────────┐
         │灰色关联度筛选指标│
         └──────┬───────┘
       ┌────────┴────────┐
       ▼                 ▼
┌──────────────┐  ┌──────────────┐
│ 子系统贡献度 │  │赋值法确定权重│
└──────┬───────┘  └──────┬───────┘
       └────────┬────────┘
                ▼
         ┌──────────────┐
         │  有序度计算  │
         └──────┬───────┘
                ▼
         ┌──────────────┐
         │复合系统协同度计算│
         └──────────────┘
```

图 7.1 跨境电商与县域特色制造业产业集群协同评价流程图

7.1.2 复合系统协同度模型建立

（1）子系统参序量的确定

假设 $S = \{s_1, s_2, s_3, s_4, \cdots, s_i, \cdots, s_m\}$，$i \in [1, m]$ 为复合系统，则跨境电商与县域特色制造业产业集群的复合系统即为 $S = \{S_1, S_2\}$。其中 S_1 为跨境电商子系统，S_2 为县域特色制造业产业集群子系统。假定 $X_1 = (x_{11}, x_{12}, \cdots, x_{1j}, \cdots, x_{1n})$ 为跨境电商子系统的序参量指标，$X_2 = (x_{21}, x_{22}, \cdots, x_{2j}, \cdots, x_{2n})$ 为县域特色制造业产业集群子系统的序参量指标，$j \in [1, n]$。依据协同学理论，当系统的有序度与序参量成正比时，此类参量可称为慢弛豫参量，反之，两者成反比，则为快弛豫参量。若将 β_{ij}，α_{ij} 分别用来表示序参量分量 x_{ij} 的上、下限，一般的以获得的时间序列数据的最大值与 $1+a$ 的乘积确定上限，最小值与 $1-a$ 的乘积确定下限，其中，a 为历史变化幅度，取值范围在 5% 至 10% 之间。鉴于本书只考虑慢序参量，对系统的稳定性呈正向功效，因此序参量的有序度 $\mu_i(x_{ij})$

的表达式如下：

$$\mu_i(x_{ij}) = (x_{ij} - \beta_{ij})/(\beta_{ij} - a_{ij}) \tag{7.1}$$

其中，$\mu_i(x_{ij}) \in [0, 1]$，结果数值越大，则说明序参量分量 x_{ij} 对系统走向有序的贡献程度越大，其系统的有序程度越高。

（2）子系统的有序度测算

复合系统的协同能力的大小来自各个子系统序参量对于其构成的复合系统的有序程度的贡献。其中贡献度的获得可以通过对 $\mu_i(x_{ij})$ 的集成和整合来实现。一般采用加权求和法或几何平均法进行集成计算，计算方式如下：

$$\mu_i(x_{ij}) = \sqrt[n]{\prod_{j=1}^{n} \mu_i(x_{ij})} \tag{7.2}$$

或者

$$\mu_i(x_{ij}) = \sum_{j=1}^{n} w_j \mu_i(x_{ij}) \tag{7.3}$$

其中，w_j 为各序参量指标的权重，且有 $w_j \geq 0$，$\sum_{j=1}^{n} w_j = 1$。此外，$\mu_i(x_{ij}) \in [0, 1]$，其数值越大，说明子系统的有序程度越高，反之亦然。

（3）评价指标权重的确定

对评价指标进行赋权重的方法中，主观赋值法多是根据自身经验进行衡量进而制定标准，具有较强的解释性和较弱的客观性；客观赋值法是从数据出发，利用原始数据，根据它们之间的关系以及明确的数学公式进行权重计算，具有极强的数学理论支撑，不依靠人的主观意愿，更客观科学，因此，本文将选用客观赋值法。客观赋值法有熵值法、准离差法以及 CRITIC 赋值法。书中所研究的 $\mu_i(x_{ij})$ 所表达的含义即为子系统序参量在系统运行过程中对其有序度的变化所作出的贡献程度，而 CRITIC 法既考虑了指标在不同评价方案中的差异对于指标权重的影响，又顾及了评价指标之间的冲突性，因此，本书将采用 CRITIC 法对评价指标进行权重赋值，计算公式如下：

$$D_j = p_j \sum_{j=1}^{n} (1 - r_{ij})$$
$$j = 1, 2, \cdots, n \tag{7.4}$$

$$E_j = D_j / \sum_{j=1}^{n} D_j$$
$$j = 1, 2, \cdots, n \quad (7.5)$$

其中，p_j 表示评价指标 j 的标准差，r_{ij} 表示子系统中评价指标 j 与其他评价指标之间的相关系数，D_j 表示第 j 个指标所包含的信息量，即对于系统的影响程度，D_j 越大，指标的相对重要性越强。E_j 表示指标 j 的客观权重，即最终评价指标所具备的权重数值。

（2）复合系统的协同度测度

复合系统协同的变化状态是由于各子系统在不同时刻下互相作用的结果。所以，复合系统的协同度也就取决于各个子系统有序度演变作用的结果。假设在规定的初始时刻 t_0，有跨境电商子系统有序度为 $\mu_{10}(x_1)$，县域特色制造业产业集群子系统有序度为 $\mu_{20}(x_2)$，当演化发展到 t_1 时，相应的获得 $\mu_{11}(x_1)$、$\mu_{21}(x_2)$，若设复合系统的协同有序度为 U，则有：

$$U = k\sqrt{\left|\mu_1^1(x_1) - \mu_1^0(x_1)\right| * \left|\mu_2^1(x_2) - \mu_2^0(x_2)\right|}, k = \begin{cases} 1, \mu_1^1(x_1) \geqslant \mu_1^0(x_1) \\ -1, \mu_1^1(x_1) < \mu_1^0(x_1) \end{cases} \quad (7.6)$$

其中，$U \in [-1, 1]$，在取值范围内，U 大于零表明所测算的复合系统处于协同演进的良性状态，小于零则表示其复合系统的不协同。此外，k 是为了保证当且仅当 $t_1 \geqslant t_0$ 时，两子系统之间才具有正向的协同效应。

7.1.3 复合系统协同度模型指标的选取

复合系统协同度来源于子系统有序度的集成，而有序度的获得有赖于序参量指标的科学选取。因此，选取合适的子系统序参量指标非常重要，既可以有效地描述子系统以及复合系统的发展水平，又可以定量地分析系统的协同状况。所以，在科学性、客观性、可操作以及有代表性的原则下，综合专家观点、学者的文献成果，结合子系统发展特点并考虑各项指标的可获得性、可量化性，以选择出体现当前系统发展水平的评价指标。本节对于河北省跨境电商子系统发展水平的测度，将分为市场发展规模以及物流服务能力两个维度 17 个指标进行度量，县域特色制造业产业集群子系统发展水平指标将主要从集群规模和集群创新能力两个方面选取 16 个指标进行评价，具体的测度指标见表 7.1 和表 7.2。

表 7.1 河北省跨境电商协同测度指标

	类别	指标	单位	变量
跨境电商发展水平	市场规模	进出口贸易总额	亿元	X1
		跨境电商零售出口总额	亿元	X2
		跨境电商网络零售额	亿元	X3
		居民消费水平	元	X4
		批发零售业从业人员	万人	X5
	物流服务	社会物流总额	万亿元	X6
		A 级物流企业数量	个	X7
		国际以及港澳快递业务件数	万	X8
		国际以及港澳快递业务收入规模	亿元	X9
		快递业务收入规模	亿元	X10
		铁路总里程	公里	X11
		公路总里程	公里	X12
		民用航线数	条	X13
		民航货运量	万吨	X14
		码头停泊位数	个	X15
		沿海港口货物吞吐量	万吨	X16
		固定互联网宽带接入用户	万户	X17

第 7 章 河北省跨境电商与县域特色制造业产业集群协同实证

表 7.2 河北省县域特色制造业集群协同测度指标

	类别	指标	单位	变量
县域特色制造业集群发展水平	集群规模	工业总产值	亿元	Y1
		企业法人单位个数	个	Y2
		固定资产投资	亿元	Y3
		利润总额	亿元	Y4
		每百元营业收入实现利税	元	Y5
		出口交货值	亿元	Y6
		产品销售率	%	Y7
		平均用工人数	万人	Y8
	集群创新	企业开发新产品费用	万元	Y9
		专利授权数量（有效）	个	Y10
		企业技术开发机构	个	Y11
		技术人员投入强度人数	人	Y12
		经费投入强度	%	Y13
		有 R&D 活动的企业数	个	Y14
		新产品销售收入	万元	Y15
		基础设施投资	亿元	Y16

7.2 复合系统模型协同度的测算

7.2.1 数据选取与处理

本书将选取河北省的跨境电商与县域特色制造业产业集群的相关数据，测算子系统序参量和复合系统协同度的大小。结合复合系统与协同学理论，系统由若干相互依赖的组成部分集合而成，通过利用系统内各要素资源的作用发展，形成具有特定功能的有机整体。因此，针对河北省跨境电商子系统和县域特色制造业产业集群子系统，利用所选子系统的发展水平指标数据进行测算，获取子系统序参量的大小，以评估子系统的发展情况。一个有机的整体通常包含在更大的系统组成中，即复合系统，其中各子系统相互联系又独立运行。系统内的要素、资源和信息相互关联，产生协同作用和合作效果，并与外界环境相互作用形成良性循环系统。因此，在测算复合系统协同水平时，通过计算各子系统发展指标在复合系统协同发展中所起作用的大小，然后将有效的指标结果集成，以获得综合的协同水平评估。而且，本书是通过客观赋值法计算权重大小，避免了对系统指标权重在主观意愿上的分配，因此，其数据计算结果能够相对准确地反映复合系统的协同发展情况。

本书的数据来源为中国电子商务研究中心、《中国统计年鉴》、《中国物流年鉴》、《河北统计年鉴》、河北省邮管局等。其中，对于个别无法得到的数据，本书采用简单回归对其进行估值补缺。由于水平指标单位各异，无法进行比较与计算，需要实现原始数据的无量纲化，本书将采用标准化的方式，其计算公式为：

$$X'_{ij} = (X_{ij} - \bar{X}_j)/S_j, (i=1,2,3,\cdots,m; j=1,2,3,\cdots,n) \quad (7.7)$$

其中，$\bar{X}_j$表示评价指标X_{ij}的数学期望，S_j是评价指标X_{ij}的标准差。

在完成无量纲化后，对两子系统的初始指标进行灰色关联度检验，并对获得灰色关联度结果进行筛选，剔除关联度较低的指标，最终获得跨境电商子系统的评价指标进出口贸易总额X1、跨境电商零售出口总额X2、跨境电商网络零售额X3、居民消费水平X4、批发零售业从业人员X5、社会物流总额X6、A级物流企业数量X7、国际以及港澳快递业务件数X8、国际以及港澳快递业务收入规模X9、铁路总里程X11、公路总里程X12、民用航线数X13、民航货运量X14、码头停泊位数X15、沿海港口货物吞吐量X16和固定互联网宽带接入用户X17；制造业产业集群子系统的评级指标有工业总产值Y1、企业法人单位个数Y2、固定资产投资Y3、利润总额Y4、每百元营业收入实现利税Y5、出口交货值Y6、产品销售率Y7、平均用工人数Y8、企业开发新产品费用Y9、企业技术开发机构Y11、技术人员投入强度人数Y12、经费投入强度Y13、有R&D活动的企业数Y14、新产品销售收入Y15

第7章 河北省跨境电商与县域特色制造业产业集群协同实证

以及基础设施投资 Y16。筛选后的水平指标灰色关联度矩阵如下表 7.3。

表 7.3 筛选后的跨境电商与县域特色制造业产业集群评价指标关联度

	X1	X2	X3	X4	X5	X6	X7	X8
Y1	0.986	0.994	0.921	0.956	0.971	0.984	0.874	0.921
Y2	0.978	0.985	0.926	0.960	0.974	0.980	0.880	0.919
Y3	0.897	0.909	0.953	0.950	0.892	0.895	0.944	0.954
Y4	0.978	0.972	0.902	0.933	0.986	0.986	0.860	0.904
Y5	0.976	0.965	0.898	0.928	0.980	0.980	0.857	0.901
Y6	0.986	1.000	0.922	0.956	0.969	0.983	0.874	0.920
Y7	0.985	0.981	0.909	0.941	0.982	0.996	0.865	0.910
Y8	0.976	0.969	0.902	0.932	0.986	0.983	0.860	0.903
Y9	0.853	0.866	0.943	0.907	0.853	0.853	0.965	0.927
Y11	0.892	0.905	0.954	0.939	0.889	0.892	0.940	0.949
Y12	0.950	0.964	0.944	0.980	0.944	0.948	0.902	0.935
Y13	0.984	0.970	0.901	0.931	0.979	0.986	0.857	0.904
Y14	0.802	0.815	0.890	0.853	0.804	0.803	0.937	0.880
Y15	0.834	0.847	0.928	0.887	0.834	0.834	0.971	0.921
Y16	0.965	0.979	0.939	0.974	0.955	0.963	0.889	0.931
	X9	X11	X12	X13	X14	X15	X16	X17
Y1	0.950	0.985	0.994	0.891	0.968	0.968	0.973	0.913
Y2	0.945	0.981	0.991	0.892	0.969	0.972	0.977	0.919
Y3	0.942	0.895	0.908	0.909	0.907	0.937	0.932	0.955
Y4	0.930	0.986	0.973	0.876	0.964	0.944	0.949	0.896
Y5	0.926	0.980	0.966	0.872	0.963	0.938	0.943	0.892
Y6	0.949	0.984	0.991	0.889	0.968	0.969	0.974	0.914

(续表)

	X1	X2	X3	X4	X5	X6	X7	X8
Y7	0.938	0.995	0.981	0.881	0.970	0.952	0.957	0.902
Y8	0.929	0.983	0.971	0.876	0.966	0.942	0.947	0.895
Y9	0.904	0.854	0.867	0.936	0.875	0.897	0.891	0.954
Y11	0.940	0.892	0.906	0.930	0.911	0.934	0.928	0.967
Y12	0.963	0.949	0.963	0.904	0.954	0.989	0.982	0.937
Y13	0.930	0.985	0.971	0.873	0.963	0.942	0.947	0.893
Y14	0.847	0.804	0.816	0.911	0.823	0.844	0.838	0.898
Y15	0.887	0.835	0.848	0.924	0.856	0.876	0.871	0.936
Y16	0.959	0.964	0.978	0.901	0.963	0.987	0.987	0.930

筛选后获得跨境电商子系统与制造业产业集群子系统评价指标的标准化数据如表7.4、表7.5。

表7.4 筛选后的跨境电商标准化数据

	2011	2012	2013	2014	2015	2016	2017	2018	2019	2020	2021
X1	1	0.922	0.982	1.063	0.922	0.889	0.976	1.026	1.156	1.287	1.565
X2	1	1.012	1.039	1.188	1.106	1.091	1.152	1.214	1.284	1.365	1.641
X3	1	1.048	1.230	1.466	1.701	1.964	2.307	2.553	1.574	3.014	3.146
X4	1	1.122	1.192	1.258	1.373	1.543	1.699	1.861	2.042	2.041	2.073
X5	1	1.122	1.230	1.203	1.156	1.145	0.757	0.809	0.876	0.870	0.883
X6	1	1.008	1.009	1.016	1.018	1.020	1.085	1.093	1.097	1.104	1.108
X7	1	1.300	1.567	1.833	2.000	2.100	2.267	2.300	3.667	4.233	4.600
X8	1	1.286	0.929	1.071	1.286	2.112	2.486	2.113	2.523	2.369	3.573
X9	1	1.379	0.974	1.026	1.179	1.538	1.692	1.641	2.154	2.769	2.205
X11	1	1.001	1.010	1.018	1.032	1.073	1.082	1.130	1.127	1.074	1.071

第7章 河北省跨境电商与县域特色制造业产业集群协同实证

（续表）

	2011	2012	2013	2014	2015	2016	2017	2018	2019	2020	2021
X12	1	1.039	1.112	1.142	1.176	1.200	1.221	1.231	1.255	1.304	1.319
X13	1	1.140	1.228	1.070	1.298	1.579	3.211	3.544	3.737	4.018	3.386
X14	1	1.137	1.246	1.194	1.232	1.104	0.995	1.038	1.223	2.668	0.716
X15	1	1.061	1.258	1.411	1.460	1.509	1.552	1.583	1.638	1.730	1.761
X16	1	1.069	1.248	1.333	1.280	1.335	1.527	1.621	1.631	1.689	1.731
X17	1	1.139	1.219	1.332	1.449	1.905	2.257	2.552	2.788	2.995	3.305

表 7.5 筛选后的县域特色制造业产业集群标准化数据

	2011	2012	2013	2014	2015	2017	2018	2019	2020	2021
Y1	1	1.058	1.078	1.101	1.098	1.206	1.197	1.238	1.277	1.544
Y2	1	1.068	1.206	1.278	1.322	1.278	1.184	1.139	1.231	1.394
Y3	1	1.310	1.565	1.868	2.058	2.269	2.456	2.495	2.243	2.294
Y4	1	0.970	1.036	0.989	0.895	1.028	0.820	0.811	0.825	0.930
Y5	1	0.954	0.990	0.980	0.971	0.954	0.855	0.700	0.634	0.647
Y6	1	1.012	1.039	1.183	1.106	1.152	1.214	1.284	1.365	1.641
Y7	1	1.012	1.025	1.037	1.008	1.027	1.040	1.020	1.012	1.032
Y8	1	1.043	1.034	1.041	1.013	0.940	0.773	0.777	0.765	0.771
Y9	1	1.202	1.353	1.560	1.647	2.286	2.581	3.371	3.756	4.817
Y11	1	1.103	1.242	1.463	1.664	1.960	1.501	2.880	3.416	3.765
Y12	1	1.168	1.374	1.457	1.489	1.597	1.317	1.769	1.932	1.791
Y13	1	0.929	0.881	0.889	0.900	0.931	0.938	0.987	0.992	0.946
Y14	1	1.166	1.300	1.655	2.116	3.381	2.665	3.584	4.782	5.954
Y15	1	1.294	1.535	1.755	1.830	2.455	2.753	3.414	3.786	5.091
Y16	1	1.032	1.160	1.178	1.471	1.296	1.374	1.570	1.829	1.712

7.2.2 有序度与协同度的计算

筛选后的标准化数据通过式（7.1）获得各评价指标对于子系统有序的贡献度，利用式（7.3）、（7.4）的相关矩阵赋权法确定子系统评价指标的权重，其结果见表 7.6、表 7.7 和表 7.8。

表 7.6　跨境电商子系统各项序参量指标权重

X1	X2	X3	X4	X5	X6	X7	X8	X9
0.031	0.022	0.089	0.037	0.103	0.005	0.117	0.100	0.065
X10	X11	X12	X13	X14	X15	X16	X17	
0.065	0.007	0.010	0.141	0.146	0.026	0.024	0.075	

表 7.7　县域特色制造业产业集群子系统各项序参量指标权重

Y1	Y2	Y3	Y4	Y5	Y6	Y7	Y8
0.019	0.018	0.074	0.027	0.051	0.025	0.002	0.042
Y9	Y11	Y12	Y13	Y14	Y15	Y16	Y17
0.162	0.127	0.038	0.012	0.203	0.161	0.038	0.162

然后，根据计算出跨境电商子系统与县域特色制造业产业集群子系统序参量的贡献度、各指标的权重将其代入公式（7.3），即可得到 2011—2021 年河北省跨境电商与县域特色制造业产业集群子系统的有序度，然后利用公式（7.6）代入获得的子系统有序度的结果可得到复合系统的协同度，相关结果见表 7.8 及图 7.2。

表 7.8　跨境电商与制造业产业集群子系统有序度及协同度结果

年份	跨境电商有序度	县域特色制造业集群有序度	复合协同
2011	0.108	0.126	
2012	0.185	0.173	0.061
2013	0.223	0.232	0.047
2014	0.251	0.291	0.041
2015	0.281	0.331	0.035

第 7 章　河北省跨境电商与县域特色制造业产业集群协同实证

（续表）

年份	跨境电商有序度	县域特色制造业集群有序度	复合协同
2016	0.355	0.375	0.057
2017	0.414	0.447	0.065
2018	0.456	0.382	0.053
2019	0.543	0.537	0.116
2020	0.751	0.635	0.143
2021	0.665	0.802	0.120

7.3 复合系统协同度实证分析

7.3.1 子系统的有序度分析

1. 河北省跨境电商子系统有序度分析

在河北省，跨境电商在充分利用当地市场环境和政策支持的基础上，经历了迅猛的发展，成功实现了跨境电商零售出口额的显著增长，推动了相关企业机构的蓬勃发展。从图 7.2 可知，在 2011—2020 年，河北省跨境电商有序度呈逐渐上升发展的状态。其中，2018—2020 年河北省跨境电商有序度增

图 7.2　河北省跨境电商与制造业产业集群协同趋势

幅较大。2018年财政部、税务总局、商务部和海关总署联合发布《关于跨境电商综合试验区零售出口货物税收政策的通知》，为促进跨境电商健康快速发展，提出了税收优惠政策，对跨境电商零售出口企业实行了退免税政策。2019年，河北省首个跨境电商综合试验区在唐山落地实施，河北省政府发布《中国（河北）自由贸易试验区管理办法》，涵盖管理体制、投资改革、贸易便利、金融创新、产业开放、协同发展、风险防范、营商环境等多方面，大大促进了河北省跨境电商的发展。海关监管部门持续推动口岸通关提效降费，进口货物增值税税率与跨境电商零售进口增值税率同步下调，进一步优化跨境电商业务流程，支持河北口岸加速发展，一直致力于服务河北对外开放。2020年，政府为多家省级跨境电商示范企业争取河北省外贸发展专项资金支持近30万元。跨境电商及跨境物流试点所在地也出台多举措开展资本运营与税收支持政策，《中国（唐山）跨境电商综合试验区发展专项资金管理办法》出台了资金管理细则，《中国（石家庄）跨境电商综合试验区建设实施方案》（2020）提出探索设立跨境电商发展信保资金池、探索"外贸企业＋金融机构＋平台"合作模式支持专业供应链金融机构落地、强化信保支持、推动信用风险管理防控等措施，构建高效便捷的金融服务，此外，同时向国内其他省份学习相关政策经验。随着政策利好的逐年显现，跨境电商生态圈内服务体系、营运条件等也逐渐优化，跨境电商系统有序度程度也越来越好。河北省物流设施逐渐完善，A级物流企业达138家。河北省跨境电商子系统有序度的发展趋势与市场的发展规律相一致，这也证实了评价模型的科学性和合理性。综上所述，得到的河北省跨境电商子系统有序度的发展趋势与其市场的发展规律相契合，也证明了评价模型的科学性与合理性。

2.河北省县域特色制造业产业集群子系统有序度分析

从图7.2可知，2011—2021年间，河北省县域特色制造业的有序度呈现波动的上升趋势。其中，在2017—2018年，出现下降；在2018—2021年又开始上升。2017—2018年，河北制造业面临了一些困境，主要包括产能过剩、环境压力、劳动力成本上升等，导致价格竞争激烈，利润下降。县域特色制造业的发展对环境造成了一定的压力，包括能源消耗、污染等问题。同时随着国内人民生活水平的提高，劳动力成本逐渐上升，影响了制造业的竞争力。

第7章 河北省跨境电商与县域特色制造业产业集群协同实证

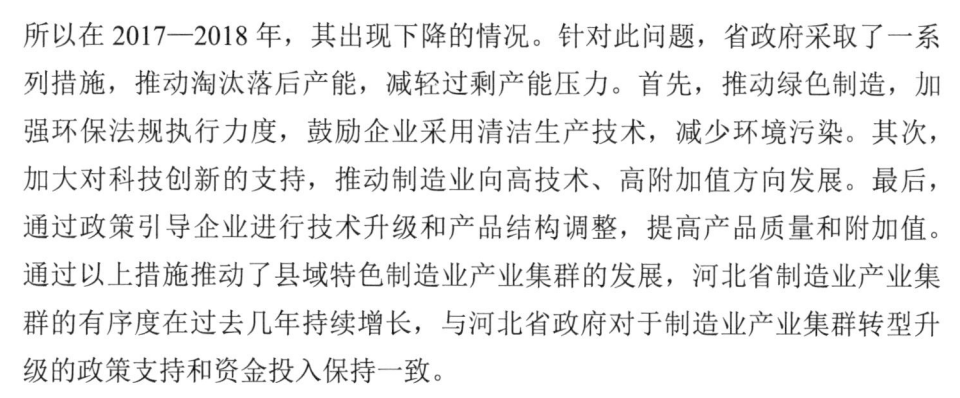

所以在2017—2018年，其出现下降的情况。针对此问题，省政府采取了一系列措施，推动淘汰落后产能，减轻过剩产能压力。首先，推动绿色制造，加强环保法规执行力度，鼓励企业采用清洁生产技术，减少环境污染。其次，加大对科技创新的支持，推动制造业向高技术、高附加值方向发展。最后，通过政策引导企业进行技术升级和产品结构调整，提高产品质量和附加值。通过以上措施推动了县域特色制造业产业集群的发展，河北省制造业产业集群的有序度在过去几年持续增长，与河北省政府对于制造业产业集群转型升级的政策支持和资金投入保持一致。

3. 两子系统有序度发展对比

从图7.2可知，2011—2017年，河北省县域特色制造业产业集群子系统的有序度大部分时间是高于跨境电商子系统的，在2017—2020年，跨境电商子系统有序度微微反超。河北省县域特色制造业产业集群经历了长时间的发展，形成了一个经过时间磨合的集群运作体系，包括上下游企业的合作、制造生产等方方面面的操作链条。与此不同，跨境电商作为一种近年来迅猛发展的贸易模式，虽然得到政策大力支持，但其爆发式增长暴露出辅助机构、基础设施以及监管体制等方面的不完备之处。因此，尽管跨境电商取得了高速发展，但各要素运行的能力与其发展潜力并不完全匹配，从而导致跨境电商发展效率有所损耗。因此，河北省跨境电商子系统的有序度相较于制造业产业集群子系统稍显不足。然而，随着互联网经济的创新发展，制造业产业集群总体的有序度将呈现出赶超跨境电商的势头。

7.3.2 复合系统的协同度分析

河北省跨境电商与县域特色制造业集群协同测度一直处于0—0.2的取值范围内，属于低度协调的状态，复合系统的协同发展趋势呈现上下波动的状态。

从图7.2可知，复合系统的协同度与河北省跨境电商和县域特色制造业产业集群两子系统的有序度具有很大的差距，且两子系统的提升并不能明显带动整个复合系统协同度的上升。其中，2018—2020年复合系统的协同度出现了较为大幅的上升，这与河北省跨境电商和制造业开始实施的一系列举措有关。上升趋势一方面是前期政策效果的显现，一方面为新政策的推进与实施。

所以，河北省跨境电商子系统与县域特色制造业产业集群子系统之间存在协同关系，然而根据实证测度，它们的协同水平相对较低，处于协同发展的初始阶段且呈现不够稳定的状态。这同时也表明了这种协同系统存在较大的改善和提升空间。这两个子系统之间的协同关系有望通过进一步的优化和升级达到更为稳健和成熟的阶段。

第8章　河北省跨境电商与县域特色制造业产业集群协同发展对策及建议

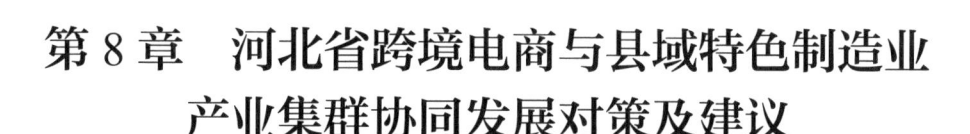

8.1 跨境电商与县域特色制造业产业集群的发展方向

8.1.1 加快跨境电商生态圈建设与完善

跨境电商作为新兴行业，其发展速度远远超过与其相关行业的服务能力，因此需要加强跨境电商生态系统的构建，以完善各个环节的跨境电商系统。

第一，要提升物流效率并降低物流成本。跨境物流是制约跨境电商发展的主要瓶颈，从第7章的子系统有序度权重结果来看，物流企业的数量、航线数及货运量的权重值相对较大。因此，解决跨境物流难题至关重要。这可以通过完善物流基础设施的覆盖范围、建设海外仓、构建全球性的物流运输网络来实现，同时扩大物流配送范围，增加B2B、B2C物流配送模式的份额，缩短物流配送周期。还可以构建跨境电商物流信息中心，公开共享物流信息，实现物件的有效追踪，从而减少商品丢失。推动跨境电商向智慧供应链服务商转型升级，将物流发展融入整个供应链中，实现整体的融合与提升。

第二，要改善跨境电商监管环境。一个良好的监管环境对于跨境电商企业的健康发展至关重要，可以解决当前存在的清关、结汇以及税收等问题。为培育风险低且安全性高的第三方支付平台，政府部门应提供支持，企业需要制订审核和服务标准，并适当提高服务门槛，以降低服务双方的风险并提升企业的信用与规模。建立更为细致的监管规则，根据产品标准和品类等方面研究跨境电商便利化举措。政府可通过树立优质企业标杆、给予褒奖与资金投入等方式，在监管中促进市场氛围向好发展。同时，与海外优质品牌合作，加强内外融合，实现互惠共赢，促进良好发展。

第三，要完善跨境电商产业链，优化各环节服务。任何系统的发展都是系统内各要素共同作用的结果，跨境电商生态圈也是如此。虽然从事跨境电商相关业务的服务机构发展程度不同，但它们支撑起了跨境电商生态系统的运转，实现了跨境电商产业链上物流、信息流以及资金流的流动。然而，这些效率仍有待提高。建立透明、公正的评价体系，通过评价互动推动制度和商业模式的改进，优化跨境电商物流、支付、清关及税收等服务环节，以提升产业链上企业自身质量；设立跨境电商产业园区，创立跨境电商企业孵化中心，吸引从事相关业务的企业或服务机构入驻，促进企业间交流，增进合作，实现信息有效共享和知识外溢；利用互联网技术建设信息交流渠道，推动产业链各环节相互磨合，确保数据资料的安全并提高效率。通过跨境电商产业链上各要素的竞争与合作，提升各环节服务质量，优化产业链结构，实现跨境电商系统的集约高效转变。

8.1.2 推进制造业产业集群系统创新

县域特色制造业产业集群正面临着转型升级的挑战，迫切需要在研发设计、生产制造、营销等各个环节实现创新，以提升在全球价值链中的地位并实现高附加值。

第一，必须加大企业在科研方面的资金投入。创新是企业甚至国家发展的生命力所在，为了确保产品拥有高附加值，必须增加对科技研发的全方位投入。在对河北省县域特色制造业产业集群子系统有序度权重的分析中，有R&D活动的企业数、企业技术开发机构、新产品销售收入比重较高，凸显了技术开发与销量对企业发展的关键作用。政府应积极推动技术创新，提供足够的资金支持，改善科技创新相关创业项目的信贷与融资状况，并着力培育创新孵化中心。县域特色制造业产业集群企业可以充分利用集群优势，组织产品技术交流会，主动增加自主创新部门的资金投入，引进卓越的技术研发人才，以实现产品的更新与价值的提升。

第二，通过借助互联网技术实现系统创新。利用互联网的数据化信息，

第8章　河北省跨境电商与县域特色制造业产业集群协同发展对策及建议

简化县域特色制造业产业集群的制造流程，提高生产效率；确保信息链的高效畅通，提升企业的柔性化生产水平和个性化生产能力，从而降低企业库存积累，增强市场竞争力。此外，县域特色制造业产业集群企业可通过利用数据分析结果，进行产品品类的调整与创新，消除产品缺陷，优化产品品质，形成品牌优势，提升产品附加值。通过充分利用互联网技术的产物，如大数据和云技术，实现制造业产业链的信息交流透明化，以便快速响应并及时解决问题。因此，通过互联网技术，实现县域特色制造业产业集群在研发、生产、销售等环节的创新，促使产业链的优化与完善，提升县域特色制造业产业集群产品的附加值，推动产业集群的转型升级。

第三，建立完整的产业链服务体系成为产业发展不可或缺的步骤。从实际角度看，依赖单一企业难以实现产业要素的有效集聚，无法真正实现产业链、供应链和价值链等规律性发展。因此，迫切需要加速全产业链的发展。首先，围绕技术、资本、供应、制造和销售等环节建设产品链，然后依托现代信息技术支持产业服务，实现县域特色制造业的创新与融合。同时，根据全产业链的发展需求，整合全产业服务链，构建全产业链供应系统，形成生态发展优势，实现从原料采购到研发制造再到销售的全程控制体系。

第四，利用跨境电商推动制造业技术升级。在政府的引导和推动下，通过跨境电商平台整合高端技术和智能制造产业，结合国内行业特点进行技术研发和创新，从而推动省内制造业产业的发展。此外，制造业企业有必要引入先进的制造技术和装备，专注于发展网络协同制造、大规模个性化定制和远程运维服务等智能制造新模式。同时，积极推广数字化技术装备和智能制造成套装备，以提升跨境电商产品在市场上的竞争力。通过这一战略，加强制造业的技术基础，使其更具竞争力和创新性。

除了政策主导，还需充分发挥市场机制作用，确立产业发展目标。通过各方的共同努力，实现对县域特色制造业的资源整合和要素有效配置，推动产业健康持续发展。这一过程中，市场机制的灵活运用能够形成更具活力的产业生态，为产业链各环节的协同发展提供支持，促使县域特色制造业实现更为可持续和健康的增长。

8.2 跨境电商与制造业产业集群协同发展策略

8.2.1 加强市场监管、加大政策扶持力度

从宏观层面看，跨境电商和制造业产业集群的协同发展需要一个良好的市场秩序和政策环境，在推动制造业产业集群和跨境电商试点项目的基础上，河北省可以结合当地的优势产业，因地制宜地制定扶持政策，为跨境电商和制造业产业集群的融合发展提供支持，激发相关企业自主创新的活力。同时，河北省还应完善市场监管体制和法律体系，提高政府效能，引导相关企业合法地参与市场活动。

首先，利用国家项目增加与国外政府的合作，由政府主导，加强与国外政府的合作，扩大国际班列的覆盖范围，增加国际班列的数量和国际航线，建设海外公共仓等，提升物流运输速度，改善产业链物流环节。如今，"一带一路"作为国家的重点工程，促进了沿线国家贸易的发展，可以实现包括制造业在内的众多国内产业对外贸易的发展。跨境电商已逐渐成为发展"一带一路"的重要枢纽，数字丝绸之路的建设和国家间网络贸易中心的形成，都有助于消除国际贸易壁垒，简化产品出口流程和时间，增加国家产品的出口种类。

其次，也可以通过推进协同发展试点项目，实现精准扶持。无论是跨境电商的发展还是制造业产业集群的转型升级，政府都有相应的激励或优惠政策，同样地，跨境电商和制造业产业集群的协同发展也应根据实际情况制定有针对性的政策。在河北省推动产业集群跨境电商试点项目的基础上，政府可以结合地方特色和地方发展状况制定更精准的扶持政策，开展产销活动，激发企业作为市场发展主体的活力，实现最贴合实际的协同发展，除了试点推进、资金激励等手段外，政府还应完善法律体系。

河北省的跨境电商发展还未进入成熟阶段，制造业产业集群打破传统模式仍需要缓冲准备，正需要政府加大扶持力度，实现跨境电商和制造业产业集群协同发展。

8.2.2 增强供应链协同共享能力

无论是跨境电商还是制造业产业集群的发展，政府采取政策优惠、资金激励等措施都需要相关企业的配合与执行，增强供应链协同共享能力对于跨境电商相关企业和制造业产业集群内的众多企业具有至关重要的作用。

跨境电商和制造业产业集群涉及的相关企业之间应建立产销对接机制。传统的制造企业由于与市场缺乏直接高效的信息交流，导致产销协调存在滞后问题，跨境电商以互联网技术为基础，销售范围广，信息更新及时快捷，可以直接与制造商和消费者互动。因此，通过建立产销对接机制，可以加快制造商产品生产计划的完善，扩大产品的销售范围。跨境电商也可以连接不同层次、不同类别的产品制造商，拥有庞大的优质供应商，实现灵活的销售策略和服务。制造企业应积极开展多方合作，不仅要联结供应链核心企业，还要考虑建立上下游企业的联系，激发供应链价值创造能力。

当前，河北制造业正处在结构调整和转型的特殊时期，应通过培育新动能，构建跨境电商出口零售与制造业协同发展的新模式，建立新型产业集群。发挥制造业的供应链主导作用，引领供应链中其他重要的角色，如跨境电商出口零售企业、商务服务企业、研发与技术服务企业等生产性服务企业，融合吸收外部互补资源，加强供应链协同能力，形成集群效应。河北省可以借鉴东莞等地大力推进本地制造业发展跨境电商的做法，充分发挥产业集群优势，以产业集群跨境电商发展试点为先锋，以点带面，带动制造业利用跨境电商出口零售实现产业升级。完善综合服务体系，优化营商环境，提供金融保险、诚信管理、智慧物流、风险预警、教育培训等综合增值服务，逐步形成完整的体系。最后，畅通沟通渠道，实现政府与企业、产业集群与跨境电商以及产业集群内企业间的多渠道交流，促进制造业企业与跨境电商平台互联互通、共享共赢，提升供应链整体效率和价值。

8.2.3 搭建信息交流平台

跨境电商与产业集群形成的复合体系中的各主体应共同参与信息资源的开发、优化和整合。组织跨境电商企业与制造业企业，协同海关、银行、税收、物流等部门，利用大数据、云计算、区块链等技术共同搭建信息共享平台，将之前分散独立的产品信息、订单信息、物流信息等集中在平台上，实现从制造到流通全过程的信息交换。建立信息共享制度，设置信息共享权限，明确信息共享的范围与内容，加强对共享数据的监管与保护，保证信息资源的合理利用，促进生产流通环节中各项业务的有效衔接。

跨境电商系统与制造业产业集群系统在很大程度上是各自独立运营。除了优化跨境电商生态系统外，还需要搭建跨境电商与制造业产业集群之间的沟通桥梁，实现信息共享，降低不同企业之间的沟通和运营成本，提高各环节的效率，实现制造业产业集群系统与跨境电商系统的协同发展。

8.2.4 培养综合型专业人才

在跨境电商与制造业产业集群的协同发展中，需要大量具备综合能力的多元化专业优秀人才。制造业产业集群也需要具备跨境电商知识的运营人才，使制造业能正确、高效地实现与网络平台的连接、与销售环节的融合。跨境电商涉及电商平台营销、跨境物流、跨境支付结算以及售后服务等，需要与国外消费者进行交流。可以通过跨境电商平台打造 O2O 模式，吸引国外人才聚集平台，为制造业发展提供技术咨询、技术服务和外包研发等服务，使河北省的跨境电商平台成为优秀人才向往的工作场所；河北省内的高校也应该加大对跨境电商人才的培训和实训力度，积极培育具备跨境电商方面能力的专业复合型人才。

政府、高校和企业三方应积极交流，畅通信息流。明确人才培养的目标和市场对人才的能力需求，培养综合型专业人才。通过政府搭线、高校培养、企业实战等多方的协作，构建综合型人才的培训体系，实现多元化人才培养，为促进跨境电商系统的优化、制造业产业集群的转型升级提供优质人才供给。

参考文献

[1] 宋毅.面向未来,高等工程教育承载着新的使命和责任[EB/OL].(2020-11-08)[2021-03-05].https://www.eol.cn/news/yaowen/202011/t20201108—2034384.shtml.

[2] 陈国龙,林清泉,孙柏璋.高校产业学院改革试点的探索[J].中国高校科技,2017(12):44-46.

[3] 教育部办公厅,工业和信息化部办公厅.关于印发《现代产业学院建设指南(试行)》的通知[EB/OL].(2020-07-30)[2021-03-09].http://jw.cdu.edu.cn/Upload/20200928%5F095135.pdf.

[4] 边丽娜.河北省跨境电子商务发展思考[J].合作经济与科技,2017(4):126-127.

[5] 张越强,王晓华,魏丛."互联网+外贸"模式下河北省跨境电商产业发展研究[J].湖北经济学院学报(人文社会科学版),2019(3):39-42.

[6] 林园春,张俊涛.基于比较分析的中国(郑州)跨境电商综合试验区发展对策研究[J].黄河科技学院学报,2019,21(4):78-82.

[7] 郜志雄.跨境电商发展的瓶颈及突破对策:基于中国(宁波)跨境电商综合试验区的调查[J].宁波经济(三江论坛),2019(5):17-21.

[8] 张宏权.跨境电商物流的发展困境与对策[J].中外企业家,2019,31(3):70.

[9] 黄张送.我国跨境电商发展现状、困境和解决策略研究[J].山东农业工程学院学报,2019,36(12):35-36.

[10] 符正平.中小企业集群生成机制研究[M].广州:中山大学出版社,2004.

[11] FeldmanM P,Francis J. Entrepreneurs and the formation of industrial

clusters[C]．Milan：National Cases，2001.

[12] 李芳，杨丽华，梁含悦．我国跨境电商与产业集群协同发展的机理与路径研究 [J]. 国际贸易问题，2019（2）：68-82.

[13] 严北战．电商业—制造业集聚、融合机理及其制造业升级效应研究：基于产业价值链的视角 [J]. 现代商贸工业，2019，40（34）：1-4.

[14] 张夏恒，马夫山．中国跨境电商物流困境及对策建议 [J]. 当代经济管理，2015，37（5）：51-54.

[15] 韩珠林．浙江省跨境电商与制造业产业集群协同发展研究 [D]. 大连：大连海事大学，2020.

[16] 李文辉．黑龙江省制造业产业集群与跨境电商融合发展路径研究 [J]. 对外经贸，2018（11）：26-27.